计算机系列教材

景 波 编著

# 计算机审计实用教程

清华大学出版社
北京

## 内 容 简 介

本书以"计算机审计"的方法为核心,立足审计实务应用的需要,以丰富的案例为背景,由浅入深、循序渐进地介绍了计算机审计的基本流程、方法和技术,力图使读者掌握计算机审计的核心方法。本书在满足本科专业教学要求的同时,也能提高审计人员的计算机处理能力。

本书共分为9章:第1章介绍计算机审计的基本概念和要素;第2章介绍计算机审前调查及进行审计现场 VLAN 的构建方法;第3章重点介绍数据采集中常见数据格式间的转换、备份与恢复,例如使用 SQL Server 导入 Oracle 数据库;第4章介绍计算机审计过程中对电子证据的处理方法;第5章介绍数据分析过程中确定分析目标的方法;第6章介绍联网审计的方法;第7章全面介绍信息安全审计中的系统控制检查技术;第8章归纳介绍审计过程中常用的技术方法和工具;第9章以计算机审计中的新技术、新方法的运用为背景,详细介绍计算机审计的实务方法。

本书既可作为审计相关专业中 IT 审计领域的专业教材,也可作为专业审计人员的自学参考书。

本书封面贴有清华大学出版社防伪标签,无标签者不得销售。
版权所有,侵权必究。举报: 010-62782989, beiqinquan@tup.tsinghua.edu.cn。

图书在版编目(CIP)数据

计算机审计实用教程/景波编著. —北京: 清华大学出版社,2013(2024.2重印)
计算机系列教材
ISBN 978-7-302-34286-1

Ⅰ.①计⋯ Ⅱ.①景⋯ Ⅲ.①计算机审计—教材 Ⅳ.①F239.1

中国版本图书馆 CIP 数据核字(2014)第 251612 号

责任编辑:张 玥
封面设计:常雪影
责任校对:梁 毅
责任印制:宋 林

出版发行:清华大学出版社
网　　址: https://www.tup.com.cn, https://www.wqxuetang.com
地　　址: 北京清华大学学研大厦 A 座　　邮　编: 100084
社 总 机: 010-83470000　　邮　购: 010-62786544
投稿与读者服务: 010-62776969, c-service@tup.tsinghua.edu.cn
质量反馈: 010-62772015, zhiliang@tup.tsinghua.edu.cn
课件下载: https://www.tup.com.cn, 010-83470236

印 装 者: 北京建宏印刷有限公司
经　　销: 全国新华书店
开　　本: 185mm×260mm　　印　张: 16　　字　数: 397 千字
版　　次: 2013 年 12 月第 1 版　　印　次: 2024 年 2 月第 9 次印刷
定　　价: 59.00 元

产品编号: 055912-03

## 《计算机审计实用教程》 前言

计算机审计是伴随着计算机技术的应用而产生，并伴随着计算机技术的发展而普及的。首先，审计对象实现了管理的全面信息化，特别是财务数据和业务数据的电子化，其成为推进计算机审计产生和普及的最直接因素。其次，经济社会的发展、企业规模的扩大等都对审计本身提出了更高要求，形成了计算机审计发展的内生动力。最后，以计算机技术为核心的信息技术的飞速发展，丰富了计算机审计的处理手段，使原来许多难以实现的事情成为可能，这些都加速了计算机审计的发展。

"审"重于行。当前的计算机审计，首先要立足于应用的研究。当务之急，是要使广大审计人员熟知计算机审计的基本概念和内容，熟悉计算机审计的各种审计技术，尤其是要掌握运用计算审计的各种工具与技术。基于这一基本思路，本书围绕计算机审计的相关概念、审计目标、组织形式、审计内容、审计方法、审计工具与技术等几个方面加以探讨。力图通过比较分析、案例说明、图文结合等方法，将计算机审计的基础知识通俗易懂地介绍给读者。书中内容具有系统性，观点新颖，针对性强，所选案例丰富，且多为近年发生的真实案例。

本书既可以作为高校计算机应用、管理信息系统、管理工程、审计、会计、企业管理等专业高年级本科生和研究生的教材，也可作为信息系统审计师、企业高级管理人员、政府机关和企业信息中心管理人员、内部审计师、注册会计师、系统分析师、IT咨询顾问等专业人士的参考用书。

本书介绍的研究成果得到了江苏省公共工程审计重点实验室开放课题（课题编号：20201201213）、江苏省审计信息工程重点实验室开放课题（课题编号：AIE201205）、南京审计学院信息科学学院重点专业建设等项目的支持和资助。

全书写作大纲由景波副教授提出，陈耿教授、冯国富副教授、李庭燎博士、杨海荣副处长分别编写了相关章节。具体分工如下：陈耿编写第1章；景波编写第2、3、4、7、8章；冯国富编写第5章；李庭燎编写第6章；景波、杨海荣编写第9章。

本书配套电子教案及习题答案均可从清华大学出版社网站（http://www.tup.com.cn）上的本书页面中下载。

由于编者水平有限，书中难免有疏漏与不足之处，敬请读者不吝指正。

编 者<br>
2013年8月

# 《计算机审计实用教程》目录

**第1章　计算机审计概述　/1**
　　1.1　计算机审计的概念　/1
　　　　1.1.1　计算机审计产生的原因　/1
　　　　1.1.2　计算机审计的定义　/2
　　1.2　计算机审计的开展　/3
　　　　1.2.1　计算机审计的发展历史　/3
　　　　1.2.2　我国计算机审计的发展现状　/4
　　　　1.2.3　我国计算机审计的法律环境　/5
　　1.3　计算机审计的方法与流程　/6
　　　　1.3.1　计算机审计的方式　/6
　　　　1.3.2　计算机审计的步骤　/7
　　1.4　本书的组织　/10
　　思考题　/10
　　参考文献　/11

**第2章　审前调查及审计现场构建　/12**
　　2.1　审前调查　/12
　　　　2.1.1　审前调查的作用与意义　/12
　　　　2.1.2　审前调查的内容和方法　/12
　　　　2.1.3　审前调查实例　/17
　　　　2.1.4　计算机审计方案编制　/20
　　2.2　审计现场构建　/21
　　　　2.2.1　审计现场构造目标　/21
　　　　2.2.2　安全通信网络的设置　/22
　　　　2.2.3　VLAN的划分方法　/22
　　　　2.2.4　VLAN划分实例　/24
　　思考题　/26
　　参考文献　/26

**第3章　数据采集　/27**
　　3.1　审计数据采集的原理　/27
　　　　3.1.1　数据采集的内涵　/27

3.1.2 数据采集的方式 /28
3.2 常用审计数据采集技术 /29
　3.2.1 利用审计软件采集技术 /29
　3.2.2 利用DBMS采集技术 /32
　3.2.3 利用数据分析工具采集技术 /41
　3.2.4 利用程序脚本编码技术 /46
3.3 数据清理和转换 /47
　3.3.1 数据清理 /47
　3.3.2 数据转换 /50
思考题 /52
参考文献 /52

## 第4章　审计数据的取证技术 /53

4.1 数字取证的相关概念 /53
　4.1.1 电子证据的概念 /53
　4.1.2 数字取证的概念 /54
　4.1.3 数字取证的分类 /56
4.2 数字取证研究范围 /57
　4.2.1 数字取证技术及相关计算机手段 /57
　4.2.2 数字取证程序 /63
　4.2.3 数字取证的相关规定 /65
　4.2.4 数字取证工具 /68
4.3 数字取证的规范 /70
　4.3.1 取证主体规范 /70
　4.3.2 取证程序规范 /71
　4.3.3 电子证据鉴定规范 /71
　4.3.4 数字取证工具标准和规范 /71
4.4 数字取证在持续审计中的应用 /72
　4.4.1 常规的持续审计模型 /72
　4.4.2 基于数字取证技术的持续审计模型 /72
思考题 /75
参考文献 /75

## 第5章 数据分析 /77

- 5.1 数据分析概述 /77
  - 5.1.1 审计目标的确立 /77
  - 5.1.2 审计数据及处理的特点 /78
  - 5.1.3 数据分析方法的特点 /80
- 5.2 计算机辅助审计中的数据分析 /81
  - 5.2.1 辅助审计数据分析常用方法 /82
  - 5.2.2 辅助审计数据分析案例 /83
- 5.3 自动审计中的真实性分析 /85
  - 5.3.1 信息系统与舞弊 /85
  - 5.3.2 真实性审计原理 /87
- 5.4 自动审计中的合规性分析 /88
  - 5.4.1 合规性审计概述 /88
  - 5.4.2 合规性审计案例 /89
- 思考题 /92
- 参考文献 /92

## 第6章 联网审计 /93

- 6.1 联网审计概述 /93
  - 6.1.1 联网审计的含义 /93
  - 6.1.2 联网审计的特征 /94
  - 6.1.3 联网审计的组网模式 /94
- 6.2 联网审计的技术与方法 /95
  - 6.2.1 联网审计的组网方式 /95
  - 6.2.2 联网审计的数据采集方式 /96
  - 6.2.3 联网审计的数据处理技术 /97
  - 6.2.4 联网审计的安全技术 /98
- 6.3 联网审计的优势和局限性 /98
  - 6.3.1 联网审计的优势 /98
  - 6.3.2 联网审计的局限性 /100
- 6.4 联网审计在审计活动中的应用 /101
  - 6.4.1 政府审计中的联网审计 /101

   6.4.2　内部审计中的联网审计　/102
   6.4.3　社会审计中的联网审计　/103
   6.4.4　案例：区财政联网审计的应用实例　/105
 思考题　/113
 参考文献　/113

### 第7章　信息安全审计技术　/114
 7.1　信息安全审计发展概况　/114
   7.1.1　信息安全管理漏洞　/114
   7.1.2　信息安全审计概念　/115
   7.1.3　信息安全审计标准　/116
   7.1.4　信息安全审计的内容　/117
   7.1.5　信息安全审计类型　/118
   7.1.6　信息安全审计方法　/119
   7.1.7　信息安全审计常用工具　/120
 7.2　主机安全审计　/122
   7.2.1　主机安全审计概述　/122
   7.2.2　影响主机安全的因素　/123
   7.2.3　主机安全审计的内容　/124
 7.3　网络安全审计　/126
   7.3.1　网络安全概念　/126
   7.3.2　网络安全审计中相关技术　/128
   7.3.3　常见的网络攻防方法　/133
   7.3.4　网络安全日志分析　/136
 7.4　数据库安全审计　/139
   7.4.1　数据库安全现状　/140
   7.4.2　数据访问安全性　/141
   7.4.3　数据备份与恢复　/143
   7.4.4　数据库安全审计　/145
 7.5　案例：信息安全审计的基本测试　/149
   7.5.1　基础设施测试　/149
   7.5.2　数据资源控制测试　/152

思考题 /154
参考文献 /154

## 第8章 计算机审计的技术方法 /155
### 8.1 初步审计的技术方法 /155
8.1.1 明确基本信息 /155
8.1.2 基本信息获取手段 /156
8.1.3 方法对比 /158
### 8.2 信息系统的描述方法 /159
8.2.1 文字描述法 /159
8.2.2 表格描述法 /160
8.2.3 图形描述法 /161
8.2.4 控制矩阵法 /162
8.2.5 描述方法比较 /164
### 8.3 常用数据分析方法 /165
8.3.1 测试数据法 /165
8.3.2 平行模拟法 /167
8.3.3 受控处理法 /168
8.3.4 受控再处理法 /169
8.3.5 综合测试法 /170
### 8.4 常用计算机审计工具 /172
8.4.1 常用审计软件 /172
8.4.2 数据库审计系统 /174
8.4.3 源代码安全审计系统 /174
8.4.4 日志审计工具 /175
思考题 /175
参考文献 /175

## 第9章 计算机审计实务 /176
### 9.1 审前调查 /176
9.1.1 了解总体控制 /176
9.1.2 了解核心业务流程 /177

9.1.3 制订审计工作方案 /181
9.2 计算机审计实务应用 /183
　9.2.1 信息安全技术在计算机审计中的应用 /183
　9.2.2 地理信息系统在计算机审计中的应用 /201
　9.2.3 数据挖掘在计算机审计中的应用 /209
9.3 计算机审计报告编写实务 /213
　9.3.1 编写审计报告注意事项 /213
　9.3.2 审计报告编写实例 /215
思考题 /226

**附录 A 计算机审计实务公告第 34 号通知** /227

**附录 B 信息系统中容易产生数据风险的审计内容** /241

**推荐阅读资料** /242

# 第1章 计算机审计概述

## 1.1 计算机审计的概念

### 1.1.1 计算机审计产生的原因

计算机审计是伴随着计算机技术的应用而产生,并伴随着计算机技术的发展而普及的。计算机审计是由多种因素的相互作用形成的。

(1) 审计外部环境信息化是推进计算机审计产生和发展的外部因素

审计是分析企业的财务等经营活动数据的工作,因此当计算机充分参与企业的财务核算等经营管理活动时,审计的外部环境因为企业经营管理活动的全面信息化而发生根本性的改变。

1993年12月,我国正式启动了国民经济信息化的起步工程——"三金工程",即金桥工程、金关工程和金卡工程。2002年8月,中办发〔2002〕17号文件转发了《国家信息化领导小组关于我国电子政务建设的指导意见》[1],提出启动和加快宏观经济管理、金财、金盾、金审、社会保障、金农、金水、金质8个业务系统工程建设,相应构建标准化体系和安全保障体系,进一步推进电子政务的发展。通过"金字"工程,我国政府机关、银行、税务、海关、国有企业等开始了信息化进程,审计对象的财务数据、市场数据、生产数据、采购数据等逐步数字化,审计的外部环境正在数字化。所以,针对这种改变,当时的审计署审计长李金华及时指出:"审计人员不掌握计算机技术,将失去审计的资格。[2]"之后,李金华又相继提出"审计机关的领导干部不掌握信息技术将失去指挥的资格,审计机关的管理人员不运用计算机技术将失去任职的资格"。可见,审计外部环境信息化是推进计算机审计产生和发展的外部因素。

(2) 企业经营规模越来越巨大是推动计算机审计发展的内生动力

由于经济发展和社会管理的需要,审计的目标、范围、职能不断扩大,审计目标从单纯的财务审计到跟踪审计、预算执行审计、经济责任审计、环境审计等,充分揭示和反映经济社会运行中的突出问题、深层次矛盾和潜在风险,全力维护国家经济安全;加大对腐败案件和经济犯罪案件线索的揭露和查处力度,促进反腐倡廉建设;加大从体制、机制、制度以及政策措施层面发现和分析问题的力度,深化改革,推进民主法治建设。显然,审计的目标、内容、范围、职能等发生了深刻变化,为此,刘家义审计长审时度势,及时准确地提出了要发挥审计"免疫系统功能"的观点,全力服务经济、社会、科学发展。这是我国经济发展到新阶段对审计提出的更高要求,出路只有技术创新,这是计算机审计生产与发展的内生动力。

(3) 计算机技术的日新月异进一步推动了计算机审计的发展

1964年,英特尔公司创始人摩尔(Gordon Moore)在一篇论文里断言,每18个月,集成电路的性能将提高一倍,而其价格将降低一半——这就是著名的摩尔定律[3]。作为迄今为止半导体发展史上意义最深远的定律,摩尔定律被计算机近40年的发展历史准确无误地验证。

摩尔定律归纳了信息技术进步的速度,即每5年处理器的速度会快10倍,每10年会快100倍。同等价位的微处理器会越变越快,同等速度的微处理器会越变越便宜。这40年里,计算机从神秘不可近的庞然大物变成多数人都不可或缺的工具,信息技术由实验室进入无数个普通家庭,互联网将全世界联系起来。同样,计算机技术将进一步推动计算机审计的发展。

### 1.1.2 计算机审计的定义

计算机审计是一个使用非常广泛的概念,不同学者有不同的定义和理解,而且计算机审计概念的内涵与外延也在发生变化。

最高审计机关国际组织(INTOSAI)信息技术审计委员会把审计对象为信息系统本身的审计称为信息技术审计[4],庄明来[5]也采用了类似的观点。

我国对于计算机审计概念的正式表述最早可以追溯到2001年。2001年11月,国务院办公厅《关于利用计算机信息系统开展审计工作有关问题的通知》[6]对"计算机审计"做了如下描述:"简单地讲,计算机审计包括对计算机管理的数据进行检查;对管理数据的计算机进行检查。"

詹姆斯[7]认为,信息技术审计侧重于被审计单位信息系统的计算机应用,它包括对适当的实施、操作过程和计算机资源控制的评估。时现[8]认为信息系统审计是指信息技术风险评估与控制。目的是加强对信息技术资源的管理与控制。这里的信息技术审计的概念与信息系统审计的概念基本相同,其审计对象为信息系统本身,审计范围侧重运营阶段。

潘晓江[9](1983)认为,计算机审计的主要任务是检查电子数据的可靠性、数据处理工作成效、相关资源利用效率以及信息资产保护状况。该定义与信息系统审计概念含义一致,审计对象同样是信息系统本身。

李学柔、秦荣生[10]和张金城[11]则认为,计算机审计主要包含两个方面:一是对执行经济业务和会计信息处理的计算机系统进行审计,二是利用计算机辅助审计。即计算机系统既作为审计的对象,又作为审计的工具。石爱中副审计长在2011年非洲审计长会议的讲话中便采用了这一定义。

此外,在我国审计署2008年以前的发文中,均用计算机审计指代计算机辅助审计,即计算机系统是作为工具支持财政财务收支审计的工具。

大部分学者也采用类似定义。如《国际审计》[10]一书对"计算机审计"的定义是:"计算机审计与一般审计一样,同样是执行经济监督、鉴证和评价职能。其特殊性主要体现在两个方面:(1)对执行经济业务和会计信息处理的计算机系统进行审计,即计算机系统作为审计的对象;(2)利用计算机辅助审计,即计算机作为审计的工具。概括起来说,无论是对计算机进行审计还是利用计算机进行审计,都统称为计算机审计。"

上述对计算机审计的定义称为"广义的计算机审计"。分析国内外的文献看,2002年以前,大部分学者对计算机审计的理解是广义的,研究内容既有对计算机系统本身的审计,又有计算机辅助审计。但是,2001年"安然事件"(拥有上千亿资产的安然公司,是当时世界上最大的电力、天然气及电讯公司之一,由于持续多年精心策划,乃至制度化、系统化的财务造假丑闻,2002年在几周内破产。)发生后,美国人开始反思,并于2002年出台了萨班斯法案,于是大量学者开始研究企业信息系统的安全性与真实性等问题,研究内容涉及IT内控、IT治理、信息系统的安全性、信息系统的真实性等问题,研究的核心是如何保障信息系统的真实、安全、合法等。正如国际会计联合会会长梅尔[12]指出的:"会计师将不得不对实际上通过计算机报告的财务信息承担责任"。这些研究主要使用"信息系统审计"这一概念,从而使"对计算机系统本身的审计"这一概念逐步从计算机审计中剥离出来,成为"信息系统审计"概念的专属含义。

而对于"采用计算机技术对计算机管理的数据进行检查"这一类问题的研究,研究者则主要使用计算机审计、计算机辅助审计、审计信息化、数字审计等概念,如果计算机审计的概念仅包含"采用计算机技术对计算机管理的数据进行检查",称之为"狭义的计算机审计"。近年来,有学者提出将计算机审计与信息系统审计作为两个并列的概念,并且分析两者的区别,显然这里的计算机审计指狭义的计算机审计。

由于历史原因,部分学者仍然使用计算机审计的广义概念。但从发展趋势看,计算机审计与信息系统审计将成为两个并列的概念,计算机审计是指"对计算机管理的数据进行检查",信息系统审计是指"对管理数据的计算机进行检查"。

## 1.2 计算机审计的开展

### 1.2.1 计算机审计的发展历史

计算机审计最早产生于20世纪60年代中期,美国的一些大型财务公司为了提高审计工作效率,开发了能够应用于多种审计环境的审计作业和管理软件,一些软件公司也尾随其后开始研制审计软件。然而,真正的商品化审计软件出现在1987年,加拿大的ACL Services Ltd.公司推出了第一个商品化的审计软件ACL(Audit Command Language),经过几十年的发展,审计软件不断完善。通用审计软件有强大的数据存取、访问和报告功能,并且易学易用,对审计人员的计算机水平要求也不高。它在很多国家得到了广泛应用,并受到普遍欢迎。

在我国,山西省审计局于1990年11月开发的工业企业财务收支审计软件成为第一个通过审计署鉴定的审计软件。中国最早的商品化审计软件称为"审计之星",由上海博科资讯有限公司在1997年正式发布。目前,市场上有大量的审计软件,如北京通审软件技术有限责任公司开发的"通审2000"、广东中审软件技术有限公司开发的"中审审易软件"、上海博科资讯有限公司开发的"审计之星"、珠海中普软件公司开发的"中普审计软件"、北京用友软件公司开发的"用友GRP审计软件"、珠海金长源软件公司开发的"审计直通车"等。这些软件已经成为管理信息系统中不可或缺的重要组成部分,有力推动了我国审计信息化的进程。但是,由于审计需求的复杂度远远超过会计需求,因此到目前为止,审计软件产业的发展仍大大落后于会计软件产业,在产业规模、技术成熟度以及对经济活动的贡献等方面都无法与会计软件产业相提并论,但这也预示着审计软件产业未来的发展空间将是巨大的。

### 1.2.2 我国计算机审计的发展现状

1993 年,审计署发布了中华人民共和国审计署令第 9 号《审计署关于计算机审计的暂行规定》[13],该规定主要是针对电算化方面的审计行为和规范。

1996 年,审计署发布了《审计机关计算机辅助审计办法》[14],全面规范了计算机辅助审计涉及的范围、内容、注意事项以及计算机辅助审计人员的资格等。1999 年又颁布了独立审计准则第 20 号《计算机信息系统环境下的审计》[15]。

2004 年,审计署在《2004 至 2007 年审计信息化发展规划》[16]中提出,要大力推行计算机技术在审计业务和管理中的应用;加快审计数据库建设,促进信息共享;加快审计系统网络互联基础设施建设。

2008 年,审计署在《审计署 2008 至 2012 年信息化发展规划》[17]中提出进一步建设、完善、推广审计管理系统、现场审计实施系统,积极探索联网审计和信息系统审计,建设全国审计机关网络中心、数据中心,扩展网络应用,保障信息安全,基本形成服务保障体系和标准规范体系,全面完成金审工程二期建设任务,初步建成国家审计信息系统,为三期建设奠定坚实基础。2012 年 2 月,为进一步发展完善计算机审计,我国发布了《信息系统审计指南——计算机审计实务公告第 34 号》[18]。

我国政府计算机审计始于 2002 年的金审工程,建成标志为"六个一",即一个满足现场、联网审计需要的审计实施系统;一个满足业务、管理和支持领导决策相融合的审计管理系统;一个满足审计业务管理需要的数据中心;一个满足各级审计机关信息资源共享的网络系统;一个确保对内对外的安全系统;一个确保系统运行和不断完善的服务系统。

金审工程实施"预算跟踪＋联网核查"审计模式,逐步实现审计监督的"三个转变",即从单一的事后审计转变为事后审计与事中审计相结合,从单一的静态审计转变为静态审计与动态审计相结合,从单一的现场审计转变为现场审计与远程审计相结合。增强审计机关在信息网络环境下查错纠弊、规范管理、揭露腐败、打击犯罪的能力,维护经济秩序,促进廉洁高效政府的建设,更好地履行审计法定监督职责。金审工程应用系统总体框架如图 1-1 所示,它由审计管理系统和审计实施系统两大子系统构成,其中审计实施系统又由现场审计实施系统和联网审计实施系统两部分组成,下面详细介绍各个部分的功能。

审计管理系统是审计机关管理审计业务和行政办公的信息系统,简称 OA 系统(Office Automation)。审计管理系统具有对审计业务支撑、审计办公管理、领导决策支持、审计信息共享等管理内容和技术功能,以审计计划项目信息为先导,对审计项目实施信息、结果反馈、业务指导、公文流转、审计决策等各环节进行全面管理和技术支持,形成审计业务、管理、决策的一体化。

审计实施系统是审计机关利用计算机技术开展审计项目的信息系统。根据审计实施

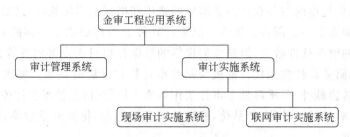

图 1-1 金审工程应用系统总体框架图

方式的不同,审计实施系统又分为现场审计实施系统和联网审计实施系统两部分。

现场审计实施系统是审计人员实施就地审计方式的信息系统,简称 AO 系统(Auditor Office)。在业务层面,该系统提供对财政、行政事业、固定资产投资、农业与资源环保、社会保障、外资运用、金融、企业和领导干部经济责任等审计项目的专业审计功能技术支持和扩展;在技术层面,该系统提供数据采集、数据转换、审计抽样、审计分析、审计取证、审计工作底稿编制、审计报告和统计汇总、审计项目质量控制、审计信息交互共享等技术功能的支持和扩展。现场审计实施系统基于对各行业审计数据采集转换的向导和模板;基于审计准则和专业审计指南的向导模板;基于审计师经验的总结提炼,并编制成系统可以识别和执行的计算机审计方法;基于审计抽样理论和实务向导;基于审计中间表和审计分析模型等构建技术的支持,并辅之相应的专业审计功能,实现对各专业审计项目的业务支持和知识共享。

联网审计实施系统是审计机关实施联网审计的信息系统,简称 OLA 系统(On-Line Auditing)。联网审计是对需要经常性审计且关系国计民生的重要部门和行业实施"预算跟踪+联网核查"模式的计算机审计。联网审计以确定的采集周期在线获取对方系统中审计所需数据,进行实时的审计处理,及时发现问题并及时反馈,督促被审计单位及时规范管理。它采用动态、远程审计的方式,达到事中审计的效果和效益,并对积累的历史数据进行趋势分析和预测评价,提出审计评价意见和审计建议。

## 1.2.3 我国计算机审计的法律环境

1996 年 12 月,审计署发布了《审计机关计算机辅助审计办法》[14],指出了计算机辅助审计的内容、对审计人员的要求、对被审计单位的要求、审计机关与人员的责任等。

1999 年 2 月,中国注册会计师协会颁布了《独立审计具体准则第 20 号——计算机信息系统环境下的审计》[15],指出了在计算机信息系统环境下审计的一般原则、计划、内部控制研究、评价与风险评估和审计程序。

2001 年,国务院办公厅颁布了《关于利用计算机信息系统开展审计工作有关问题的通知》[6],明确审计机关有权检查被审计单位运用计算机管理财政收支、财务收支的信息系统,对信息系统的数据接口、电子信息的保存要求、系统的测试、网络远程审计和审计人员在计算机审计中的义务等作出了规定。

2005 年,《信息技术会计核算软件数据接口》[19]正式生效。全国一共有 300 多家财务软件提供商,他们提供的财务软件在数据库的选用和格式上不尽相同,这给审计软件导入财务软件的数据带来一定困难。虽然各家审计软件公司都提供了不同的数据接口,可以分别导入不同的财务软件数据,但是他们提供的数据接口只占全部财务软件的1/5,因此很长的时间内,财务软件数据接口都成为制约审计软件发展的瓶颈。每次审计都需要寻找不同的数据转换软件,严重降低了审计工作效率。国标《信息技术会计核算软件数据接口》有利于审计软件的标准化、产品化,缩短软件开发周期,提高开发效率,降低计算机审计工作的复杂度。

2006年2月颁布的《中国注册会计师审计准则》[20]没有单独发布关于计算机审计规范的具体准则,计算机信息系统审计规范散见于各项准则之中。

2007—2011年,审计署先后颁发了《国家审计数据中心基本规划》(审计署计算机审计实务公告第5号)、《中央部门预算执行审计数据规划》(审计署计算机审计实务公告第7号)、《计算机审计方法流程图编制规范》(审计署计算机审计实务公告第12号)、《计算机审计方法语言编制规范》(审计署计算机审计实务公告第13号)[21]等文件。

## 1.3 计算机审计的方法与流程

### 1.3.1 计算机审计的方式

由于审计对象具有多样化特征,计算机信息系统各成体系,因此审计方法也应因地制宜,灵活运用。以下介绍的是从宏观角度普遍适用的审计方式,具体实施方法详见第8章。

(1) 筛选方式

这是最简单、最常用的方式,筛选的条件十分灵活,简易通俗,如按某关键字查、按满足的逻辑条件查、按设定的金额条件查、按时间条件查等,计算机会很快将符合条件的信息筛选出来。如某单位在一广告业务合同管理电子文件中有收费金额字段,通过对该字段收费金额为0或者非数字的信息进行筛选,查找出非正常收费的广告业务数据,作为审计疑点进行具体分析,并作进一步查证。

(2) 比较方式

审计人员可以利用数据之间本身具有的关联性,对被审计单位不同性质的关联数据进行比较。如对业务收入数据中收入合计数与财务数据中收入合计数进行比较,查被审计单位是否存在收入不入账,或者在年底调节收入等问题。又如对银行表内科目抵押贷款与表外科目抵押物品进行对比,审核是否存在抵押贷款而无抵押物或抵押不足的情况。也可将不同来源的数据进行比较,找出不符合规律的数据。如在审计地方税务局是否存在税收漏征漏管问题时,可以把税务登记数据与工商登记数据进行对比,找出已经办理了工商登记却未在一定期限内办理税务登记的企业名称。

(3) 计算方式

有些数据之间的关系不能直接比对,但可以用一定的计算关系式、借助于计算机强大的计算功能来审核其真实性、合规性。如审核某商业银行期末短期贷款电子数据,审计人员编制了贷款期限计算程序,计算结果显示部分短期贷款期限在一年以上,应属于长期贷款,经进一步查证落实,是被审计单位为掩盖长期贷款超出规定控制比例而进行人为调节的违规问题。计算法比较适合一些需要大量重复使用某一固定计算式计算结果的审核工作,如对商业银行存贷款利息收支进行复算,就需要用到计算法。计算法可以通过审计人员编辑循环计算程序来实现。

(4) 分析方式

手工条件下,审计人员通常只能依靠被审计单位提供的汇总数据进行一些财务分析。现在,由于计算机具有无与伦比的计算能力,使得数据分析变得非常快捷、容易。比如,对商业银行贷款大户进行统计分析,计算机在几分钟内就能完成对贷款户按贷款金额大小的排序、计算贷款户贷款余额占全部贷款余额的比例等工作。审计人员只需要提出思路,编写适当程序,就可以对电子数据进行全方位、多角度的透视分析,其结果可以为审计提供目标和方向,或者为审计建议提供参考。审计分析也是审计人员财经业务水平、审计经验、国家法律法规规定、数理统计等知识运用的综合体现。

(5) 编程判断方式

部分计算机审计思路中需要一个反复进行逻辑判断的循环过程,这时上面的几种方法都不能完成审计目标,需要审计人员编写一个小程序来实现。如在对医院进行审计时,需要审查所有药品售价是否符合规定,而每一种药品的售价是有一个范围的,因此容易检查某一种药品的定价是否在其规定范围内。利用这一基本思路,可编制一个循环判断程序,让计算机按顺序判断每一种药品的定价是否在其规定范围内,即可实现审计要求。

## 1.3.2 计算机审计的步骤

计算机审计步骤可以分为审前调查阶段、审计准备阶段和审计实施阶段,流程如图 1-2 所示。

(1) 审前调查阶段

① 做好计算机审计的组织准备。审计调查之前,审计组人员应当熟悉项目要求,并配备有一定计算机基础的审计人员。

② 了解被审计单位的计算机信息系统,形成初步的战略性审计思路。在审前调查时,审计人员应在了解被审计单位业务流程和会计处理程序的基础上,了解被审计单位的计算机信息系统框架,包括系统的主要功能,各子系统的名称、功能、业务处理及数据传输流程,数据的输入、输出以及备份管理,系统应用软件名称等。通过对系统框架的了解,对下一步电子数据的采集形成初步的战略性思路:即确定该审计项目计算机审计的重点在哪里,需要哪些数据,是否需要被审计单位以外的数据等。如在对某集团进行审前调查时了解到,该集团已使用电脑软件管理广告合同、广告编排、广告播出、收款等,但上述经济活动不是用同一个系统应用软件统一管理的,这使得数据的完整性较难确认。根据审计经验,广告收入比较容易隐瞒或形成账外收入,因为它销售的不是有形的商品,没有确切的数量可以核对,因此在对其业务流程进行了解的基础上,勾画出该集团广告业务及广告收入会计处理流程图,确定需要重点对比的财务数据及业务数据范围。最后,通过对所获

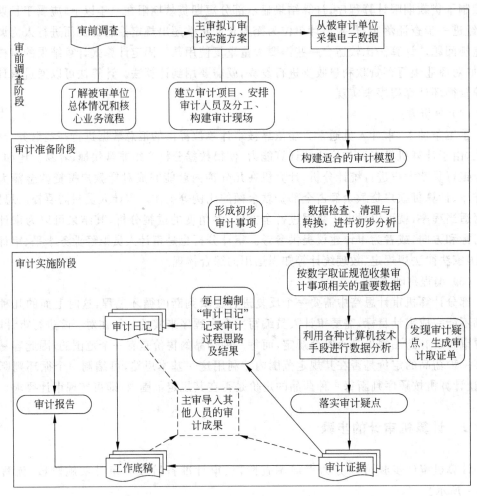

图 1-2 计算机审计的步骤

取数据的筛选、对比分析,查出该集团几百万元广告收入未入财务账的问题。另外,部分被审计单位的电子数据量非常大,有些电子数据与审计项目关联不大,或者可以通过其他电子数据衍生取得,如果不加以区分全部拿来,会影响审计效率。如对商业银行或社保资金审计进行数据采集时,数据量有几十个 GB 甚至十几个 TB,有几十张甚至上百张数据表,计算机执行一条简单的操作命令就需要很长时间,因此需要仔细甄别,减少数据量,提高审计效率。因此,在了解被审计单位计算机信息系统框架的基础上,根据项目的审计目标和重点要求,有针对性地分析确定电子数据采集方案,保证获得满足审计需求的恰当而完整的数据,是计算机审计顺利进行很重要的一环。

③ 计算机系统内控情况调查测评。对被审计单位计算机信息系统内控情况进行调查测评,要预先设计好计算机信息系统内控调查测评表。计算机信息系统内控情况审计调查测评的主要内容有:内控制度是否健全有效,计算机机房建设、硬件配置、运行环境是否可靠,系统软件的安全性及维护情况,用户管理及密码管理情况,各岗位之间的职责分离情况,各类数据操作、数据管理、数据备份控制情况,系统日志记录情况,计算机安全

应急系统建立情况等。在对被审计单位计算机信息系统内控情况进行审计调查的基础上,评价被审计单位计算机信息系统内控执行情况。

④ 采集数据。

不同计算机模式下,获取数据的方法有以下3种。

一是被审计单位所使用的计算机模式为本地计算机模式(单用户数据库系统),其特点是数据和应用程序的存储、计算均在本地计算机上进行,数据量一般都不大;大多采用Dbase、FoxPro、Access等单机数据库管理系统,数据一般直接存储在应用软件的安装运行目录中。获取数据的方法为在本地机上找到需要的数据文件,然后复制即可。如果数据进行了安全设置,可通过与被审计单位技术人员或软件开发商合作,获取用户名、密码或解密程序。

二是被审计单位所使用的计算机模式为以大型机和服务器为中心的计算模式(主/从式结构的数据库系统),其特点是软件中的数据一般随软件一起安装在文件服务器上。获取数据的方法是在文件服务器中找到需要的数据文件,然后复制即可。

三是被审计单位所使用的计算机模式为客户机/服务器模式,其特点为数据统一存放在后台数据库服务器中。获取数据的方法是首先获取被审计单位数据管理人员的授权(用户名和密码),根据该授权建立与数据库服务器的ODBC连接,联机查询或下载需要的数据。

⑤ 获得数据字典,了解数据含义。数据库中数据的字段名往往用字母或数字来标识,特别是业务数据,其字段名含义通常需要对照数据字典才能了解,数据表和数据表之间的关联关系有时候不容易发现,也需要查看数据字典。被审计单位可能会以各种理由来婉拒提供数据字典,审计人员应当讲究策略,晓之以法,动之以理,要求被审计单位提供数据字典。如果没有数据字典,将给实施计算机审计造成很大困难,严重影响审计效率和效果。

(2) 审计准备阶段

① 完成数据转换,检查数据的完整性。对采集到的数据,应转换到审计软件中,然后对这些电子数据的完整性进行检查,确认其有效性。检查电子数据完整性的工作很重要,它直接关系到数据采集的有效程度,一般可以通过核对总金额、利用借贷方平衡关系、核对电子数据与纸质报表数据、核对电子分户账与总账数据、财务数据与业务数据核对等方法进行检查。如对某商业银行审计,核对会计报表、检查电子数据完整性的做法如下:一是账表核对,将业务状况表的电子文件与总账的电子文件相对应科目数据进行核对,看是否一致;二是账账核对,将总账电子文件与分户账电子文件相对应的科目数据进行核对,包括核对年初、年末余额及借贷方累计发生额等;三是账证核对,将明细分户账电子文件与凭证库电子文件相对应科目数据进行核对,该阶段主要核对相应明细科目借贷方累计发生额是否相符。核对中,如果发现差异,应分析原因,查明是属于数据转换中出现的差错还是采集数据不完整造成的,并采取措施补救。

② 构思审计模型和流程图。按照审前调查确定的战略性审计思路,结合取得的电子数据,编制计算机审计模型和流程图,需要外部数据进行比较的,应与相关部门协调,进一步获得所需数据。

③ 对电子数据进行初步分析、整理。按照审计模型确定的思路,通过筛选、连接等操作,将电子数据中与审计目标不相关的一些字段"过滤"掉,或将多张表中的有用字段合并起来,形成适合审计分析、更为直观的"数据表",即审计中间表。

④ 对数据进行趋势、结构等宏观性分析。围绕审计目标,对被审计单位的数据进行汇总、核对、复算,采用相应的分析方法或建立模型进行数据的趋势、结构分析,以起到总体分析,把握情况,发现问题线索,为进一步的审计查证提供明晰方向的作用。宏观性分析方法一般有指标计算分析、相关数据比对分析、趋势分析、结合国家有关法律法规或内控制度规定分析等。对数据分析的结果应记录保存,有的数据分析结果可以作为审计证据;有的数据分析结果只是发现问题的线索,需要在审计实施阶段进一步查证落实。数据分析工作十分关键,是审计人员业务水平、知识面、对国家相关法律法规掌握程度、审计经验等方面的综合体现。这是计算机审计准备阶段最为关键的一环。

⑤ 数据初审。编制小程序,按照计算机审计流程图对数据进行初审,以初步的审计结果验证原来的审计思路是否恰当,并作进一步讨论、研究,进而制订出计算机审计的实施方案。

(3) 审计实施阶段

在审计实施阶段,审计人员需要按照计算机审计方案进行审计。

与传统的手工审计相比,计算机可按照指令查找有关事项,方便迅速地查找错误和舞弊的疑点,既直观又高效。电子数据的审计是审计组各位审计人员按照分工开展工作,将审前数据分析思路进行拓展与延伸,将数据分析结果进一步具体化,并将计算机技术查析出来的错误或舞弊的疑点进一步查证落实的过程。进行电子数据审计时,要求每位审计人员将计算机技术与审计人员专业判断、国家的相关政策法规规定等充分结合起来,保证审计高效优质。

## 1.4 本书的组织

本书试图将计算机审计技术系统化,从审计实务的角度分析计算机审计活动涉及的技术。这些处理技术是计算机审计的核心工作,通过这些技术的运用,计算机能够为审计工作服务,提高审计工作的质量与效率。本书第2～第5章对计算机审计的流程和涉及的主要技术方法进行了阐述,第6章介绍了正在探索中的联网审计方式,第7章对目前的审计热点——信息安全审计进行专题式阐述,第8章集中对比分析了常用的审计方法,第9章通过典型案例来介绍计算机审计实务的现状与发展。

## 思考题

1. 计算机审计审前的定义是什么?
2. 我国计算机审计的法律依据有哪些?
3. 计算机审计的主要流程是什么?

# 参考文献

[1] 中共中央办公厅,国务院办公厅.国家信息化领导小组关于我国电子政务建设指导意见[R].中办发〔2002〕17号,2002.

[2] 李金华.全国审计系统信息化建设的重要项目:金审工程一期建设项目竣工验收大会讲话[R].2005.

[3] Moore's Law and Intel http://www.intel.com/content/www/us/en/history/museum-gordon-moore-law.html.Innovation[EB/OL].[2013-08-10].

[4] Accounting and Auditing of Foreign Aid Programmes and EDP Audit[EB/OL].[2013-08-20]. http://www.intosai.org/uploads/3vn1990e2.pdf.

[5] 庄明来.计算机审计与信息系统审计之比较[J].会计之友,2010(2):82-85.

[6] 国务院办公厅.关于利用计算机信息系统开展审计工作有关问题的通知[R].国办发〔2001〕88号,2001.

[7] 詹姆斯·A·霍尔.信息系统审计与鉴证[M].李丹,刘济平,译.北京:中信出版社,2003.

[8] 时现.内部审计学[M].北京:中国时代经济出版社,2009.

[9] 潘晓江.电子计算机审计与数据可靠性控制:会计电算化之后现代审计的对策[J].会计研究,1983(5):55-59.

[10] 李学柔,秦荣生.国际审计[M].北京:中国时代经济出版社,2002.

[11] 张金城.计算机信息系统控制与审计[M].北京:北京大学出版社,2002.

[12] 陈耿.网络环境下的信息系统审计职能与类型研究[J].南京审计学院学报,2011.1.

[13] 审计署关于计算机审计的暂行规定[EB/OL].(2007-10-21)[2013-08-10]. http://www.tzsjj.gov.cn/manage/DoPrint/?classid=640&id=204.

[14] 审计机关计算机辅助审计办法[EB/OL].(1996-12-19)[2013-08-10]. http://sjc.jzmu.edu.cn/law/law1/law1-7.htm.

[15] 独立审计具体准则第20号:计算机信息系统环境下的审计[EB/OL].(1999-02-04)[2013-08-10]. http://www.asc.net.cn/Pages/learning/P_RegulationDetail.aspx?rid=d8b30274-c48d-43a0-880d-693115659523.

[16] 2004至2007年审计信息化发展规划[EB/OL].(2006-03-03)[2013-08-10]. http://jsfw.audit.gov.cn:1009/servicesite1/servlet/NewMsgViewServlet?msgId=1254.

[17] 审计署制定出台"2008至2012年审计工作发展规划".[EB/OL].(2008-07-11)[2013-08-10]. http://www.gov.cn/gzdt/2008-07/11/content_1042629.htm.

[18] 计算机审计实务公告第34号信息系统审计指南[EB/OL].(2013-01-04)[2013-08-10]. http://www.lnao.gov.cn/web/sjtweb/Detail.aspx?Code=011&ID=7e194031-20be-41f4-bcd9-8a568254913f.

[19] 国家标准化管理委员会.信息技术会计核算软件数据接口国家标准(GB/T 19581—2004)[S].2005.

[20] 中国注册会计师协会.中国注册会计师审计准则[S].2006.

[21] 金审工程服务网站[EB/OL].[2013-08-20].http://jsfw.audit.gov.cn:1009/servicesite1/.

# 第 2 章　审前调查及审计现场构建

审前调查是审前准备阶段的一项重要工作,是指在下发审计通知书之前,就审计的内容范围、方式和重点,到被审计单位及相关单位进行调查,了解其基本情况,以掌握第一手资料的一项活动。[1] 从广义上讲,审前调查包括审计机构项目计划阶段的审前调查和审计组项目准备阶段的审前调查两层含义。审前调查的内容包括被审计单位的内外两方面情况。外部情况有被审计单位所处的经济环境、法律环境和行业地区环境等;内部情况有被审单位的组织经营情况、财务会计及内部控制情况等。[2] 审前调查可以采用审阅调查方法、问卷调查法、访谈调查法、观察调查法、分析调查法和重点调查法等。

## 2.1　审前调查

### 2.1.1　审前调查的作用与意义

审前调查已经成为审计准备阶段的重要内容。加强审前调查,对于确定审计的重点、范围和内容具有重要意义,有利于发现存在的问题,为制订审计方案和对法规制度进行合规性测试(合规性测试是指审计人员在了解法规制度后,对被审单位进行法规遵循情况实施的测试,也称为遵循性测试或符合性测试)打好基础,并提高审计效率和质量。事实证明,开展审前调查能够收到事半功倍的效果,它的作用和意义如下。

(1) 通过审前调查,可以总体把握和了解被审计单位的大致情况,为制定好审计实施方案奠定基础。

(2) 根据审前调查确定审计内容和重点,发现薄弱环节,针对其确定该单位应遵循的相关制度测试表,为合规性测试打好基础。

(3) 通过走访税务、银行、财政等监督部门了解该单位遵守财经、银行法规制度、纳税及抵押状况。审计人员可以通过走访被审计单位的上级主管部门和财政、税务、银行等专门机构,收集有关资料,为进行实质性测试,确定此次审计工作的重点、范围、内容等搜集第一手资料。

### 2.1.2　审前调查的内容和方法

(1) 了解被审计单位所处的经济环境,如宏观经济形势对被审计单位产生的影响、政策因素对被审计单位产生的影响、政府对被审计单位的限制性要求等。主要考虑宏观经济形势对该单位的影响,如国家产业政策调整、对某些行业进行扶持、对税收等政策的优惠等。

(2) 了解被审计单位所处行业的情况,如行业的现状和发展趋势、行业的主要经济指标和统计数据、行业适应的法规、特定的会计惯例等。主要了解该行业是新兴产业还是老牌产业,前景状况如何,是属于资源枯竭的能源消耗型,还是前景可观的节能效益型。国家对该行业的各种经济技术指标、衡量标准等。

(3) 了解行业自身的情况,具体内容如下。

① 基本情况,如信息化与生产系统的控制关系,包括计算机硬件系统,计算机软件系统,业务数据库情况,系统技术文档资料,系统设计说明书,数据库详细设计说明书,总数据流图和具体业务数据流及软件结构设计,数据库表间关系图,表结构描述,数据库文件(含表、视图、存储过程等),用户使用手册,系统对业务处理的流程,系统主要功能及模块。

② 以前年度接受审计情况,如以前年度发现的问题、以前年度审计的审计意见和审计决定落实情况等。对信息化系统所勘定的计算机等级保护级别,对审计建议的采纳及所带来的经济效益等。

(4) 了解与审计事项有关的法规、规章、政策和其他文件资料。比如被审计单位采用的会计制度、会计原则和会计方法,如固定资产折旧方法、存货发出计价方法、长期待摊费用摊销方法,信息化管理制度以及国家对此行业的特殊规定等。

(5) 根据被审计业务经营的特点,选择并掌握适当的审计方法,为实现审计提前做好技术准备。如对存货、固定资产采取何种方式检查,对货币资金、有价证券的检查盘点,外币的折算方法,对应收、应付账款的测试及函证等,投资、资产减值准备的提取等,以便确定检查的重点内容,是采取全面审计还是抽样审计。对于某些审计人员不太熟悉的领域,考虑聘请专家咨询,如地理信息系统、实时工业控制系统等。

常用的调查方法主要有座谈会、问卷调查和实地观察法。表 2-1 所示为计算机信息系统调查表。

2007 年 12 月,审计署发布了计算机审计实务公告第 8 号通知《关于印发计算机审计审前调查指南》[3]。具体内容如下。

## 计算机审计审前调查指南

第一条 为进一步规范计算机审计行为,确保审计质量,根据计算机审计准则框架体系的要求,参照《审计机关审计项目质量控制办法(试行)》的有关内容,制定本指南。

第二条 本指南所称的审前调查是指审计机关和审计组在编制审计实施方案前,根据审计项目的规模和性质,安排适当的人员和时间,为了解被审计单位的有关情况所进行的考察。

第三条 本指南适用于下列审计项目的审计调查:

(一) 被审计单位使用会计核算软件等信息系统,会计信息以电子数据形式存在的;

(二) 被审计单位使用业务管理软件等信息系统,主营业务等经济活动信息以电子数据形式存在的;

(三) 独立列入审计计划,对被审计单位信息系统进行检查的;

填表单位：　　　　　　　　　　　　　　　　　　　　　　　　　　　填表人：

表 2-1　计算机信息系统调查表

| 序号 | 基本情况 | | | | | | 信息系统基本情况 | | | | 运行环境 | | | | | | 可提供资料 | | | | | | |
|---|---|---|---|---|---|---|---|---|---|---|---|---|---|---|---|---|---|---|---|---|---|---|---|
| | 系统名称 | 使用部门 | 维护部门 | 用途 | 所处理数据来源 | 开发公司 | 数据库系统 | 联系人及联系方式 | 硬件环境 | 工作方式 | 软件环境 | | | 系统使用时间 | | 安装程序 | 程序备份 | 数据库备份数据 | 安装手册 | 用户使用手册 | 数据结构说明 | 其他 |
| | | | | | | | | | | | 操作系统 | 数据库系统 | 其他环境要求 | 开始日期 | 截止日期 | | | | | | | |
| | 所用信息系统的全称 | 使用此系统的部门名称 | 维护此系统的部门名称 | 该系统财务核算、业务处理的具体内容 | 系统处理数据的来源 | 该系统的开发单位名称 | 系统的后台数据库类型 | 该系统使用部门负责人信息 | 按照CPU、内存、硬盘顺序列出 | 单机版、C/S、B/S | 支持该系统运行的操作系统类型 | 支持该系统运行的数据库类型 | 其他未提到的环境要求 | 系统开始使用日期 | 系统停止使用时间 | | | | | | | 如可提供在相应栏打"√" |
| | | | | | | | | | | | | | | | | | | | | | | |

其他需说明情况：

（四）对电子政务等项目实施IT效益审计的。

第四条 计算机审计审前调查应当遵循审计署关于审计项目审前调查的相关要求，关注由于计算机等信息技术应用给审计客体、主体双方带来的实质性变化。

开展计算机审计审前调查的目标，是使审计机关和审计组所编制审计实施方案满足信息化环境下开展审计的需求。

第五条 参与审前调查的人员，应当具有适当的计算机知识和技能。必要时审计机关可以调动本机关计算机审计专业人员或者聘请外部计算机专业技术人员参加。

第六条 审前调查过程中，审计人员应当关注电子数据具有的易拷贝、易扩散特性对保密的负面影响。

第七条 审前调查可以根据需要选择下列方式：

（一）组织有关人员座谈或者向有关人员咨询；

（二）发放调查问卷或者调查表；

（三）查阅或者索取资料；

（四）实地考察；

（五）走访与审计项目有关的单位。

第八条 审前调查应当了解以下基本情况：

（一）被审计单位所使用的信息系统；

（二）被审计单位的电子数据；

（三）被审计单位业务流程对信息化的依赖程度；

（四）与信息系统有关的管理机构及管理方式；

（五）开展计算机审计的环境条件。

第九条 对被审计单位所使用的信息系统进行调查，应当收集、记录下列资料，了解相关情况：

（一）信息系统的名称及版本，取得方式和时间；

（二）信息系统所使用的操作系统、数据库管理系统、应用软件的名称及版本，信息系统运行环境硬件配置；

（三）信息系统担负的主要任务，所处理数据的归属，主要来源，传递方式，主要流程，与其他信息系统的共享、交互；

（四）信息系统对外输出数据的方式，可输出数据的类型；

（五）主要岗位设置、责任划分、权力分配等控制环节，主要访问控制、变更控制等安全策略；

（六）有可能获得的系统建设文档、系统取得之后重大调整升级的更新记录。

审前调查中可视需要和条件，对被审计单位的信息系统进行测试。测试工作应当编制适当的预案，确保信息系统的正常运行。

第十条 对被审计单位的电子数据进行调查，应当收集、记录下列资料，了解相关情况：

（一）数据内容、范围，存储媒介；

（二）以GB为单位计算的被审计单位源数据量、估算的审计所需数据量；

（三）会计核算软件等信息系统输出的数据与国家标准（GB/T 19581—2004）的符合程度，或者是否能被AO等审计软件顺利采集；

（四）数据元素满足专业审计数据规划的程度及主要差异；

（五）有可能获得的数据结构说明、用户使用手册等文档资料；

（六）被审计单位对审计人员采集、整理数据的支持程度和支持能力；

（七）有可能涉及的外部电子数据。

审前调查中，可视需要和条件，采集、转换审计所需要的部分数据以至全部数据，对数据的真实性、可用性进行初步审查，按照审计项目性质对数据进行初步分析。

第十一条　对被审计单位业务流程对信息化的依赖程度进行调查，应当收集、记录下列资料，了解相关情况：

（一）信息系统全部停止运行或者局部停止运行对被审计单位持续运行的影响程度；

（二）使用信息系统的员工比重，信息化处理过程占全部业务流程的比重；

（三）使用信息系统的员工对信息系统功能、运行情况、技术部门支持服务满意度的评价；

审前调查中，可视需要和条件绘制业务流程图，抽查流程的实际执行、控制程度。

第十二条　对被审计单位与信息系统有关的管理机构及管理方式进行调查，应当收集、记录下列资料，了解相关情况：

（一）相关法规、规章对在用信息系统的规范要求；

（二）信息技术部门在被审计单位组织架构中的位置；

（三）信息技术部门及其工作人员管理维护职责分工；

（四）财务、业务人员使用信息系统的职责分工；

（五）信息系统主要控制环节及岗位设置。

审前调查中，可以视需要和条件绘制组织系统图，抽查管理制度的实际执行、控制程度。

第十三条　审前调查中，应当实地考察开展计算机审计的环境条件，了解下列相关情况：

（一）被审计单位可以提供的设备，审计组完成审计工作必须自行携带的设备；

（二）被审计单位可利用的网络，审计组需要搭建网络环境的规模和所需设备材料；

（三）被审计单位可以提供的数据库管理软件和其他辅助软件工具，审计组需要另行准备的软件；

（四）利用被审计单位计算机环境条件对审计工作、被审计单位系统安全的影响程度。

第十四条　审计机关统一组织的由不同级次审计机关或者多个审计组参加的行业审计、专项资金审计或者其他统一审计项目，需要进行计算机审计审前调查时，应当根据审计机关编制审计工作方案的需要,有所侧重地选择调查内容,进行适当的扩充和删减。

对实行数据大集中的行业或者单位进行审前调查,应当将采集、整理、切分等数据准备工作列入审前调查的范围,并安排所需时间。

第十五条 对规模较小的、使用高市场占有率品牌会计核算软件的、实行定期审计或者连续审计的被审计单位进行审前调查时,可以适当缩小了解情况的范围和深度。

第十六条 审前调查的过程和取得的相关资料,应当支持对审计实施方案的下列内容,提出具有影响的意见和建议:

(一)审计工作目标;
(二)审计内容与重点;
(三)对审计目标有重要影响的审计事项;
(四)重要性水平和审计风险;
(五)信息化条件下必须采用的组织方式和工作方法;
(六)审计必需的计算机设备、条件及其解决方式;
(七)审计组应当充实的计算机技术人员的数量和专业结构;
(八)预定的审计工作起止时间和经费预算。

第十七条 根据审前调查的初步结果,审计组认为被审计单位所使用的软件或者信息系统可能存在瑕疵或者缺陷,进而可能对于电子数据的真实性、完整性产生重要影响时,应当建议在审计实施方案中增加检查信息系统的内容。

第十八条 审计调查取得或者形成的电子数据,视需要归类存入审计机关指定的数据库管理系统或者存储设备。

第十九条 审计机关可以根据审前调查的结果,采取对审计组成员进行审前培训等形式,扩大审前调查所获得信息的知悉范围,提高审计实施的针对性。

第二十条 本指南所提及的"应当"和"可以",均为对计算机审计审前调查实施过程的设计要求,不代替应当由国家主管部门、各级审计机关颁布的规章制度所提出的要求。

第二十一条 本指南由审计署计算机技术中心、京津冀特派员办事处起草。

本指南的内容来自审计署及地方审计机关的实践总结。

第二十二条 本指南的解释权归审计署计算机技术中心。

## 2.1.3 审前调查实例

下面以某商业银行系统业务概况的审前调查为例说明审前调查的具体情况。

(1)计算机审前调查阶段应当重点了解系统结构、对各子系统的作用、相互间的关联。具体内容包括:各子系统的系统名称、版本号,各子系统的主管部门,业务内容,系统连接方式,启用日期,规定保存数据年限,系统开发单位、维护单位、使用范围等。还包括详尽的系统信息:各子系统的应用平台,系统名称、版本号,操作系统名称及版本,数据库名称及版本、硬件机型、实际数据保存年度、数据保存地点、数据保存类型等。如审计组对某商业银行信息系统状况做出如表2-2的描述。

表2-2 某商业银行信息系统状况表

| 系统名称 | 子系统 | 业务处理范围 | 主要功能 |
|---|---|---|---|
| 综合业务系统 | 会计系统 | 会计综合业务 | 会计核算：企业结算、个人贷款、企业银行等 |
| | 储蓄系统 | 储蓄综合业务 | 个人储蓄、个人汇款、银券通、银证转账 |
| | 信用卡系统 | 信用卡综合业务 | 信用卡存取款、银券通、银证转账 |
| 清算系统 | 无 | 联行清算 | 联行清算 |
| 外币业务系统 | 外币清算系统 | 外币清算 | 与SWIFT系统相联实现外币清算 |
| | 外币会计核算系统 | 外币会计综合业务 | 外币会计核算：企业结算、外币对公贷款 |
| | 外币储蓄系统 | 外币储蓄 | 个人储蓄 |
| 经费管理系统 | 无 | 经费 | 经费管理和核算 |
| 信贷信息管理系统 | 无 | 一般性信贷业务信贷 | 业务管理功能 |
| 政策性住房信贷系统 | 无 | 政策性房贷 | 住房公积金房贷 |

综合业务系统、清算系统、外币业务系统、经费管理系统为该行的会计核算系统。其中，综合业务系统为核心会计系统。清算系统、外币业务系统、经费管理系统独立于综合业务系统，各自独立进行会计业务处理及核算。在汇总总账数据时，需要将清算系统、外币业务系统、经费管理系统总账数据以人工方式加入综合业务系统的总账。

信贷信息管理系统是独立于综合业务系统的非会计核算系统，用于信贷部门对信贷业务的管理，该系统与综合业务系统定期对账。

政策性住房信贷系统核算与银行自营业务是完全独立的，代理地方住房公积金中心委托的住房公积金住房贷款业务。

上述系统均为该行自行开发，有完整的技术文档，行内科技处人员参与系统开发。

(2) 在了解各子系统所包含的具体业务内容的基础上，审计人员可以初步决定审计重点对象。进一步详细了解这些对象所处的子系统，包括这些系统数据字典、操作手册、培训资料等。最后，结合以前审计经验及商业银行的特点，确定审计大致范围，最终提出数据需求。

关于信贷管理信息系统数据库的总体情况，说明如下。

① 信贷系统数据库总体结构。

信贷系统数据库总体结构的依据是该行的机构设置。该行的机构分为四个级别：总行、一级行、二级行和经办行，经办行不设服务器，故有数据库的行是总行、一级行和二级行。某些小规模的二级行也不设服务器，所以也没有数据库，这样的二级行为上收二级行。

信贷系统只有四个库：业务数据库、业务变动库、变动缓冲库和数据仓库。

各级行服务器上的数据库情况如下。

总行：业务数据库、业务变动库、变动缓冲库、数据仓库。

一级行：业务数据库、业务变动库、变动缓冲库、数据仓库。

二级行：业务数据库、业务变动库、数据仓库。

② 各数据库间的关系。

在通常情况下，业务数据在经办行的客户机上进入业务数据库，业务数据库中的触发器自动将新发生的业务数据记录到业务变动库中，然后抽取程序，将业务变动库中的业务数据处理后放入数据仓库；在一级行和总行，业务数据在进入数据仓库之前，要先经过变动缓冲库。

二级行、一级行和总行的业务数据库在库结构上是一样的，只是存放的数据不同。总行的业务数据库中没有业务数据，有上收二级行的一级行的业务数据库中有业务数据。

二级行、一级行、总行的业务变动库和变动缓冲库的库结构是一样的，用途不一样，业务变动库用于收集本地业务数据库新发生的业务数据，变动缓冲库用于接受下级行上传的新发生业务数据。

二级行、一级行、总行的数据仓库结构略有不同，二级行的数据仓库没有聚合表，一级行和总行的数据仓库有聚合表，另外，二级行和一级行的时间维中最细的粒度是旬，而总行的是月。

下级行与上级行之间的数据传递是利用 NOTES 的复制功能来实现的，故数据传递要经过 NOTES 文档库。信贷数据通过 NOTES 逐层复制上传，上级行数据库能被实时更新。

通过对以上情况的了解，审计人员决定从该行的一级行进行数据采集，采集的数据库对象应该为业务数据库或数据仓库。

(3) 商业银行之所以采用信息技术，就是通过信息技术的应用，重新设计业务功能与产品，对业务流程进行重组、再造，从而有效降低商业银行的经营成本，增加收入，寻找扩展业务所需要的新市场和渠道。因此，对于审计人员而言，计算机审前调查不仅仅是要了解系统的基本情况，还需要对系统业务流程进行详细剖析。在这一步，审计人员需要对各子系统包含的具体业务内容有一个全面了解，从而对各业务中可能出现的异常情况有一个预先判断。

个人贷款综合账户系统业务流程如图 2-1 所示。

业务流程说明如下。

① 贷款申请。

借款人在信贷台账部门提出贷款申请，信贷部门接收申请后，录入该客户的有关信息，形成贷款申请书，进行审批。贷款申请书可以针对一个贷款人，也可以针对一批贷款人所在的单位组织。例如，助学贷款。客户的信息可以从综合业务系统的客户信息库中查询到。

② 信贷审批流程。

由于消费贷款审批流程的技术处理方式与对公贷款的技术处理方式基本一样，所以

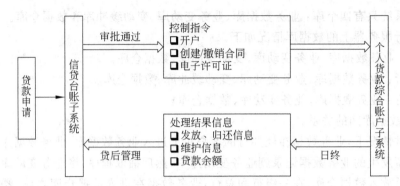

图 2-1 个人贷款综合账户系统业务流程示意图

可以沿袭信贷台账中贷款审批的做法。区别在于：信贷台账中的审批是按照 5 个信贷岗位(调查、调查负责、审查、审查负责、签批)处理的,而消费贷款审批的岗位设置与目前信贷台账可能不一样。

③ 创建贷款合同。

审批通过后,信贷台账系统向个人贷款综合账户发出有关指令,可以在柜面开户,也可以在台账开户,然后形成正式的主机贷款合同。合同除经过审批流程后自动生成外,还允许手工直接输入(特殊情况处理)。

④ 个人贷款业务会计核算处理。

根据贷款合同,由核算系统完成贷款发放、收回、计息等工作。发放可以一次性进行,也可以分次发放,归还时可以正常归还,也可以提前归还,如果逾期,将计收罚息。

⑤ 会计批量。

会计系统每日批量后,会将当日处理的有关信息以文件形式返传给信贷台账系统,传送的主要内容有发放信息、归还明细信息、当日贷款各分户余额表等。

⑥ 信贷入账。

信贷台账根据大机每日传送的文件,批量更新各种贷款信息,以备贷后管理的需要。贷后管理主要分为综合查询和定制报表两个部分。综合查询提供各类查询功能,定制报表是指有关消费贷款的各类统计报表。

### 2.1.4 计算机审计方案编制

审计实施方案是审计组为了能够顺利完成审计任务,达到预期审计目的,在实施审计前所作的计划和安排,是整个审计实施工作的行动指南。因此,审计方案在审计质量控制体系中起到导向作用,审计方案编制质量直接影响审计实施的质量。

在细致的审前调查中,细化实施方案是提高审计效率的基础。审前调查结束后,审计人员要及时将被审计单位的信息化环境情况进行汇总,制作被审计单位工作流程图,包括业务流程图、内部管理控制流程图等。根据工作流程图,分析被审计单位信息系统的安全性、业务工作的关键环节和薄弱环节,确定审计方向和重点,制订计算机审计的审计实施方案,包括对以下事项进行评估和明确。

(1) 拟使用的计算机审计软件、硬件配置及所需的技术条件；
(2) 被审计单位相关数据的获取或转换方案；
(3) 计算机审计的范围和重点，重要审计事项和关键环节的计算机审计步骤；
(4) 计算机审计的人员及分工；
(5) 其他。

## 2.2 审计现场构建

考虑到被审单位数据的保密性及安全因素，审计人员不能在生产系统上直接进行数据查询。同时，由于被审单位的数据量过大，一般审计软件的后台数据库无法满足如此海量数据的查询。因此，审计人员必须将数据导入自建的数据库中。为了节省审计时间，通常可以采用与被审计单位相同的数据库类型，方便数据的导入。在这个阶段，计算机审计人员需要对被审计单位报送的数据格式、内容进行审核，防止出现信息遗漏、格式错误等情况，确保审计所要求数据完整、顺利地导入。

### 2.2.1 审计现场构造目标

计算机审计过程中，审计人员需要构建工作网络来实现不同审计目标间的协同互助、资源共享，同时亦能保证数据的安全性、一致性和完整性。

现场审计网络主要有如下几个方面的功能。

- 资源共享：主要包括硬件、软件和数据共享。例如，通过将数据库文件放在网络中某台计算机的指定位置，可让网络中的全部或部分用户能够使用它们，节约软、硬件维护和使用费用。
- 通信：通过网络可以方便地进行实时通信。例如，用户可通过网络收发邮件、进行实时会话，而程序可通过网络实时传递信息。
- 分布式处理：对于某些高强度的数据处理或数学运算，可通过网络，将任务分布到多台计算机中处理，最后将结果进行汇总。

审计现场的构建主要围绕审计项目管理、计算机审计作业系统、审计项目支持系统和系统资源管理4个环节开展。

- 审计项目管理包含工作任务分配、工作任务跟踪、审计工作文档、审计模型分析、审计线索审核等内容，分别实现审计任务分配和调整、审计任务情况跟踪、审计工作底稿等工作文档查阅和审核等功能。
- 计算机审计作业系统包含被审计单位资料、审计项目文档、数据需求说明、源数据、数据分析过程、审计模型、审计线索，分别实现审计作业过程中的各项文档和资料的保存和查阅功能。
- 审计项目支持系统包括法律法规、宏观信息、热点问题等资源，提供与审计项目相关的法律法规、宏观信息、热点问题等资料的存储和查阅功能。
- 系统资源管理中包含项目名称、文档类型管理和人员管理功能。

### 2.2.2 安全通信网络的设置

VLAN 是为解决以太网的广播问题和安全性而提出的一种协议,它在以太网帧的基础上增加了 VLAN 头,用 VLAN ID 把用户划分为更小的工作组,限制不同工作组间的用户互访,每个工作组就是一个虚拟局域网[4]。虚拟局域网可以限制广播范围,并能够形成虚拟工作组,动态管理网络。

在审计现场网络搭建上采用 VLAN 有如下优势。

- 基于安全性的考虑。由于各 VLAN 之间不能直接进行通信,而必须通过路由器转发,因此为高级安全控制提供了可能,增强了网络的安全性。在大规模的网络中,如大型的集团公司,包括财务部、采购部和客户部等,它们之间的数据是保密的,相互之间只能提供接口数据,其他数据是保密的,因此可以通过划分 VLAN 隔离不同部门。
- 基于组织结构上的考虑。同一部门的人员分散在不同的物理地点,如集团公司的财务部在各子公司均有分部,但都属于财务部管理。虽然这些数据都是要保密的,但需统一结算时,就可以跨地域(也就是交换机),将其设在同一 VLAN 之中,实现数据安全和共享。

### 2.2.3 VLAN 的划分方法

VLAN 划分方法是指在一个 VLAN 中应包含哪些站点(如服务器、客户站)。处于同一个 VLAN 中的所有站点将共享广播数据,而这些广播数据将不会被扩散到其他不在此 VLAN 中的站点。VLAN 划分有以下几种方法。

**1. 按交换设备端口号**

按交换设备端口号分组来划分 VLAN。例如,一个交换设备上的端口 1、2、5、7 所连接的客户站,可以构成 VLAN-A,而端口 3、4、6、8 则构成 VLAN-B 等。在最初的实现中,VLAN 不能跨越交换设备。随着技术的发展,目前 VLAN 已可以跨越多个交换设备。

按交换设备端口号划分 VLAN 是构造 VLAN 的常用方法之一,这种方法比较简单且非常有效。但是,仅靠端口分组无法使同一个物理分段或交换端口同时参与到多个 VLAN 中,更主要的是,当一个客户站从一个端口移至另一个端口时,网络管理员将不得不对 VLAN 成员进行重新配置。

**2. 按 MAC 地址**

这种划分方法是由网管人员指定属于同一个 VLAN 中的各客户端的 MAC 地址。用 MAC 地址进行 VLAN 成员的定义既有优点也有缺点,具体如下。

由于 MAC 地址是固化在网卡中的,故将其移至网络中另外一个地方时,它仍然保持原先的 VLAN 成员身份,网络管理员无须对其进行重新配置。所有用户最初都必须被配置到至少一个 VLAN 中,只有经过这种配置后方可实现对 VLAN 成员的自动跟踪。

在共享介质环境下实现基于 MAC 地址的 VLAN,在多个不同 VLAN 的成员同时存在于同一个交换端口时,可能导致严重的性能下降。另外,在大规模的 VLAN 中,变换设备之间进行 VLAN 成员身份信息的交换也可能会使性能降低。

**3. 按第 3 层协议**

在实现基于第 3 层协议的 VLAN 时,决定 VLAN 成员身份时主要考虑协议类型(在支持多协议的情况下)或网络层地址(如 IP 网络的子网地址)。这种方式 VLAN 划分需要将子网地址映射到 VLAN 中,交换设备根据子网地址,将各主机的 MAC 地址同一个 VLAN 联系起来,交换设备将不同网络端口上连接的主机划归同一个 VLAN。

用第 3 层协议定义 VLAN 有许多优点。首先,可以根据协议类型划分 VLAN,这对于基于服务或基于应用 VLAN 策略的网络需求最为方便。其次,用户可以自由地移动他们的主机,而无须对网络地址进行重新配置,并且在第 3 层上定义 VLAN 将不再需要报文标识,从而消除因在交换设备之间传递 VLAN 成员信息的开销。

第 3 层协议定义 VLAN 也有缺点,如性能问题。对报文中的网络地址进行检查将比对用户的 MAC 地址进行检查费时。因此,使用第 3 层协议进行 VLAN 划分的交换设备,一般都比使用第 2 层协议的交换设备要慢。目前,第 3 层交换机的出现会大大改善 VLAN 成员间的通信效率。在第 3 层上定义的 VLAN 对于 TCP/IP 特别有效,但对于其他一些协议,如 IPX、DEC-Net 或 Apple 则要差一些。对于那些不能进行路由选择的协议(如 NetBIOS),在第 3 层上实现 VLAN 划分将特别困难,因为使用此种协议的主机是无法互相区分的,也就无法将其定义成某个网络层 VLAN 的一员。

**4. 使用 IP 组播**

IP 组播实际上也是一种 VLAN 的定义,即认为一个组播组就是一个 VLAN。这种划分的方法将 VLAN 扩大到了广域网,因此具有更大的灵活性,也很容易通过路由器进行扩展。当然,这种方法不适合局域网,主要是效率不高。

IP 组播代表一种与众不同的 VLAN 定义方法。在这种分组方法中,VLAN 作为广播域的基本概念仍然适用。各站点可以自由地动态决定参加到哪一个或哪一些 IP 组播组中。一个 IP 组播组,实际上是用一个 D 类地址表示的,当向一个组播组发送一个 IP 报文时,此报文将被传送到此组上的各个站点处。从这个意义上讲,可以将一个 IP 组播组看成一个 VLAN,但此 VLAN 中的各个成员都只具有临时性的特点。由 IP 组播定义 VLAN 的动态特性,可以达到很高的灵活性,并且借助路由器,此种 VLAN 可以很容易扩展到整个 WAN 上。

**5. 基于策略**

这是最灵活的 VLAN 划分方法,具有自动配置的能力,能够把相关的用户连成一体,在逻辑划分上称为"关系网络"。网络管理员只需在网络管理软件中确定划分 VLAN 的规则(或属性),当一个站点加入网络中时,将会被"感知",并被包含进正确的 VLAN 中。同时,对站点的移动和改变也可自动识别和跟踪。

采用这种方法,整个网络可以非常方便地通过路由器扩展网络规模。有的产品还支持一个端口上的主机分别属于不同的 VLAN,这在交换机与共享式 HUB 共存的环境中显得尤为重要。自动配置 VLAN 时,交换机中软件自动检查进入交换机端口的广播信息的 IP 源地址,然后软件自动将这个端口分配给一个由 IP 子网映射成的 VLAN。

这种方法允许网络管理员使用任何 VLAN 策略的组合来创建满足其需求的 VLAN。通过 VLAN 策略,把设备指定给 VLAN,当一个策略被指定到一个交换机时,该策略就在整个网络上应用,而设备被置入 VLAN 时,从设备发出的帧总是经过重新计算,以使 VLAN 成员身份能随着设备产生的流量类型而改变。

基于策略的 VLAN 可以使用任一种划分 VLAN 的方法,并且把不同方法组合成一种新的策略来划分 VLAN。

总之,各种划分方法侧重点不同,所达到的效果也不尽相同。目前,网络产品中融合多种划分 VLAN 的方法,一般根据实际情况使用最合适的方法。同时,随着网络管理软件的发展,VLAN 的划分逐渐趋向动态化。

在大多数情况下,用户可以同时处在不同的工作组,并且同时属于多个 VLAN。一个好的 VLAN 策略不能强迫用户一定属于某个 VLAN,这样的 VLAN 缺乏灵活性和扩展性。VLAN 应该支持多个 LAN 交换机,同时也应支持远程连接。网络管理员应不受任何地域的限制,而 VLAN 中的成员也可在 VLAN 中自由移动。

### 2.2.4　VLAN 划分实例

某审计项目有 2 个主要任务组:合同检查组和生产控制检查组。其中合同检查组的多台计算机系统分散连接在 2 台交换机上,它们之间需要进行通信。但为了数据安全,这两个组需要相互隔离,现要在 Catalyst 2950 这 2 台交换机上进行适当配置,实现这一目标。

使在同一 VLAN 里的计算机系统能跨交换机进行通信,而在不同 VLAN 里的计算机系统不能相互通信。

网络拓扑结构如图 2-2 所示。

根据审计需要,将网络划分为 VLAN 1 和 VLAN 2,分别分配给合同检查组和生产控制检查组。跨交换机配置相同的 VLAN,在交换机 S1 上创建 VLAN 2,并且将 3、4、5 号接口分配给 VLAN 2。

在 S1 上创建 VLAN 2 的语句如下。

```
S1#vlan database
S1(vlan)#vlan 2 name VLAN 2
S1(vlan)#exit
```

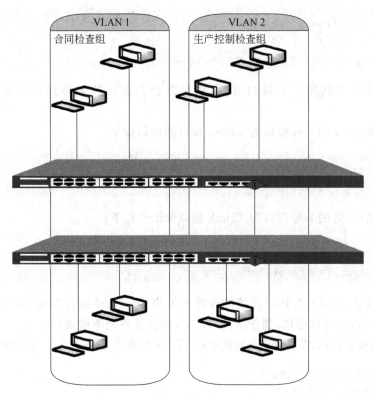

图 2-2　跨交换机的 VLAN 结构

为 VLAN 2 分配接口的语句如下。

```
S1#conf t
S1(config)#interface fa0/3
S1(config-if)#switchport access vlan 2
S1(config-if)#interface fa0/4
S1(config-if)#switchport access vlan 2
S1(config-if)#interface fa0/5
S1(config-if)#switchport access vlan 2
```

在交换机 S2 上创建 VLAN 2,并且将 1、3 号接口分配给 VLAN 2。
在 S2 上创建 VLAN 2 的语句如下。

```
S2#vlan database
S2(vlan)#vlan 2 name VLAN 2
S2(vlan)#exit
```

为 VLAN 2 分配接口的语句如下。

```
S2#conf t
S2(config)#interface fa0/1
```

```
S2(config-if)#switchport access vlan 2
S2(config-if)#interface fa0/3
S2(config-if)#switchport access vlan 2
```

两台交换机之间用 8 号接口互联，所以两台交换机的 8 号接口应定义为 Trunk 接口。

定义交换机 S1 的 8 号接口为 Trunk 接口的语句如下。

```
S1(config-if)#interface fa0/8
S1(config-if)#switchport mode trunk
```

定义交换机 S2 的 8 号接口为 Trunk 接口的语句如下。

```
S2(config-if)#interface fa0/8
S2(config-if)#switchport mode trunk
```

配置完成后，可以在各接口连接的计算机上用 ping 命令进行验证，只有属于同一个 VLAN 的计算机间可以通信，属于不同 VLAN 的计算机间不能通信。

为了保证配置正确，需要清空交换机原有 VLAN 配置[5]，语句如下。（注意需要有权限）

```
delete flash: config.text
delete flash: VLAN.dat
```

两台交换机之间相连的端口应该设置为 tag VLAN 模式。

## 思考题

1. 什么是计算机审计审前调查？
2. 计算机审计审前调查的意义如何？
3. 计算机审计审前调查的主要内容有哪些？
4. 计算机审计审前调查的方法有哪些？
5. 计算机审计方案应包括哪些内容？

## 参考文献

[1] 刘汝焯. 计算机审计技术和方法[M]. 北京：清华大学出版社，2004：4-6.
[2] 苏运法，袁小勇，王海洪. 计算机审计[M]. 北京：首都经济贸易大学出版社，2005：7-8.
[3] 审计署计算机审计实务公告第 8 号：计算机审计审前调查指南(审计发〔2007〕78 号)[R]. 2007.
[4] 谢希仁. 计算机网络[M]. 北京：电子工业出版社，2003：92-95.
[5] 思科 Catalyst 2950 交换机维护手册[G]，2006：7.

# 第3章 数据采集

数据采集是在审前调查提出的数据需求基础上,按照审计目标,采用一定的工具和方法对被审计单位信息系统中的数据库(文件)进行采集的工作[1]。数据采集是计算机审计中数据分析的首要前提和基础,它具有明确的选择性、目的性和可操作性。数据采集过程也是审计取证的前提,是进行计算机审计的关键条件,它关系到审计人员是否有账可查、查得准确和查得快捷。所以,能否成功地采集、转换被审计单位原始数据非常关键。

目前,计算机审计可以分为面向数据的计算机审计和面向系统的计算机审计。其数据都需要进行采集,步骤如下[2]。

(1) 采集被审计对象信息系统中的数据,即审计数据采集;

(2) 根据对这些数据的分析和理解,将其转换为满足审计数据分析需要的数据格式,即审计数据预处理;

(3) 运用相关软件,对采集到的电子数据进行分析处理,从而发现审计线索,获得审计证据,即审计数据分析。

由此可见,如何把被审计单位的电子数据完整无误地采集过来,是开展计算机审计的关键步骤。

## 3.1 审计数据采集的原理

### 3.1.1 数据采集的内涵

数据采集与数据整理是指审计人员在审前调查的基础上,按照审计目标,采用一定的工具和方法,对被审计单位信息系统的相关数据进行采集,转换为审计软件所需要的数据类型,并对转换后的数据进行清理,剔除无用信息,验证数据真伪的过程[1]。简单地讲,审计数据采集就是审计人员为了完成审计任务,在进行计算机审计时,按照审计需求,从被审计单位的信息系统或其他来源中获得相关电子数据的过程。

数据采集是计算机数据审计的首要前提和基础,它具有明确的选择性、目的性和可操作性[3]。

所谓选择性,是指审计人员只采集与审计需求相关的数据。审计人员在进行审计数据采集工作之前,必须认真学习和研究本次审计工作方案中明确的审计范围、审计内容及重点,结合审前调查提出的数据需求,来确定本次计算机数据审计的数据采集范围、采集内容以及采集重点[4]。尤其当审计人员面对海关、银行、电信等被审计单位的"海量"电子数据时,在不能完全下载和转换电子数据的情况下,采集数据必须要做到有的放矢,减少盲目性,提高审计效率。

所谓目的性,是指数据采集的目的是在掌握第一手资料、把握总体的情况下,为审计准备基础数据。审计人员应把审计对象作为一个系统,通过数据采集工作,将被审计单位的信息全部纳入审计监督范围之内,从而把"全面审计"落到实处,为下一步"突出重点"的数据分析、审计延伸调查做好铺垫。

所谓可操作性,是指数据采集的技术和方法多种多样,但所用的技术和方法都必须易于操作。在实际工作应用中,可由审计人员现场亲自采集或监督,被审计单位技术人员配合采集,保证所采集的数据是真实、正确和完整的。

### 3.1.2 数据采集的方式

数据采集可分为两种情况:一是被审计单位能够按照审计工作的要求,提供真实、完整、有效的电子数据。二是被审计单位不具备按照审计工作的要求提供电子数据的能力,需要由审计人员动手获取。

数据采集的对象一般是被审计单位信息系统的数据库或数据库中的备份数据;或者审计人员从其他来源获得的被审计单位的审计数据,例如从会计核算中心、工商税务等部门延伸获得的审计数据。

在数据采集过程中,审计人员常用的数据采集方式主要有以下 4 类[5]。

(1) 直接复制类。当被审计信息系统中的数据库系统与审计软件使用的数据库系统相同,或者虽不相同,但审计软件的数据库引擎可以直接访问被审计信息系统的数据库时,只需直接将被审计对象的数据采集到审计人员的计算机中即可,即直接复制的方式。

(2) 通过中间文件类。通过中间文件采集是指被审计单位按照审计要求,将原本不符合审计软件要求的数据转换成与审计软件要求相一致的格式,提供给审计人员。对于一些比较敏感的系统,审计人员可能不便直接接触其系统和相关资料,可以在审计人员的监督下,由被审计单位技术人员将其数据转换为标准格式数据或审计人员指定格式的数据,交给审计人员。

(3) 通过数据库接口类。通过 ODBC 或 DBMS 接口采集数据,是指审计人员通过数据访问接口直接访问被审计信息系统的数据,并把数据转换成审计所需的格式。这种方式中的 ODBC 接口效率较低,只适合小规模数据采集使用。

(4) 通过专用模板类。针对不同的被审计系统,审计软件大都设计了相应的"专用采集模板",审计人员在进行数据采集时,通过选择相应的模板,可自动实现数据的采集,这种方式称为通过专用模板采集。这种方式的优点是使用简单,自动化程度高,对审计人员的技术水平要求不高;缺点是审计软件必须为每一被审计对象(包括该软件的不同版本)设计一个专用模板。由于目前被审计单位使用的软件各种各样,很难为每一软件以及相应的各种版本设计相应的模板,这使得模板采集法的成本相对较高。在实际的工作中,审计人员应根据被审计单位的实际情况,有模板时用模板,没有模板时再用其他方法。

除了以上常用的 4 类数据采集方法之外,目前正在研究一些通用的数据采集方法。例如,基于可扩展商业报告语言(eXtensible Business Reporting Language,XBRL)的通用审计数据采集接口。但由于目前被审计单位还不具备相应的条件,所以这种方式还停留在理论研究阶段。

常用 4 种数据采集方式的优缺点如表 3-1 所示。

表 3-1 常用 4 种数据采集方式的优缺点对比

| 数据采集方式 | | 影响使用的因素 | | | | |
|---|---|---|---|---|---|---|
| | | 动态/静态 | 对被审计系统影响 | 专业知识需求 | 对被审计单位的依赖性 | 灵活程度 |
| 直接复制 | | 静态 | 影响小 | 不需要 | 不依赖 | 一般 |
| 通过中间文件 | | 静态 | 影响小 | 不需要 | 依赖 | 一般 |
| 通过数据库接口 | 从被审计单位信息系统中采集 | 动态 | 影响大 | 需要 | 不依赖 | 高 |
| | 从备份数据中采集 | 静态 | 影响小 | 需要 | 不依赖 | 高 |
| 通过专用模板 | 从被审计单位信息系统中采集 | 动态 | 影响大 | 需要 | 不依赖 | 低 |
| | 从备份数据中采集 | 静态 | 影响小 | 需要 | 不依赖 | 低 |

## 3.2 常用审计数据采集技术

在上述 4 类数据采集方式中,审计人员采用较多的是通过数据库工具和专用模板这两类方式。这两类方式中,常用的审计数据采集技术有 4 种:①利用审计软件的功能;②利用 DBMS(数据库管理系统)自带的工具;③利用通用的数据分析工具;④利用程序脚本编码技术。

下面分别举例说明如何利用这些工具来完成数据采集。

### 3.2.1 利用审计软件采集技术

审计软件,尤其是通用的审计软件,一般都有数据采集的功能,如《AO 2008》、《企业财务审计软件》、《中央部门预算执行审计软件》等,而且操作方法也基本相同,下面以《AO 2008》为例说明如何操作,财务数据库数据的采集界面如图 3-1 所示。

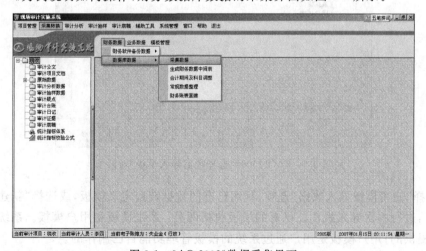

图 3-1 《AO 2008》数据采集界面

单击"财务数据"→"数据库数据"→"采集数据",弹出"数据导入向导"对话框,如图 3-2 所示。

图 3-2 《AO 2008》"数据导入向导"对话框

单击"下一步"按钮,进入"选择目标数据库"对话框,在此指定转换后数据存放的数据库名称和存放位置。指定目标数据库名称后,单击"下一步"按钮,弹出"选择存储文件夹"对话框,指定目标数据库存放位置,单击"确定"按钮,进入"选择数据导入模板"对话框,如图 3-3 所示。

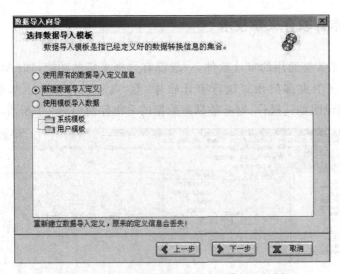

图 3-3 《AO 2008》"选择数据导入模板"对话框

选择"使用模板导入数据"选项,利用已有的数据转换定义模板,或选择"新建数据导入定义",进行本次导入操作。已有的模板包括两类:系统模板和用户模板。系统模板是由系统提供的;用户模板是用户通过系统的模板管理功能自己制作的。

以"新建数据导入定义"为例。选择"新建数据导入定义"选项,单击"下一步"按钮,进入"添加/修改数据源"对话框,如图 3-4 所示。

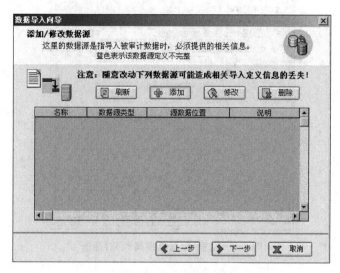

图 3-4 "添加/修改数据源"对话框

单击"添加"按钮,弹出"数据源定义"对话框,如图 3-5 所示。在此选择要导入的数据源所属类型,这里以 Access 数据库为例,单击"设置"按钮,弹出"打开"对话框,选择数据源,如图 3-6 所示。

图 3-5 "数据源定义"对话框      图 3-6 "打开"对话框中选择数据源

选定要导入的数据源,单击"打开"按钮,弹出"数据链接属性"对话框,如图 3-7 所示。

单击"测试连接"按钮,系统提示连接成功。单击"确定"按钮,回到"添加/修改数据源"对话框,可以看到已经成功添加了要导入的数据源,如图 3-8 所示。下一步可以进行数据转换。

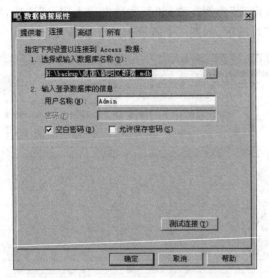

图 3-7 设置"数据链接属性"对话框

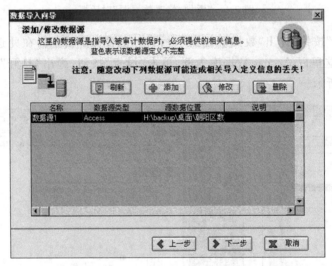

图 3-8 成功添加要导入的数据源

## 3.2.2 利用 DBMS 采集技术

数据库管理系统(Database Management System,DBMS)具有强大的数据定义、操纵、查询、控制、管理和通信功能。不同的 DBMS 所采用的数据库引擎不同,访问能力的大小和访问数据库的类型也有所不同。因此,在使用不同的 DBMS 时,应当首先了解该系统的具体情况。

Microsoft SQL Server 是微软公司推出的适用于大型网络环境的数据库产品,由于其提供了支持不同数据源之间的数据传输的数据转换服务(Data Transformation Services,DTS)

以及关系数据库的标准语言——结构化查询语言(Structured Query Language,SQL),因此迅速成为数据库市场上的主流产品。具体数据采集的操作步骤如下。

**1. 利用 SQL Server 2005 导入导出向导**

打开如图 3-9 所示的 SQL Server 导入导出菜单。

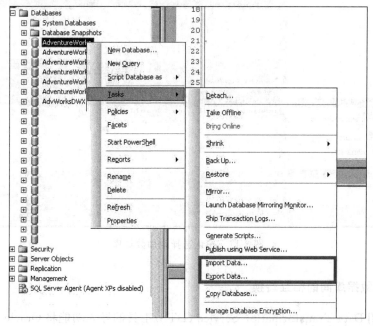

图 3-9　SQL Server 导入导出工具

在导入向导中,微软提供了多种数据源驱动,包括 SQL Server Native Client、OLE DB For Oracle、Flat File Source、Access、Excel、XML 等,基本可以满足系统开发的需求。同样,导出向导也有同样多的目的源驱动,可以把数据导入到不同的目的源。对数据库管理人员来说,这种方式简单易操作,导入时,SQL Server 也会帮助建立相同结构的表结构。

**2. 利用附加数据库导入**

在 SQL Server 2005 的"对象资源管理器"中右击"数据库"后,弹出如图 3-10 所示的快捷菜单,单击"添加"选项,打开"附加数据库"对话框,如图 3-11 所示。选择要附加的后缀名为.MDF 的数据库文件,单击"确定"按钮,就完成了附加数据库文件的设置。这时,"附加数据库"对话框中列出了需要附加数据库的信息,如图 3-11 所示。如果修改附加后的数据库名

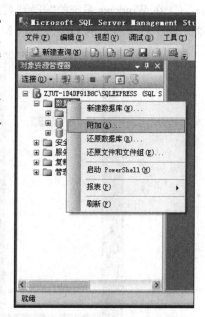

图 3-10　SQL Server 附加数据库菜单

称,则修改"附加为"文本框中的数据库名称。这里均采用默认值,单击"确定"按钮,完成数据库的附加任务。

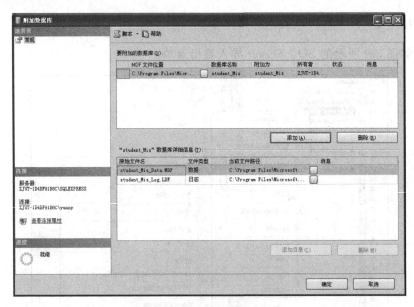

图 3-11　确认选择附加数据库

**3. 异构数据库间的相互转换**

(1) 利用 Data Transformation Service (DTS)工具的导入功能将 Oracle 10.2.0 中的数据导入 SQL Server 2005。

① 在 Windows 系统的"开始"菜单中选择 Oracle→"配置和移植工具"→Net Manager,弹出如图 3-12 所示的 Oracle Net Manager 界面。

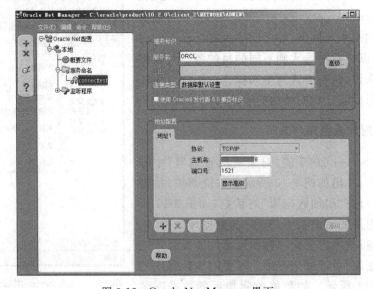

图 3-12　Oracle Net Manager 界面

② 选中服务命名，然后单击左上角的加号 ➕，进入添加服务向导，如图 3-13 所示。

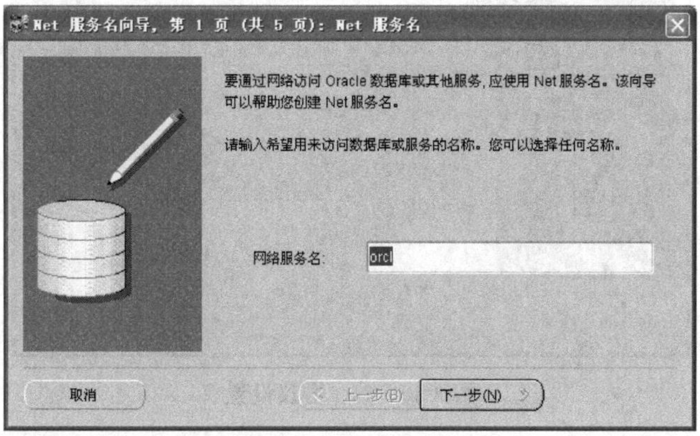

图 3-13  Net 服务名向导

③ 在如图 3-13 所示的界面中输入网络服务名（如 orcl），单击"下一步"按钮，弹出如图 3-14 所示的"Net 协议选择"界面，选择默认的 TCP/IP（Internet 协议），单击"下一步"按钮，弹出如图 3-15 所示"协议设置"界面。

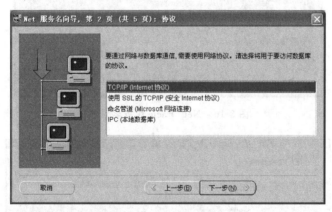

图 3-14  Net 协议选择

④ 在如图 3-15 所示的界面中的主机名填写 Oracle 服务器所在计算机的 IP 地址，端口要和服务器匹配，Oracle 默认端口是 1521，具体填写可参照说明。单击"下一步"按钮，弹出如图 3-16 所示的"服务名设置"界面。这里使用的是 SID，在服务器中的 SID 号是 orcl。

⑤ 配置完后，继续单击"下一步"按钮，进行连接测试，确认配置是否正确。第一次一般显示无法连接，那是因为连接使用的是 Oracle 默认的用户名和密码，所以必须修改登录名和密码，修改后再次进行测试。

⑥ 现在打开 Sql Server 2005 的管理工具，在 Sql Server 中建立一个数据库，例如 ssminfo，右击数据库，单击"所有任务"→"导入数据"，就会弹出一个导入向导。在 Data Source 中选择 Microsoft OLE DB Provider for Oracle，单击"属性"按钮，在"输入服务器名称"中填写刚才在 Net Manager 中新建的服务名，即 ConnectTest，正确填写 Oracle 服务器的登录名和密码。如图 3-17 所示。

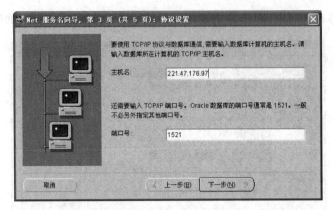

图 3-15  Net 协议设置

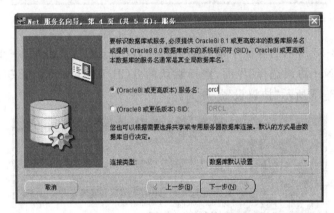

图 3-16  Net Oracle 服务名设置

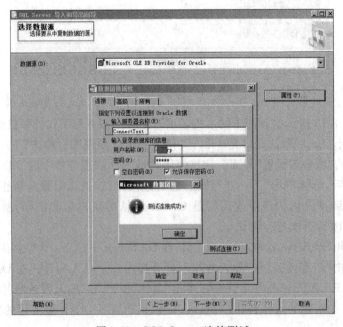

图 3-17  SQL Server 连接测试

⑦ 选中"允许保存密码"选项,然后单击"测试连接"按钮,达到测试成功。

⑧ 测试成功后,单击"确定"按钮,单击"下一步"按钮,弹出如图 3-18 所示的对话框。这里的配置根据实际情况填写。

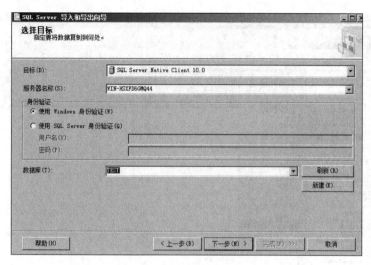

图 3-18 "SQL Server 导入和导出向导"对话框

⑨ 单击"下一步"按钮,根据实际情况选择,这里选择的是 copy data from one or more tables or views,再单击"下一步"按钮。Oracle 中的所有表格和视图会被加载进来,如图 3-19 所示。可以选择需要导入的表格,在表格过多时,最好分多次导入,如果全选,很容易导致崩溃。

图 3-19 选择需要导入的表格

(2) 将 Access 数据库导入 SQL Server。

① 打开 SQL Server 管理平台，展开服务器和数据库，右击该数据库图标，从弹出的快捷菜单中选择"任务"→"导入数据"，如图 3-20 所示。

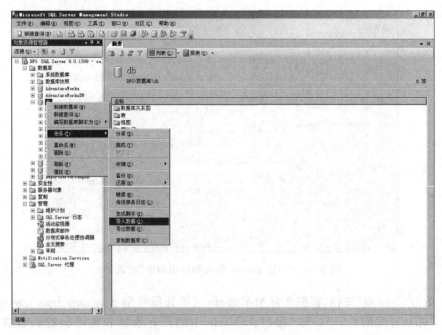

图 3-20　打开"导入数据"选项

② 单击"下一步"按钮，弹出"选择数据源"对话框，如图 3-21 所示。在该对话框中，可以选择数据源类型、文件名、用户名和密码等选项。

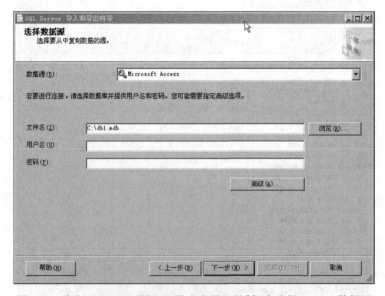

图 3-21　在"SQL Server 导入和导出向导"对话框中选择 Access 数据源

单击"下一步"按钮,弹出"选择导入的目标数据库类型"对话框,如图 3-22 所示。本例使用 SQL Server 数据库作为目标数据库,在目标对话框中选择 SQL Native Client,在服务器名称框中输入目标数据库所在的服务器名称。下方需要设定连接服务器的安全模式以及目标数据库的名称。设定完成后,单击"下一步"按钮,弹出"指定表复制或查询"对话框,如图 3-23 所示。

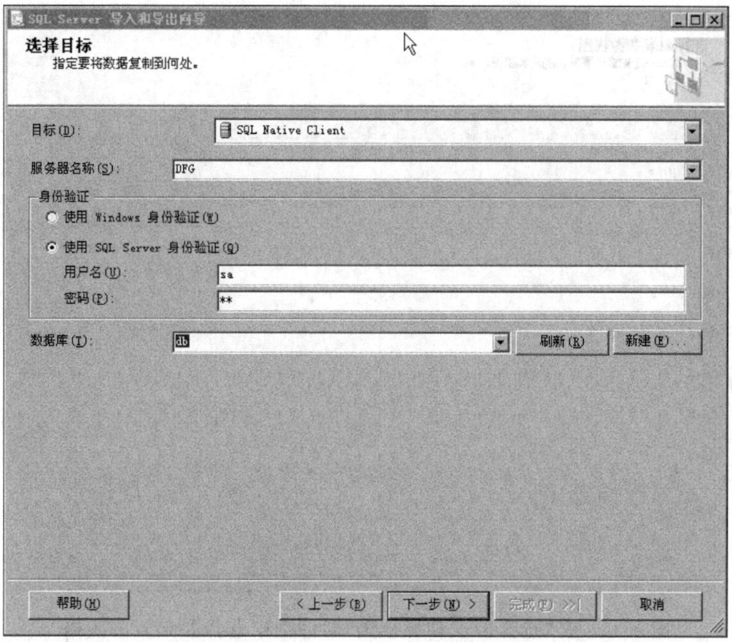

图 3-22 选择导入的目标数据库类型

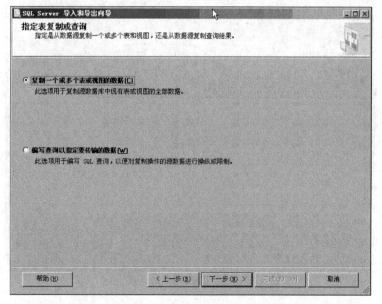

图 3-23 "指定表复制或查询"对话框

单击"下一步"按钮,弹出"选择源表和源视图"对话框,如图 3-24 所示。该对话框中可以设定需要将源数据库中的哪些表格传送到目标数据库中去。选择表格名称左边的复选框,可以选定或取消对该表格的复制。如果要编辑数据转换时源表格和目标表格之间列的对应关系,可单击表格名称右边的"编辑…"按钮,弹出"列映射"对话框,如图 3-25 所示。

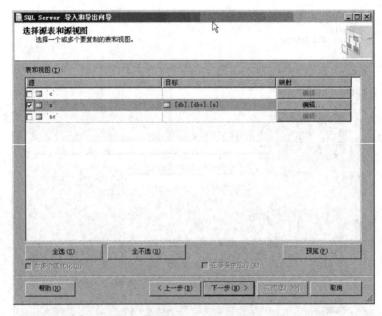

图 3-24　在"选择源表和源视图"对话框中选择要导入的表格

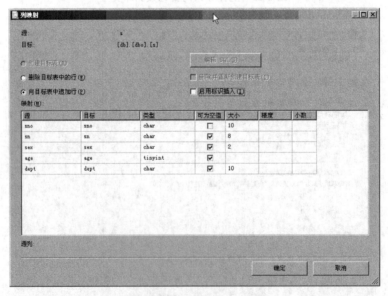

图 3-25　"列映射"对话框

在图 3-24 中单击"下一步"按钮,弹出"保存并执行包"对话框,如图 3-26 所示。在该对话框中可以指定是否希望保存 SSIS 包,也可以立即执行导入数据操作。

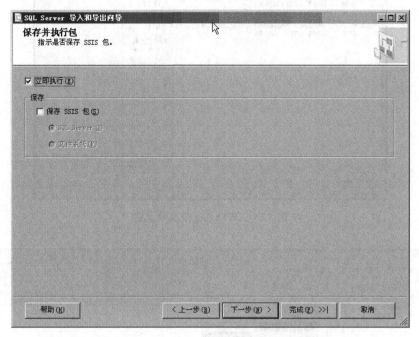

图 3-26　在"保存并执行包"对话框中执行导入操作

## 3.2.3　利用数据分析工具采集技术

数据分析工具通常都具有数据采集功能。合理地利用这些工具,可以很好地完成数据采集任务。如 TOAD for Oracle 是数据库开发和管理工具,该工具功能强大且成本低,加快了数据库和应用程序的开发,简化了日常管理任务,适用于数据库和应用程序开发人员、DBA 或商业分析师。

假设被审单位提交的个人所得税申报数据为 csv 格式,将之转换为 Oracle 数据库 BLTS 中的数据表,为下一步进行关联检索作数据准备。

如图 3-27 所示在 TOAD 8.5.3.2 登录界面中输入正确的 User 和 Password,选择正确的 Database,单击 Connect 按钮,登录数据库服务器。

单击菜单栏中的 Database 选项,如图 3-28 所示,选择 Import 选项,里面有 Source Files 和 Table Data 两个选项,此处选择 Table Data。

弹出图 3-29 所示界面,选择 Schema、Object Type、Object Name 和 Commit Mode。

Schema 选择 BITS,Object Type 选择 Tables,Object Name 选择 EXTERN_PERSONAL_TAX。一般选择所有记录完成后提交,这样保持数据库的一致性。选择上面的四个选项后,按钮 Show Data 可以使用,如图 3-30 所示。

单击此按钮,就会显示出 EXTERN_PERSONAL_TAX 中的数据。

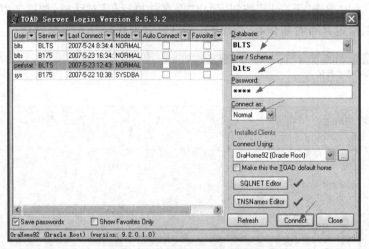

图 3-27 TOAD 登录参数设置

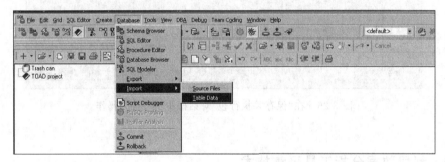

图 3-28 选择导入操作

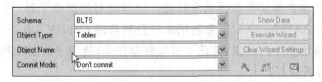

图 3-29 导入参数设置

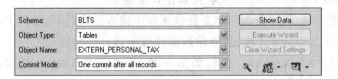

图 3-30 参数设置完毕

这里重点注意 Execute Wizard 按钮的使用，单击该按钮后，出现如图 3-31 所示的 Table type 界面。

这里选择文件格式为 .txt，然后单击 Next 按钮，弹出如图 3-32 所示的 Import from File 界面。

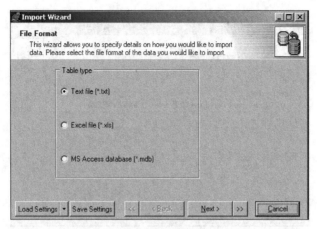

图 3-31 "数据类型选择"界面

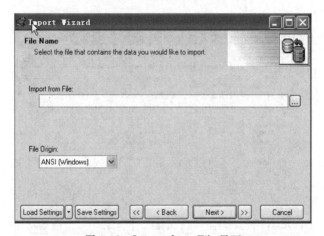

图 3-32 Import from File 界面

选择待导入的数据文件,并选择文件来源,默认是 ANSI[Windows],单击 按钮;在弹出界面中选择文件类型为 csv,单击"打开"按钮,如图 3-33 所示。

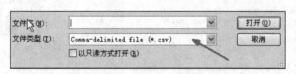

图 3-33 选择文件类型

返回如图 3-34 所示界面,单击 Next 按钮,选择以 Comma(,)作为字段间的分隔符号,如图 3-35 所示,然后单击 Next 按钮,将 First row 修改为 2,如图 3-36 所示。

**注意**:First row 中的数字代表待导入 *.csv 文件中的数据起始行号。

单击 Next 按钮,弹出如图 3-37 所示界面。

这里需要描述外部文件的列,以便与数据库中的字段对应起来。如果顺序与数据库一致,可以选择 AutoMap 按钮,如果不一致,可以单击每列后面的 ▼ 符号,然后选中相应的列即可。界面如图 3-38 所示。

图 3-34　选择文件来源

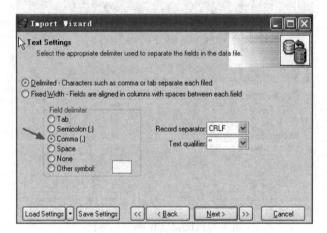

图 3-35　选择字段分隔符

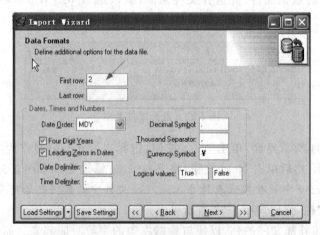

图 3-36　数据起始行号设置

图 3-37 数据导入预览

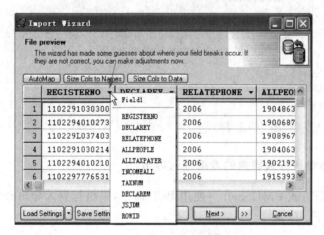

图 3-38 调整对应列名

单击 Next 按钮，弹出如图 3-39 所示界面，单击 Execute 按钮。

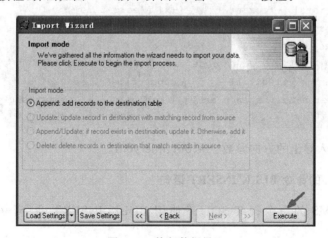

图 3-39 执行数据导入

导入完成后,单击菜单栏中的 提交按钮,完成数据提交。

### 3.2.4 利用程序脚本编码技术

**1. 用程序代码进行数据采集**

读取数据集合,使用 OLEDB 驱动的.NET 代码如下。

```
string strOLEDBConnect=@"Provider=Microsoft.Jet.OLEDB.4.0;Data Source=D:1;
Extended Properties='text;HDR=Yes;FMT=Delimited'";
OleDbConnection conn=new OleDbConnection(strOLEDBConnect);
conn.Open();
SQLstmt="select * from 1.txt";                   //读取.txt 中的数据
DataTable dt=new DataTable();
OleDbDataAdapter da=new OleDbDataAdapter(SQLstmt, conn);
da.Fill(dt);   //在 DataSet 的指定范围中添加或刷新行,以匹配使用 DataSet、DataTable
               和 IDataReader 名称的数据源中的行
if(dt.Rows.Count> 0)
    foreach(DataRow dr in dt.Rows
      {
        SQLstmt="insert into MyTable values('" + dr..."
```

**2. 用 BCP 命令进行大容量的数据导入导出**

可以在命令行方式 CMDShell 下使用 BCP 命令,来执行导入导出操作。
BCP 语法如下。

```
bcp {[[database_name.][schema].]{table_name | view_name} | "query"}
  {in | out | queryout | format} data_file
  [-mmax_errors] [-fformat_file] [-x] [-eerr_file]
  [-Ffirst_row] [-Llast_row] [-bbatch_size]
  [-ddatabase_name] [-n] [-c] [-N] [-w] [-V (70 | 80 | 90 )]
  [-q] [-C { ACP | OEM | RAW | code_page } ] [-tfield_term]
  [-rrow_term] [-iinput_file] [-ooutput_file] [-apacket_size]
  [-S [server_name[instance_name]]] [-Ulogin_id] [-Ppassword]
    [-T] [-v] [-R] [-k] [-E] [-h"hint [,...n]"]
```

注意数据导入导出的方向参数:in、out、queryout。

**3. 用 T-SQL 的命令 BULK INSERT 语句**

可以在 DBMS 的命令行 T-SQL 下使用 BULK INSERT 命令,来执行导入导出操作。

BULK INSERT 语法如下。

```
BULK INSERT
    [ database_name. [ schema_name ] . | schema_name. ] [ table_name | view_name ]
        FROM 'data_file'
        [ WITH
    (
    [ [ , ] BATCHSIZE=batch_size ]
    [ [ , ] CHECK_CONSTRAINTS ]
    [ [ , ] CODEPAGE={ 'ACP' | 'OEM' | 'RAW' | 'code_page' } ]
    [ [ , ] DATAFILETYPE=
    { 'char' | 'native'| 'widechar' | 'widenative' } ]
    [ [ , ] FIELDTERMINATOR='field_terminator' ]
    [ [ , ] FIRSTROW=first_row ]
    [ [ , ] FIRE_TRIGGERS ]
    [ [ , ] FORMATFILE='format_file_path' ]
    [ [ , ] KEEPIDENTITY ]
    [ [ , ] KEEPNULLS ]
    [ [ , ] KILOBYTES_PER_BATCH=kilobytes_per_batch ]
    [ [ , ] LASTROW=last_row ]
    [ [ , ] MAXERRORS=max_errors ]
    [ [ , ] ORDER ( { column [ ASC | DESC ] } [ ,...n ] ) ]
    [ [ , ] ROWS_PER_BATCH=rows_per_batch ]
    [ [ , ] ROWTERMINATOR='row_terminator' ]
    [ [ , ] TABLOCK ]
    [ [ , ] ERRORFILE='file_name' ]
    ) ]
```

重要参数：FIELDTERMINATOR 为字段分隔符；FIRSTROW 为第一个数据行；ROWTERMINATOR 为行终结符。

## 3.3 数据清理和转换

### 3.3.1 数据清理

审计风险是审计人员在审计过程中采用了没有意识到的不恰当的审计程序和方法，或者错误地估计和判断了审计事项，做出了与事实不相符合的审计结论，进而受到有关利害关系人或潜在的利害关系人的指控，乃至承担法律责任的可能性。影响审计风险的要素很多，如公司治理结构、内控制度、流程复杂性、管理风格、竞争环境、审计人员素质、审计程序等。随着审计环境的信息化，审计数据的质量好坏将直接影响审计风险的强弱，主要体现在下面 4 个方面[1]。

### 1. 值缺失限制了审计人员的数据分析工作

被审计数据的形成，最初的目的是要满足被审计单位管理经济业务的需要。所以，操作人员在对多条连续记录中存在的相同数据值进行录入时，往往会只录入第一条记录的数据值，而省略后续记录的相同数据值的录入，导致数据不完整，如图 3-40 所示。不完整数据的存在，限制了审计人员按这一数据的某一特性对被审计数据进行分析，如查询、筛选、汇总等。

| | | | | |
|---|---|---|---|---|
| 85 | 评审会务费 | | | |
| 86 | 评审费标准 | | | |
| 87 | | 301 | 某财43号 | 财事40号 |
| 88 | | | | 财预70号 |
| 89 | | 345 | 某财67号 | 财事60号 |
| 90 | | | | 财预94号 |
| 91 | | | | |
| 92 | 交通费标准 | | | |
| 93 | | 141 | 某财21号 | 财事24号 |
| 94 | | 264 | 某财37号 | 财事28号 |
| 95 | | | | |
| 96 | 招待费标准 | 172 | 某财48号 | 财事65号 |

图 3-40 不完整的数据

为了解决不完整数据(即值缺失)的问题，大多数情况下，缺失的值必须手工填入；某些缺失值可以从自身数据源或其他数据源推导出来。如上例中，可以利用 Excel 的拖动功能实现。

### 2. 数据表中的空值直接影响了数据分析结果的准确性

被审计数据中常常会存在部分数据值为空的现象。进行数据分析时，原始数据中为空的数值型字段值并不等同于“0”，不能参加运算、比较大小等分析，因此必须对这部分空值进行数据清理。例如，在一次对某省中央补助地方支出的审计中，审计人员采集到的原始数据表“中央补助专款表”中，存在“下划各地市专款”部分字段值为空的现象，如图 3-41 所示。

| | yskm | bh | stwh | zwh | zy | sbzj | hj | zj | kl |
|---|---|---|---|---|---|---|---|---|---|
| 1 | 企业挖潜改... | 10 | 某经贸投资86号 | 财工02号 | 微玻技术改... | 10800000.0 | 10800000.0 | | 10800C |
| 2 | 企业挖潜改... | 102 | 某经贸技装419号 | 经贸技122号 | 技术项目创... | 150000.0 | 150000.0 | | 15000C |
| 3 | 科技三项费用 | 304 | 某科通152号 | 科通23号 | 第一批科技... | 100000.0 | 100000.0 | | 40000. |
| 4 | 小型农田水... | 199 | 某财农130号 | 财农92号 | 第二批小型... | 500000.0 | 500000.0 | 100000.0 | 0.0 |
| 5 | 支持农村合... | 57 | 某财农36号 | 财农15号 | 稻田生态渔... | 300000.0 | 300000.0 | 20000.0 | 10000C |
| 6 | 农村农技推... | 51 | 某财农44号 | 农办5号 | 农民技术培训费 | 40000.0 | 40000.0 | | |
| 7 | 农村农技推... | 148 | 某财农100号 | 财农68号 | 农机具购置... | 80000.0 | 80000.0 | | |
| 8 | 农村草场和... | 122 | 某财农82号 | 财农47号 | 防治口蹄疫... | 80000.0 | 80000.0 | 80000.0 | |
| 9 | 农村草场和... | 147 | 某财农111号 | 财农65号 | 消毒药品经费 | 46000.0 | 46000.0 | 46000.0 | |
| 10 | 农村草场和... | 341 | 某财农200号 | 财农127号 | 支农项目资金 | 780000.0 | 780000.0 | | |
| 11 | 农村造林和... | 77 | 某财农62号 | 财农29号 | 节柴改灶经费 | 75000.0 | 75000.0 | | |
| 12 | 企业挖潜改... | 151 | 某经贸安全495号 | 经贸投资144号 | 第二批安全... | 80000.0 | 80000.0 | 50000.0 | |

Grids Messages

图 3-41 含有空值的数据

处理方法如下：在 SQL Server 的查询分析器(SQL Query Analyzer)中执行下列 SQL 语句，用“0”替换某些字段的空值。

```
update 清理数据表 set zj=0 where zj is NULL
update 清理数据表 set kl=0 where kl is NULL
update 清理数据表 set mj=0 where mj is NULL
```

### 3. 大量冗余数据降低了数据分析的效率

数据冗余主要是指审计人员采集到的数据表中存在大量原本就没有使用或存储辅助信息的字段和记录。对于审计人员来说,这些字段和记录可能是多余的,没有任何意义。大量冗余数据的存在,不仅占据了本来就十分有限的硬盘空间,还会大大降低审计人员以数据查询为主的数据分析的效率。因此,必须对冗余数据进行清理。例如,在一次对某电力公司的审计中,审计人员在如图 3-42 所示的凭证数据中,发现存在大量冗余数据(十几个字段、近半数的记录)。

图 3-42 冗余的数据

处理方法如下:清理凭证数据表中科目代码以"s"开头的现金流量辅助信息冗余记录,在 SQL Server 的查询分析器中执行下列 SQL 语句。

```
delete from 清理数据表 where kmdh like 's%'
```

### 4. 数据值域定义的不完整性给数据审计工作带来障碍

由于被审计单位信息系统对某些数据没有形成较强的值域或数据格式的约束性限制,极易造成因操作人员失误等原因导致录入的数据存在错误值或同一类型数据值的表达格式不统一的情况。如图 3-43 所示,审计人员采集数据后,固定资产表中有资产原值字段存在负值的情况,这与会计处理的常规不符。

错误值的检测及解决方法:用统计分析的方法识别可能的错误值或异常值,如偏差分析、识别不遵守分布或回归方程的值;使用简单规则库(常识性规则、业务特定规则等)

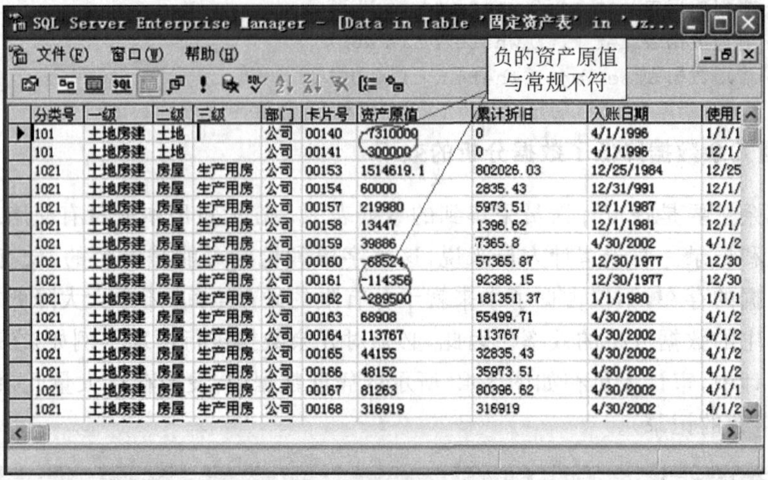

图 3-43 错误的数据

检查数据值；使用不同属性间的约束；使用外部数据。

上例的处理方法：在确认负的资产原值是错误数据后，可以在 SQL Server 的查询分析器中执行下列 SQL 语句。

update 固定资产表 set 资产原值=abs(资产原值) where 资产原值<0

### 3.3.2 数据转换

审计过程可以看成一个持续的信息加工和专业判断过程。审计数据是重要的输入信息之一，其质量对判断结果的影响至关重大。将采集的原始数据进行转换，不仅是一个语法层次上的问题，还是一个语义层次上的问题。

**1. 数据转换的必要性**

首先，数据转换技术必须解决对被审计单位不同类型数据库格式的识别问题，将具有相同或相近含义的各种不同形式的数据转换成审计软件处理所需的形式相对统一的数据，这是一个语法层次上的问题。其次，数据转换还要解决对采集到的原始数据的含义进行识别的问题，明确地标识出每张表、每个字段的真实含义及其相互之间的关系，这是一个语义层次上的问题。

(1) 被审计单位信息系统的多样性导致数据的不一致性

开展计算机审计，必然面临各种各样的被审计单位信息系统。被审计单位信息系统的差异给审计工作带来数据的不一致性问题，大致有以下表现形式。

① 同一字段在不同应用中具有不同的数据类型。例如，字段"借贷方标志"在 A 应用中的类型为"字符型"，取值为 Credit/Debit；在 B 应用中的类型为"数值型"，取值为 0/1；在 C 应用中类型又为"布尔型"，取值为 True/False。

② 同一字段在不同的应用中具有不同的名字。例如，表示余额的字段，在 A 应用中

的字段名为 balance，在 B 应用中名称为 bal，在 C 应用中又变成了 currbal。

③ 同名字段，不同含义。例如，字段"月折旧额"，在 A 应用中表示用直线折旧法提取的月折旧额，在 B 应用中表示用加速折旧法提取的月折旧额等。

④ 同一信息，在不同的应用中有不同的格式。例如，字段"日期"，在 A 应用中的格式为"YYYY-MM-DD"，在 B 应用中的格式为"MM/DD/YY"，在 C 应用中的格式又为"DD/MM/YY"。

⑤ 同一信息，在不同的应用中有不同的表达方式。例如，对于借贷方发生额的记录，在 A 应用中设计为两个字段"借方发生额"与"贷方发生额"，在 B 应用中设计为两个字段"借贷方标志"与"发生额"。对于这些不一致的数据，必须进行转换后才能供审计软件分析之用。数据的不一致性是多种多样的，对每种情况都必须进行专门处理，因此是一项很烦琐的工作。

(2) 被审计系统的安全性措施给审计工作带来障碍

基于安全性考虑，被审计单位的系统一般都采取一定的加密措施，有系统级的加密措施和数据级的加密措施。特别对具有一定含义的数据库的表与字段的名称，一般都要进行映射或转换。例如，将表命名为 T1，T2……将字段命名为 F1，F2……对于这样的数据，不进行含义的对照与转换，就不明白表或字段的经济含义，计算机数据审计也就无法顺利进行。各种各样的加密措施不胜枚举，这些都给计算机审计带来了障碍，也给数据转换带来挑战。

(3) 审计目的的不同决定了审计数据的范围和要求不同

被审计单位的信息系统规模不一，数据量相差悬殊。审计人员往往是根据审计目的和要求，选取一定范围的、满足一定要求的审计数据。如果被审计单位不能提供完全满足审计要求的数据，就有必要对采集到的数据进行转换。审计人员必须通过数据转换，将审计所需的分布在被审计系统的若干张表中的信息统一在一张或多张表中，为提高数据分析效率奠定基础。

(4) 数据转换是数据分析、处理的前提

计算机软件设计一般都是基于一定的数据结构或数据模式的，专用的审计软件更是如此。在输入数据不能满足软件处理的需求时，就必须进行转换。通用的审计软件对输入数据的适应性相对强一些，但并不意味着它可以处理不经转换的任意数据，仍然存在较多局限。而且，审计软件中有很多特定的分析方法和专用工具，它们往往要求一定的数据结构或数据模式。例如，在对数据进行趋势分析时，就首先要将数据按年、月、日 3 个层次进行分类汇总，而绝大部分被审计单位提供的电子的年、月、日数据往往只用一个日期字段反映。这时，审计人员就必须将数据的一个日期字段转换成年、月、日 3 个字段，保证数据趋势分析的顺利进行。

**2. 数据转换的主要工具和方法**

数据转换可以采用的工具和方法多种多样，实际工作中使用的工具和方法，主要依据审计目标、被审计单位的数据结构和格式、审计软件对输入数据的处理需求等因素而定。可以使用的工具和方法大致如下。

(1) 数据库管理系统自带的转换工具

很多的数据库管理系统都自带非常出色的数据转换工具。微软的 SQL Server 自带的 DTS 工具就是操作简便、功能强大的数据抽取和转换工具，它支持多种形式的转换。

(2) 审计软件

几乎每一种审计软件都提供了自己的数据转换工具。

(3) SQL 语言

SQL 语言是关系数据库的标准语言。利用 SQL 语言进行数据转换，对于具有中级以上计算机应用水平的审计人员来说尤为适合。SQL 语言中的语句可以分为数据定义语句(DDL)、数据操纵语句(DML)和数据控制语句(DCL)。数据转换中用得较多的是数据操纵语句和数据定义语句。一般可以用数据定义语句来定义目标数据库和目标表的结构，用数据操纵语句将源数据检索到目标数据库中，并对检索的结果进行进一步加工。

(4) 程序编程

程序编码是实现数据转换的最基本方法。如对复杂数据文件中包含的数据进行转换或对非关系型数据库中的数据进行转换时，数据关系复杂，转换需求固定，使用频繁时，这几种情形一般采用程序编码方式转换。

## 思考题

1. 基本概念：数据采集、数据转换、数据整理。
2. 如何确定被审计数据库的位置？
3. 如何打开被审计数据库？
4. 数据采集的基本方法有哪些？
5. 数据转换的基本方法有哪些？
6. 数据质量的评价指标有哪些？
7. 数据整理的基本方法有哪些？
8. 数据验证的常用方法有哪些？
9. 如何确保数据采集的安全？

## 参考文献

[1] 刘汝焯.计算机审计技术和方法[M].北京：清华大学出版社，2004：19-20.
[2] 陈伟,张金城.计算机辅助审计原理及应用[M].北京：清华大学出版社，2008：62-65.
[3] 李玲,刘汝焯.计算机数据审计[M].北京：清华大学出版社，2010：92-96.
[4] 石爱中,孙俭.初释数据式审计模式[J].审计研究，2005(4)：3-6.
[5] 陈伟,Qiu Robin.面向大型数据库的审计数据采集方法[J].计算机应用，2008,8(28)：2144-2147.

# 第4章 审计数据的取证技术

## 4.1 数字取证的相关概念

1984年,美国成立了FBI的计算机分析响应组(CART),数字取证由此诞生。在这个时期,数字取证技术的研究经历了从无到有的探索过程,数字取证技术的基本思想、理论、技术和方法逐步建立。1991年,计算机专家国际联盟(International Association for Computer Information Systems, IACIS)在美国俄勒冈州波特兰市举行的第一次培训会中正式提出了计算机取证(Computer Forensics)的概念。20世纪90年代中期,音频及视频技术逐渐由模拟方式向数字方式转变,这使得"计算机取证"的概念在数字犯罪侦察领域中显露出了局限性。1998年3月2日,在弗吉尼亚州举行的美国联邦犯罪调查实验室研讨会上,电子证据(Digital Evidence)的概念被正式提出,计算机取证扩展为数字取证[1]。

审计证据的可靠性受其来源和性质的影响,并取决于获取审计证据的具体环境。在我国2006年颁布的34项审计准则[2]之中,多处涉及电子审计证据的获取与检查,以及其可靠性与相关性鉴证。《审计准则第1301号:审计证据》中,明确将电子介质的记录形式列为审计证据,同时认为它比口头形式的审计证据更可靠。其中的第三十四条指出:"某些会计数据和其他信息只能以电子形式存在,或只能在某一时点或某一期间得到,审计人员应当考虑这些特点对审计程序的性质和时间的影响。当信息以电子形式存在时,审计人员可以通过使用计算机审计技术实施某些审计程序。"可见,面对日益增多的电子审计证据,审计人员如何使用计算机审计技术确认其可靠性的问题已经迫在眉睫。

### 4.1.1 电子证据的概念

目前,关于电子证据概念的定义主要有以下几种。

(1) 电子物品说

电子证据是指以储存的电子化信息资料来证明案件真实情况的电子物品或者电子记录[3]。

(2) 计算机证据说

电子证据是指在计算机或计算机系统运行过程中产生的以其记录的内容来证明案件事实的电磁记录物[4]。

(3) 网上证据说

电子证据即网上证据,是指在计算机或计算机系统运行过程中产生的以其记录的内容来证明案件事实的电磁记录物[5]。

(4) 独立证据说

电子证据是以通过计算机存储的材料和证据证明案件事实的一种手段。它最大的功能是存储数据,能综合、连续地反映与案件有关的资料数据,是一种介于物证与书证之间的独立证据[6]。

(5) 诉讼证据说

电子证据是存储于磁性介质之中,以电子数据形式存在的诉讼证据[7]。

(6) 数字证据说

电子证据是以数字的形式保存在计算机存储器或外部存储介质中,能够证明案件真实情况的数据或信息[8]。

从概念的内涵和外延等角度考量,虽然上述几种关于电子证据的本质属性和对象范围的描述仍存在认知上的差异,但还是能够在一定范围内达成共识:首先,电子证据的产生、存储和传输离不开计算机技术、存储技术、网络技术的支持。其次,经过现代化的计算工具和信息处理设备的加工,信息经历了数字化的过程,转换为二进制的机器语言,实现了证据的电子化。"电磁记录物"、"数据信息"、"计算机存储的材料"、"电子数据"等用语,实际上正说明了电子证据的独特存在形式。最后,电子证据是能够证明一定案件事实的证据,这是其作为诉讼证据的必要条件。对电子证据的本质属性和对象范围的描述表明,不能把保存在计算机及其外围设备中的数据都看成电子证据。

基于上述分析,我们认为,在界定电子证据的概念时,至少应该考虑到以下几点:首先,电子证据是以电子形式存在的数据;其次,电子证据需要借助信息网络技术和电子设备才能存在;最后,对电子证据的法律要求是能够证明案件的事实。综上所述,电子证据即是指以电子形式存在的,借助信息网络技术和电子设备形成的能够证明案件真实情况的数据和信息。

## 4.1.2 数字取证的概念

数字取证概念的界定主要来自国外,而国外对数字取证的定义又各有不同。目前,关于数字取证概念,具有代表性的有以下几种。

**1. 重数据获取的概念**

以下对数字取证的概念界定偏重数据获取。

(1) 作为数字取证方面的资深人士,Judd Robbins[9]给出了如下定义:数字取证不过是将计算机调查和分析技术应用于对潜在的、有法律效力的证据的确定与获取过程中。

(2) 计算机紧急事件和取证咨询公司[10]进一步扩展了该定义,即数字取证包括了对磁介质编码信息方式存储的计算机证据的保护、确认、提取和归档。

(3) SANS[11](SysAdmin, Audit, Network, Security)给出的数字取证的定义为:数字取证是使用软件和工具,按照一些预先定义的程序全面检查计算机系统,以提取和保护有关计算机犯罪的证据。

(4) Joseph Giordano[12]等人给出的定义是:数字取证是指对于科学地处理、收集、解释和利用电子证据的方法进行探究和应用,以用来为被攻击后的关键设施信息复原提供所有计算机攻击活动的决定性描述或者关联、解释,同时预测各类敌对活动以及其对计划中操作的影响,或者使电子证据成为犯罪调查过程中有说服力的证据。数字取证主要是针对计算机进行的取证行为,计算机既充当取证工具,同时也是取证对象的载体。

上述几种关于数字取证概念的界定,主要侧重于对证据的收集和获取,但并未提到证据分析、出示等数字取证的重要步骤,所以这几种对数字取证定义的界定是不完整的。

**2. 重取证对象的概念**

以下对数字取证的概念界定,主要是从取证对象的角度出发。

Lee Garber[13]认为,数字取证是分析硬盘驱动、光盘、软盘、Zip 和 Jazz 磁盘、内存缓冲以及其他形式的存储介质,以发现犯罪证据的过程。

数字取证(Digital Forensics)是指为了促进对犯罪过程的再构,或者预见有预谋的、破坏性的未授权行为,通过使用科学的、被证实的方法,对源于数字资源的数字证据进行保存、收集、确认、识别、分析、解释、归档和陈述等活动过程。此种定义限定了取证的对象主要是数字资源的数字证据,对于电子证据中的模拟证据,如固定电话所录制的各种通话记录等基本属于模拟式电子证据的信息,并没有包括在内。

网络取证(Network Forensics)是指为了揭示与阴谋相关的事实,或者为了成功地检测出那些意在破坏、误用或危及系统构成的未授权行为,使用科学的技术,对来自各种活动事件和传输实体的数字证据进行收集、融合、识别、检查、关联、分析和归档等活动过程。该定义旨在分析各种活动事件和传输实体的数字证据。数字取证与网络取证都是对数字证据进行处理,所不同的是,前者取证对象的形式是数字资源这样一个大的范畴,而后者规定的取证对象主要是各种活动事件和其他一些用于传输的网络产品中的数字数据。

**3. 本书观点**

数字取证是个广义的范畴。从其研究范围来讲,既包括计算机取证,又包括网络取证;从其内涵来讲,是对数字资源的提取、存储、分析和利用,这与网络取证和计算机取证的本质是一致的。数字取证是为了揭示与数字产品相关的犯罪行为,利用一切科学、合法、正确的方法及工具,对以二进制表示的电子数据进行识别、保存、收集、检查、分析和呈堂的活动过程。

对数字取证定义的把握应考虑到取证的目的、取证的技术性要求、取证的过程规范要求、数字取证的主体及对象和数字取证的法律性要求。所以,数字取证的概念应该界定为,经过资格认证的专业取证人员针对入侵、攻击、破坏计算机信息系统,欺诈等计算机犯罪行为,以及民、商事领域存在的利用计算机信息系统和互联网所进行的各种违法活动,对存在于计算机系统和相关外部设备中的电子数据和信息,运用计算机软硬件技术,按照符合法律规定的程序进行证据识别、收集、保全、分析、归档及出示,以获取足够可靠的、具有说服力的、能够被法庭接受的电子证据的过程。从技术上讲,数字取证是一个对涉案计算机系统进行详细扫描和破解,对事件进行重建的过程。

综合上述内容,本书认为数字取证是指对于科学地收集、处理、解释和利用数字证据的方法进行探究和应用,以为攻击后关键设施信息复原提供所有计算机攻击活动的决定性描述、关联、解释和预测各类敌对活动以及其对计划中的操作的影响,或者使数字证据成为犯罪调查过程中有说服力的证据网。该定义主要是针对计算机及网络环境进行的取证行为,计算机既充当取证工具也是取证对象的载体。

### 4.1.3 数字取证的分类

**1. 从取证范围角度**

从取证范围角度看,可将数字取证分为外围取证和内部取证。

(1) 外围取证。外围取证是指从目标计算机外部进行勘察取证,包括对计算机周边环境网络等的勘察。外围取证是在完全保护计算机内所有信息不被任何改变的情况下获取与案件有关的信息的过程。外部取证常用的技术如下。

① 网络扫描技术。网络扫描技术结合了网络漏洞扫描技术和网络拓扑结构扫描技术。网络漏洞扫描技术是从系统外部对系统的脆弱性进行安全评估的技术。网络拓扑结构扫描技术是对主机所在的网络结构进行探测的技术。结合这两大技术,从外围可获取的信息包括主机的操作系统、版本信息;网络漏洞信息;主机开放端口服务信息;主机用户信息;网络周边设备类型信息;网络拓扑结构信息等。

② 信息监控技术。信息监控技术可以对网络中的流动数据进行分析和监控。信息监控主要分为内容监控和流量分析两部分。内容监控可对邮件、网页浏览、文件传输等内容进行全面监控和记录,并可进行历史回放和重现,同时,根据内容过滤条件提取符合条件的可疑内容。流量分析主要负责网络通信数据包的统计分析,提供协议分析和端口分析,并对攻击性的数据包进行警示、归类和整理。

(2) 内部取证。内部取证是指根据取证需要,从主机系统内部获取更加全面的、通过外部手段无法获取的信息。内部取证常用的技术有系统扫描技术、数据挖掘技术、对比搜索技术等。系统扫描技术可对系统中储存的数据进行归类整理。数据挖掘技术可对有用的数据进行提取、备份、分析及保护等。从系统内部可以获取的信息包括系统硬件配置信息,如处理器、主板、网卡、硬盘、Modem、打印机等的信息,系统已安装软件的检测和分类整理信息(应用软件和系统软件),用户遗留的历史数据,基于主机的漏洞信息等。

**2. 从取证时机角度**

从取证时机角度看,可将数字取证分为事后取证和事中取证。

(1) 事后取证是指取证人员在审计活动开始之后进行的取证。事后取证包含以下几种情况:审计过程中有违规、违法事件发生时所进行的取证;嫌疑人在进行各种非法操作时被发现,但当取证开始时,嫌疑人已经终止了活动,这时只能进行事后取证。进行事后取证的优点是不会对被调查对象上的数据造成破坏,有利于取证活动的充分实施和证据保全。另外,事后取证可以避免数据丢失、被破坏等情况的发生。对于事后取证,需要注意以下两个方面:及时的现场保护;通过使用相关的文件、日志分析工具,对嫌疑人在系统内的遗留信息进行分析和提取。事后取证受制于嫌疑人所留下的审计环境,因而获取的证据往往不完整,取证效率低。

（2）事中取证是指在持续审计中，审计人员对国家重点项目的整个生命周期的同步取证。事中取证是将取证技术结合到防火墙、入侵检测技术以及蜜罐技术中，对所有可能的违规、违法行为进行实时数据获取和分析，智能分析作案者的企图，在确保系统安全的情况下获取最大量的证据，并将证据进行鉴定、保全并提交的一个系统过程。事中取证的重点是对计算机系统或网络现场进行全程监控。可以及时获取全面真实的电子证据，还可以分析嫌疑人的作案手段、作案动机，为审计工作的深入开展提供线索。进行事中取证的优点就是可以及时持续地收集审计证据，获取的证据较事后取证全面。但事中取证技术性要求高，存在证据易丢失、易被破坏的风险。

## 4.2 数字取证研究范围

数字取证的研究范围包括数字取证技术、数字取证程序、数字取证法律、数字取证工具和数字取证的规范。

### 4.2.1 数字取证技术及相关计算机手段

**1. 数字取证技术**

数字取证技术，是指在数字取证的整个过程中，为保证计算机或相关设备取证的顺利进行以及合理的、合法的结论的出具而使用的各类数字技术的总称。数字取证技术可以从取证对象、取证技术的使用角度进行分类。

（1）从取证对象的角度，可以将数字取证技术分为基于单机的数字取证技术和基于网络的数字取证技术。单机取证技术是针对一台可能含有证据的非在线计算机进行证据获取的技术，包括存储设备的恢复技术、解密技术、隐藏数据的显现技术、磁盘映像复制技术和信息搜索与过滤技术等。网络取证技术就是在网上跟踪犯罪分子或通过网络通信的数据信息资料获取证据的技术，包括 IP 地址获取技术、针对电子邮件和新闻组的取证技术、网络入侵追踪技术、数据挖掘技术、网络数据包截获技术等。在实际应用中，往往将基于单机的数字取证技术、基于网络的数字取证技术结合使用，以利于发掘和收集充足可靠的计算机证据。

（2）从取证技术的使用角度，根据数字化证据研究工作组（Digital Forensic Research WorkShop，DFRWS）提出的框架，可以将数字取证技术分为以下 6 大类[14]。

① 识别类。

判定可能与断言或与突发事件时间相关的项目、成分和数据。该类技术可协助取证人员获知某事件发生的可能途径。其中可能使用的典型技术有事件/犯罪检测、签名处理、配置检测、误用检测、系统监视以及审计分析等。

进行证据识别的数据主要来源于计算机主机系统、计算机外部设备和网络方面。从计算机主机系统可以获取的数据信息包括系统类型、主机配置、主机运行环境变量、系统存在的漏洞信息、硬盘中存储的其他数据信息。计算机的外部设备（如打印机、复印机、扫描仪等)中很可能存在案件的关键线索和重要信息,因此,对外部设备的取证也是取证不容忽视的环节。通过网络或其他接口,对犯罪主机或被侵害主机进行勘察取证,或者在网络中对涉案数据进行截获,可以获取关于操作系统类型、网络的拓扑结构、端口服务、用户的地理位置和身份、攻击行为服务器日志记录等数据信息。证据识别中可能用到的具体技术包括数据复制技术、数据恢(修)复技术、数据解密技术、端口及漏洞扫描技术、对比搜索技术、数据挖掘技术、日志分析技术等。

② 保存类。

保证证据状态的完整性。该类技术处理那些与证据管理相关的元素。其中可能使用的典型技术有镜像技术、证据链监督以及时间同步等。

证据保全是指采取有效措施保护电子证据的完整性、原始性及真实性。具体方法如下:运用镜像拷贝或不可擦写光盘对数据进行备份;对于服务器上记载的电子证据,可以采用加密、数字签名、物理隔离、建立安全监控系统监控的方法进行保全;采用关联数据保全的方法,对可能包含涉案证据但无法与涉案数据分离的数据进行整体备份和保存。

证据保全可以划分为3个阶段:证据分析前的保全、证据分析过程中的保全和证据分析后的保全。证据分析前的保全是分析前的必要工作,目的在于避免分析过程中因操作失误造成数据的丢失;证据分析过程中的保全是一个动态的过程,在分析的过程中适时进行保全,可以为解释操作行为的合理性提供有力保障,为法庭质证提供审计依据;证据分析后的保全比较简单,这里不再介绍。

证据保全中可能使用到的具体技术包括数据复制技术、数据加密技术、数据隐藏技术、数字摘要技术、数字签名和数字时间戳技术、数字审计技术等。

③ 收集类。

提取或捕获突发事件的项及其属性(或特征)。该类技术与调查人员在数字环境下获取证据而使用的特殊方法和产品相关。典型技术有合适的复制软件、无损压缩以及数据恢复技术等。

证据收集的具体任务是:原始数据的备份或打印;系统软硬件配置信息、日志记录和其他存储在计算机系统或网络中的原始数据信息以及其他潜在数据信息的收集;隐藏数据的显现、被删除数据的恢复、被毁坏数据的修复;时间、日期信息及具体操作步骤的详细记录等。该过程中可能用到的技术包括数据复制技术、扫描技术、数据恢(修)复技术、数据截取技术、"陷阱"取证技术等。

④ 检查类。

对突发事件的项及其属性(或特征)进行仔细的检查。该类技术与证据发现和提取相关,但不涉及从证据中得出结论。收集技术涉及收集那些可能含有证据的数据,如计算机介质的镜像。检查技术对那些收集来的数据进行检查,并从中识别和提取可能证据。典型技术有追踪、过滤技术、模式匹配、隐藏数据发现以及隐藏数据提取等。

证据检查是以证据收集为基础的,它是对收集来的数据进行检查并从中识别和提取可以作为证据的数据的过程。另外,取证过程结束时,审计人员通过回顾检查的方式检查取证过程可能存在的漏洞时,往往涉及证据检查技术的运用。证据检查中可能用到的具体技术有数据挖掘技术、对比搜索技术、扫描技术、数据解密技术等。

⑤ 分析类。

为了获得结论而对电子证据进行融合、关联和同化。该类技术涉及对收集、发现和提取的证据进行分析。典型技术有追踪、统计分析、协议分析、数据挖掘、时间链分析(Timeline)以及关联等。必须注意的是,对潜在证据进行分析的过程中,所使用的技术的有效性将直接影响到结论的有效性以及据之构建的证据链的证据能力。

利用证据收集技术所获取的涉案数据还是最原始的形式,为揭示这些数据与案件的联系,就必须对这些数据进行检查和分析,证明这些数据就是攻击或者犯罪的证据,从而为证明案件真相提供证据支持。证据分析类技术包括检查类技术和分析类技术,典型技术包括对比分析技术、日志分析技术、数据挖掘技术、数据解密技术、攻击源追踪技术等。

⑥ 呈堂类。

客观、清晰、准确地报告案件事实。典型技术包括证据链监督、数字摘要、数字签名及数字时间戳等技术。

数据呈堂的主要任务包括对计算机作案的日期和时间、计算机运行环境变量、操作系统版本、计算机硬盘的状况以及其他相关情况记录的归档处理;从取证工作的准备阶段到证据呈堂整个过程中证据的完整性情况证明;病毒评估分析报告、文件种类、取证工具许可证书、专家对电子证据的分析结果的归档处理和呈交;其他需要说明和解释事项的处理等。

**2. 相关计算机手段**

(1) 数据复制技术

数字取证中的数据复制技术,是指将所要调查的设备上的数据复制、保存到另外一个或几个用于保存或分析这些数据的设备上,以保证源数据与目标数据中指定数据的一致性。在数字取证中,为了避免错误操作和由此引发的原始电子证据的改变、损毁、丢失等情况的发生,保障电子证据的完整性和证明力,对于电子数据的分析处理,一般不会在被调查设备上直接进行,在进行数据分析处理之前,首先要对被调查设备上的数据进行复制。

数据复制技术包括数据备份技术、数据镜像技术、数据快照技术等。数据备份技术比较简单,通过简单的手动操作或运用相应的工具即可完成数据的备份。数据镜像技术是指将原始电子数据压缩转换为无损镜像文件存储的一种数据复制技术。诺顿 Ghost 软件、ACR MEDIA TOOLS 等软件都具有这种功能。数据快照技术可解释为:存储快照创建一个数据"指针"的单独合集,可以作为其他主机的一个卷或者文件系统来安装,并可作为原始数据的一个完整复制。当改变原始数据时,未改变的块在写之前先进行复制,保存快照状态,并在更新的初始卷之前先进行复制。数据复制可以根据取证工作的需要进行全部复制和定项复制,可以把需要调查分析的数据全部复制到分析仪器上,也可以通过设置取证工具的功能实现对部分数据的复制。

(2) 数据恢(修)复技术

数字取证涉及的数据复原技术是指对不同程度的数据的破坏所进行的恢复,以及不可见区域数据的呈现。数据复原技术是利用数据恢复技术,通过调取数据在磁盘分区表中的记录实现对数据的复原。当数据在 Windows 界面中通过回收站被清除后,磁盘分区表中记录的数据所占用的相应扇区被标记为空闲,如果没有其他数据写入该位置,也就是数据未被覆盖的情况下,可以通过读取该数据所在分区表中的记录实现数据的复原。通常针对下面4种情况来恢复数据:①被删除、被损坏文件的恢复。②磁盘格式化后数据的恢复及硬盘被加密或变换时的恢复。③磁盘故障的恢复技术。④未分配磁盘、文件碎片及交换文件、临时文件的恢复。

(3) 数据解密技术

数据解密是数据加密的逆过程。数据加密技术是对已知明文数据采用加密算法。在这个过程中,加密算法是公开的,而密钥是保密的,所以数据解密实际是对密钥的破解。数据解密的技术主要有密码分析学技术,密码猜测技术,密码搜索、提示、提取技术等。密码分析学技术的专业性极强,只用于少数已知文件结构的文件的解密。密码猜测技术严重依赖于对字典的选择,如果密钥太长,破解会耗费很长时间。针对目前数字取证工作的实际需要,数据解密技术重点在研究软件加密数据的提取算法、常用加密软件中的中低强度的各类标准、加密算法生成的加密数据的解读和还原、常用系统加密口令的提取等关键技术上。目前,比较常见的数据解密软件有适用于 Office 文件破解的 Officekey,用于 WinZip 文件解密的 Ultra Zip Password Cracker,用于 WinRaR 文件解密的 Rar Password Cracker,用于 PDF 文件解密的 Acrobat Key 等,但这些工具的功能较为单一,只能适用于单一类型的加密数据解密。在数字取证过程中,会碰到多种类型的加密数据,如果对不同类型的加密数据分别进行解密,不仅会影响取证的效率,还有可能导致关联加密数据的损坏或丢失。研发一种能够破解多种类型加密数据的破解工具,不仅是取证工作的实际需要,也应成为密码破解技术研究的重点之一。

(4) 隐藏数据显现技术

隐藏数据显现技术,是通过使用相应的工具和方法,将隐藏在被调查计算机内的涉案电子数据显现出来的一项常用取证技术。与数据解密技术的原理类似,显现隐藏数据的过程是数据隐藏的逆操作过程。对于简单的数据隐藏来讲,如通过修改数据的后缀名、修改注册表、修改数据所在路径等方法隐藏的数据,运用相应的工具软件进行查找和搜索即可发现。但对于较复杂的隐藏数据——运用数据加密和数据隐藏双重技术隐藏的数据,如利用专用的加密工具(如文件加锁王、加密金刚锁、Hide in Picture、Stegnanos Security Suite 等)对数据加密后再隐藏的情况,要完全解读数据的内容,在现有技术条件下还有一定困难。因此,今后数字取证中隐藏数据显现技术的研究重点应放在复杂隐藏数据显现技术的攻关上。

(5) 日志分析技术

日志是记录系统活动的重要文件。日志记录可以完整记录一项操作、一个过程或一个事件,通过查看这些记录,足以重构、审查系统的运行环境变量,为深入调查取证和反向追踪嫌疑人提供线索。这也正解释了嫌疑人在利用计算机系统作案之后往往清除日志文件的原因。通过对日志进行分析,可分析 CPU 时段负荷、用户使用习惯、IP 来源、恶意访问提示等。另外,系统的日志数据还能提供一些有用的源地址信息。系统日志数据包括系统审计数据、防火墙日志数据、来自监视器或入侵检测工具的数据等。这些日志一般都包括访问开始和结束的时间、被访问的端口、执行的任务名或命令名、改变权限的尝试、被访问的文件等。这些日志数据都有可能成为重要的诉讼证据。

日志分析技术研究的重点包括构建常用操作系统、数据库和应用系统日志、防火墙、入侵检测系统的组成结构和知识库，形成通用的日志形式化描述方法，对日志的非正常配置与篡改、删除等操作的判别，日志文件的完整性和一致性的检查分析，网络和服务端口关联日志的搜索和描述，基于内容的完整性和一致性的检查分析，假冒 IP、假冒账号等异常行为的识别，特定对象的网络行为和实施的动作查证技术，日志信息的数据挖掘等。

(6) 对比搜索技术

对审计人员来讲，要从计算机存储的海量数据信息中找出涉案信息，并不是件易事。如果审计人员知道所需数据信息的特性，根据其特性来查找所需数据，可以缩短搜索的时间，提高取证效率。因此对比搜索技术应运而生。对比搜索技术是通过分析对比两者或两者以上事物(数据)之间的内容、特点，从中发现可疑数据的一种数字取证技术。譬如，计算机系统遭恶意篡改，但取证人员一时无法确定被篡改的部位，这时就可以用另外一个运行正常的、与被篡改的系统的运行环境相同的计算机系统进行比较，从中查找被篡改的文件和数据信息。再如，取证人员想要找出隐藏在某个程序或文件中的隐藏数据，则可采用关键词进行比对查找，将关键词作为种子，与系统内现有文件进行比对，从而找出那些隐藏数据。

(7) 数据挖掘技术

数据挖掘是从大量的、不完全的、有噪声的、模糊的、随机的数据中提取隐含在其中的、人们事先不知道的、但又是潜在有用的信息和知识的过程。随着信息技术的高速发展，积累的数据量急剧增加，动辄以 TB 计，如何从这些海量数据中提取有用的知识，成为当务之急。数据挖掘就是为顺应这种需要而产生并发展起来的数据处理技术。根据信息存储格式，用于挖掘的对象有关系数据库、面向对象数据库、数据仓库、文本数据源、多媒体数据库、空间数据库、时态数据库、异质数据库以及 Internet 等。数据挖掘截取了多年来数理统计技术、人工智能以及知识工程等领域的研究成果，构建了自己的理论体系，可以集成数据库、人工智能、数理统计、可视化、并行计算机技术。数据挖掘的主要功能有特征化、区分、关联、聚类、预测、偏差分析和演变分析，每一种功能都可根据取证的不同要求，为数字取证所用。数字取证中常用的几种功能如下。

① 关联(Association)分析。关联分析是由 Rakesh Apwal 等人首先提出的。两个或两个以上变量的取值之间存在某种规律性，称为关联。其主要思想是如果两个或多个事物之间存在一定的关联关系，那么通过其他事物就可以预测到其中某一事物。在数字取证过程中，可以运用关联分析规则分析发生或者发现的某一事件与哪些事件是有联系的，从而从相关事件中挖掘有用的信息。

② 聚类(Clustering)分析。聚类是把数据按照相似性归纳成若干类别，同一类中的数据彼此相似，不同类中的数据相异。聚类分析可以建立宏观的概念，发现数据的分布模式以及可能的数据属性之间的相互关系。在数字取证过程中，使用聚类分析的方法可以从大量的链接信息中判断出哪些是正常的链接，哪些是攻击性链接。因此聚类分析多用于入侵检测。

③ 分类(Classification)分析。分类就是找出一个类别的概念描述,它代表了这类数据的整体信息,即该类的内涵描述,并用这种描述来构造模型,一般用规则或决策树模式表示。在取证过程中,可以利用分类分析的方法,对攻击数据进行具体的程式分析,以找出异常数据。

④ 偏差(Deviation)分析。偏差分析的主要功能是利用观察结果与参照之间差别的方法发现数据存在的异常情况。数字取证中常常要使用这种方法识别异常数据。

(8) 网络数据包截获技术

网络数据包截获技术适用于动态即时取证的情况,即行为人在利用计算机作案的同时,审计人员采用技术手段截获对方的作案证据,通过对截获的电子证据分析认定作案手段。该技术主要运用于网络传输中,利用"抓包工具"等相关软件或命令,可实现对数据的截获。捕获这些数据常常是通过网络嗅探的方式进行,比较常见的工具有Windows平台的NetSniffer、NetXray、SnifferPro,Linux中的TCP Dump等。对于截获数据的分析和处理,可采用电子数据通用的分析和处理技术。另外,在截取此类网络流动数据时,一定要注意确保数据的原始性和完整性。

(9) 数字摘要

数字摘要亦称安全Hash编码法(Secure Hash Algorithm,SHA)或MD5(MD Standards for Message Digest),是由Ron Rivest所设计的。该编码法采用单向Hash函数,对需要传输的数据采用"摘要"运算机制,生成被传输数据的数字指纹(Digital Fingerprinting)。它有固定的长度,且不同数据的"指纹"总是不同的,这样这串摘要便可成为验证数据是否是"真身"的"指纹"了。数字摘要的目的在于确保数据未被修改或发生变化,确保电子证据的原始性。

(10) 数字签名和数字时间戳

与数字摘要的目的相同,数字签名和数字时间戳也是为了证明电子证据的完整性和原始性而研发的,它们可以很好地证明数据内容的有效性。数字签名用于检验传送对象的完整性及传送者的身份,数字时间戳用于见证数字签名时间。

数字签名(Digital Signature)并非是指使用"手书签名"类型的图形标志,它采用双重加密的方法来实现数据的加密。其原理为:①用SHA编码加密产生被传输数据的数字摘要;②发送方用自己的私钥对摘要再加密,这就形成了数字签名;③将原始数据和加密的摘要同时传给接收方;④接收方用发送方的公钥对摘要解密,同时用SHA编码加密收到的数据,产生又一摘要;⑤将解密后的摘要和收到的数据与接收方重新加密产生的摘要相互对比。如两者一致,则说明传送过程中数据没有被破坏或篡改,反之,则说明数据遭到破坏。

数字时间戳服务(Digital Time-stamp Service,DTS),是通过对电子数据对象进行登记,来提供注册后特定事件存在于特定时间和日期的证据。数字时间戳服务由专门的机构提供,它提供了无可争辩的公正性,来证明电子证据在特定时间存在,以及从获取、鉴定到开庭的这段时间内未被修改过。数字时间戳产生的过程如下:首先将需要加时间戳的文件用Hash编码加密,形成摘要,然后将该摘要发送到DTS,DTS在加入了收到数据摘要的日期和时间信息后,再对该数据加密(数字签名),最后将其送回数据发送人。

在数字取证过程中,需要进行时间标记的信息包括被调查机器硬盘的镜像文件、关机前被保存下来的信息、在收集过程中得到的证据、在可疑机器上的调查结果、审计人员所作记录的副本等。在对这些重要数据进行分析之前,必须进行标记,以保证证据的完整性和原始性。

此外,用于电子数据鉴定领域的技术还有入侵检测技术、日志反删除技术、数据加密技术、数据监控技术、数据隐藏技术、扫描技术等,这些技术对于数字取证也功不可没。随着信息网络技术的不断更新和发展,更多信息安全领域的技术将应用到数字取证工作中。

### 4.2.2 数字取证程序

数字取证程序对整个审计取证活动具有指导意义。如果缺乏相应的程序作指导,审计委托人质证时,取证的效力将无法评判,电子证据的证明力将无法得到认可,最终导致取证的无功而返。所以,研究和制定具有普遍效力和切实可行的数字取证程序,以保证取证活动的法律效力,无疑是数字取证研究的重点。

目前,国外很多专家学者以及相关组织从不同的角度构建了许多取证程序模型,较著名的有 Kevin Mandia 等人提出的事件响应程序模型、美国司法部提出的电子犯罪现场勘察程序模型、美国空军学院提出的抽象化取证程序模型、集中型的取证程序模型等。我国尚处于数字取证研究的初级阶段,研究重点主要在取证工具的研发和取证人员的培养,对于取证程序的研究多是对取证的步骤或操作规则的研究,研究的深入程度还有待加强。

结合审计工作的特点,以 Brian Carrier 提出的集中式计算机取证模型为基础[15],审计数字取证程序可分为 5 个阶段,如图 4-1 所示。

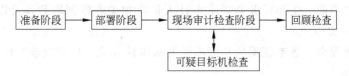

图 4-1　审计数字取证程序模型

**1. 准备阶段**

准备阶段的任务是保证取证工作的顺利实施,具体包括 2 个方面:第一,人员与设备的准备,确保有充足的、高素质的审计人员以及取证工具设备,保证审计活动开始后能及时准备到位;第二,基础设施条件准备,保障重要基础设施状态良好。

**2. 部署阶段**

部署阶段的任务是为事件的证实和调查提供一种实施机制。具体包括 2 个方面:第一,审前调查阶段,即确认审计目标和方向,确定审计地点并安排相关人员;第二,批准授权阶段,即保证取证工作获得法律授权并办理相关的证明文件。

**3．现场审计检查阶段**

该阶段的主要任务包括对现场审计过程中数据的收集以及对可疑业务流程的重建。具体包括如下 6 个阶段。

（1）现场数据的保护。保证现场审计中采集数据的完整性和原始性，为后续的证据识别、收集及电子证据鉴定创造良好条件。

（2）调查分析阶段。分析阶段要求审计人员仔细观察现场的电子环境、现场设备的整体状况，识别与确认被审计单位的业务系统，并确定所采集数据在被审计单位的逻辑层次。

（3）现场信息的固定。固定阶段的主要任务是尽可能多地获取信息，记录和保存现场数据及相关访问人员的重要细节。具体方法包括现场照相、现场问卷、现场绘图等。

（4）搜查与收集证据，即通过进一步搜查现场，尽可能多地收集相关业务人员的工作习惯与交叉职责的信息，为实施进一步调查作铺垫。

（5）事件的重建阶段。通过对已收集数据及其他相关信息的综合分析，推断可疑事件发生、发展的过程。

（6）证据的提交出示。向审计委托人或有关组织提交电子证据。

**4．可疑目标机检查阶段**

该阶段的任务是收集、分析通过现场审计获得的电子证据。与现场审计类似，可疑目标机检查的具体实施步骤也包括如下 6 点。

（1）现场数据的保护。通过对可疑目标计算机现场的保护，保障电子证据的真实性和原始性。

（2）数据的调取。主要任务是要求审计人员将相关数据调取到其可以掌控的区域，方便取证工作的实施。

（3）证据的保全。数字证据的易毁损性要求审计人员一旦发现涉案证据就应采取合理的方法进行保全。

（4）证据的搜索与收集，即深入分析和收集电子证据。通过使用相应的工具软件显现隐藏数据、恢复被删除的数据、查找交换文件、修复被损坏的数据，并标记这些数据（文件）的生成、修改、删除、破坏的日期，存续时间及日志记录等，并追踪查找数据使用者的身份。

（5）事件的重建。结合收集到的数据，将这些数字信息与其他可疑信息串接起来，通过假设论证及实验研究重现事件原貌。

（6）证据的移交。将获取的电子证据移交审计委托人。

**5．回顾检查**

对取证的整个过程进行分析总结，查找并弥补取证过程的漏洞，纠正可能存在的错误。

数字取证程序模型对整个取证程序的表述十分清晰，而且适用范围也比较广，取证所涉及的数据保护、数据获取、数据成像、数据调取、审讯、分析及报告、取证行为的规范化等问题在其中也都有所体现。另外,数字取证程序模型还强调了对事件的重建以及对整个审计取证工作的回顾检查,为快速准确地实施审计数字取证提供了一种良好的参考模式。

### 4.2.3 数字取证的相关规定

**1. 有关电子审计证据的若干规定**

(1) 美国注册会计师协会的相关规定

美国注册会计师协会(AICPA)发布的相关规定专门对电子审计证据进行了研究,于 1996 年 12 月发布了审计准则公告 SAS No.80[16],与 1980 年发布的 SAS No.31 相比,该公告有以下几点不同。

① 修订了基础性会计资料和佐证信息所包括的内容。SAS No.80 规定基础性会计资料包括原始分录日记账、明细分类账、总账以及其他诸如工作底稿和棋盘式分析表(Spread-sheets)等用于成本分配、计算和调节的记录,强调指出会计数据会经常以电子形式存在。在 SAS No.80 中,佐证信息既包括传统意义上的书面信息,也包括电子信息,如电子资金转移记录等。

② 强调了实施控制测试的必要性。SAS No.80 规定,对那些重要信息的传递加工、保持或取得,主要是以电子形式进行的实体实行审计。审计人员对具体情况进行分析后,认为只对财务报表采取实质性测试程序就可将检查风险降低到可接受水平的做法既不现实,也不可能,在这种情况下,审计人员必须要实施控制性测试来收集审计证据,以便对控制风险进行评价,而在出具审计报告时,应将控制风险因素考虑在内。这时,如果审计人员认为无法控制风险水平低于最高水平,或者通过控制测试和实质性测试所得到的证据事项不足以为审计意见的形成提供合理的基础,就应出具有保留意见或拒绝表示意见的审计报告。

③ 强调了信息存续的时间对确定测试程序的重要性。SAS No.80 指出,在特定实体中,一些会计资料和佐证信息只能以电子形式获得。这类实体中最常用的是以下两种处理系统:电子数据交换系统(Electronic Data Interchange System)和影像加工系统(Image Processing System)。通过电子数据交换系统,实体可以运用通信线路来和它的客户或供应商交换电子数据,以进行交易活动。而通过影像加工系统,实体可以将原始凭证或文件转化(通过扫描)为电子影像,以便储存和查阅。电子证据可以存在于某一时点,但是如果存放证据的电子文件被改变或没有备份,则经过一段时间后,文件上的电子证据很可能处于不可恢复状态。因此,审计人员在确定所要实施的实质性测试和控制测试(如果需要和可行)的性质、范围、程度及时间安排时,应考虑信息存在或可获得的时间。

在考虑发布 SAS No.80 时,美国注册会计师协会(AICPA)认为有必要出版一份审计程序研究(Auditing Procedure Study,APS),以为准则的运用提供一些非强制性的指南。这份 APS 的标题为"电子环境下的证据事项"(Evidential Matter in the Electronic Environment)[17]。它定义了电子证据,并根据理想审计证据所应具备的 6 个属性,对传统意义上的证据事项与电子证据作了比较。这 6 个属性是:①不易改变性;②较强的可靠性；③清晰性；④形式上的完整性；⑤审批上的严格性；⑥运用上的便利性。比较后，该 APS 认为两者在上述 6 个方面都存在不同程度的差异，这使得审计人员在运用电子证据时会遇到以下新问题：①电子信息如何作为适当的审计证据；②如何形成电子证据；③电子证据的获得应采用何种技术工具；④电子环境下的错误应如何定义；⑤如何建立强有力的电子信息控制系统；⑥在电子环境下，如何在审计期间进行有效的抽样。该 APS 对以上问题进行了探讨，并提出了一些有益的建议。最后，APS 详细列示了两个案例，对审计人员在电子环境和信息技术的运用严重影响实体的信息系统和交易活动的情况下应如何实施审计进行了演示。

AICPA 又于 2001 年发布了审计准则公告 SAS No.94[18]，指出，在大量支持一项或多项财务报表申明的信息以电子格式记录、处理、报告的情况下，审计要设计有效的实质性测试是不切实际的。在这种情况下，只能获取电子形式的审计证据，证据的证明能力与充分性取决于对准确性与完整性控制的有效性。

(2) 国际信息系统审计协会相关规定

专门针对信息系统审计与控制进行研究的国际信息系统审计与控制协会(ISACA)于 2006 年 7 月 1 日发布的《审计准则 14 号：审计证据》[19]中指出，适当审计证据包括审计师执行的程序、信息系统，审计师执行程序的结果，用于支持审计的原始文件(电子或纸质的)、记录及佐证资料，审计工作的发现和结果，以及说明审计工作是在遵守现行法律、法规和政策的条件下开展的内容。而早在 1998 年 12 月 1 日，该协会就已发布《审计指南 2 号：对审计证据的要求》[20]，列出审计证据的类型，包括对过程或实物进行观察的证据、文档类证据、陈述性证据和分析性证据。该指南就各类证据加以说明，对过程或实物进行观察的证据，包括对信息系统功能、活动以及财产进行观察的结果，如正在运用的计算机机房安全系统。文档类证据主要是审计人员收集的与被审计事项有关的信件、合同、会计记录、发票等。陈述性证据如系统流程图。分析性证据如将 IT 功能与其他机构或历史记录进行比较评分，比较运用不同软件时交易和用户的差错率。该指南还指出，审计人员应当考虑审计证据存在或可获得的时间，据此确定实质性测试(或符合性测试)的种类、时间和范围。如 EDI(电子数据交换)系统、DIP(文档图形处理)系统或表格类的动态系统在一段时间以后，或未控制文件变化，或未经备份就可能无法获得。面对电子证据，该指南指出，详细的交易记录可能只有机读格式，需要审计人员使用计算机辅助审计技术取得审计证据。

(3) 我国审计准则中的相关规定

在我国 2010 年颁布的《审计准则》[21]中，强调了电子审计证据与自动化信息系统的依赖关系。该准则第七十六条指出，审计人员在检查被审计单位相关信息系统时，可以利用被审计单位信息系统的现有功能，或者采用其他计算机技术和工具，检查中应当避免对被审计单位相关信息系统及其电子数据造成不良影响。第八十七条强调，采集被审计单位电子数据作为审计证据的，审计人员应当记录电子数据的采集和处理过程。此外，2012 年 2 月发布的《信息系统审计指南——计算机审计实务公告第 34 号》[22]第十五条中指出，"在对电子数据的真实性产生疑问时，有权要求被审计单位按照审计机关提供的方案实施信息系统的系统测试和数据测试；对被审计单位信息系统不符合法律、法规和政府有关主管部门有关规定的,有权责令限期整改;对故意开发或者使用舞弊功能的单位和个人,有权依法追究其责任"。强调了如何保障电子数据的真实性、可信性。

**2. 电子证据的相关法律**

数字取证法律的研究主要涉及电子证据及取证程序的法律研究。电子证据和取证程序是数字取证的核心,只有对电子证据和取证程序相关法律进行彻底研究,才能做好数字取证的研究。

(1) 电子证据的法律定位

电子证据的法律认定涉及电子证据的形式、效力以及认定。我国《刑事诉讼法》[23]第五章第四十二条规定,证据有7种形式:物证、书证;证人证言;被害人陈述;犯罪嫌疑人、被告人供述和辩解;鉴定结论;勘验、检查笔录;视听资料。我国《民事诉讼法》第六章第六十三条规定,证据有:书证;物证;视听资料;证人证言;当事人的陈述;鉴定结论;勘验笔录。我国《行政诉讼法》第五章第三十一条规定,证据有七种形式:书证;物证;视听资料;证人证言;当事人的陈述;鉴定结论;勘验笔录、现场笔录。由此可见,我国的三部诉讼法对证据的形式有着基本相同的规定。电子证据作为一种证据,具有可采性,学术界的认识是统一的,司法实践也是认可的。但它在我国证据体系中的定性、定位到底是什么,至今尚未明确界定。电子证据属于何种证据形式,目前理论界有3种观点:①电子证据属于书证。因为我国合同法中规定,订立合同可以采取书面形式,书面形式包括电子数据交换、电子邮件;②电子证据既不是书证,也不是视听资料,它是电子技术发展到一定阶段出现的一种新的证据形式,应在今后的立法中予以明确;③电子证据属于视听资料,因为电子证据在某些特性方面与视听资料具有共性,如必须借助一定的视听设备才能反映信息内容等。一般认为,第二种观点更加贴切。电子证据的高科技性、内在本质上的无形性、多样性与复杂性、易破坏性等特点决定了电子证据具有其他证据所不具备的特性。另外,由于信息网络安全和电子商务风险等方面的原因,人们对电子证据在生成、存储、传递和提取过程中的可靠性、完整性提出了更高的要求。这些足以表明电子证据不同于以往的证据规则,是一种不同于现有7种证据的新型证据。

关于电子证据的效力,本书认为,电子证据具备法律所规定的要求。法律规定证据的根本属性是"能证明案件真实情况的一切事实"。虽然证据应有一定的形式,但只要具备"事实"这个属性,就不能被排除在证据形式之外。显然,电子证据是一种客观存在,尽管它在收集、认定、保全及出示等方面还存在一定的困难,但不能因此排除其证据效力。

(2) 数字取证程序的法律规制

数字取证是一项集技术和法律要求于一体的特殊工作。对于取证程序规范的研究和制定,需要从技术和法律两个层面进行探索,这对计算机和法学领域的专家和学者来说是新的挑战。目前,我国对于数字取证程序还未制定统一的标准。现有的一些取证程序只是专业取证机构根据取证经验制定的,科学性和合理性无从考量。依据数字取证的要求,在制定数字取证程序规范时,可以参照传统犯罪的侦查取证程序规范,同时结合数字取证的技术性要求(如不可以对原件进行直接分析、数字时间戳监督、数字化归档和处理等)进行分析研究。

### 4.2.4 数字取证工具

数字取证工具即数字取证中所使用的软件和硬件工具。数字取证工具是由取证过程中使用的软件、操作系统中已存在的一些命令工具、专门开发的工具软件、取证工具包以及某些工具的硬件设施组成的。它能够通过网络嗅探、网络追踪与定位、案件线索的搜索与分析,对涉案证据进行保全、恢复和分析,最终生成符合司法规范的证据分析报告。数字取证工具为数字取证带来了专业化和智能化的取证手段,方便了案件证据的收集、获取、保全乃至数字取证的各个环节。可以毫不夸张地说,取证工作的成功与否,在很大程度上都取决于取证人员所使用的取证工具。

**1. 数字取证软件工具**

从是否基于取证目的而研发的角度出发,可以将取证软件工具分为非专用取证软件工具和专用取证软件工具。

(1) 非专用取证软件工具包括证据识别类的密码破译工具、数据恢复工具、文件浏览工具和网络监控工具等,证据保全类的磁盘镜像工具、反删除工具、加密工具、磁盘擦除工具等,证据收集类的数据截取工具等,证据检查类的图片检查工具、文本搜索工具、磁盘分区检测工具等,证据分析类的磁盘分析工具、数据挖掘工具、日志分析工具、对比搜索工具、密码破译工具等,证据呈堂类的归档工具等。这些非基于取证目的而开发的工具软件都可以为数字取证所用。

(2) 专用取证软件工具可分为单一型的取证软件工具和多功能型的取证软件工具。

① 单一型的证据识别类工具。
- CD-R Diagnostics——使用 CD-R Diagnostics 可以看到在一般情况下看不到的数据。
- AcoDisk——CD 复原工具。
- Text Search Plus——用来定位文本或图形文件中的字符串。

② 单一型的证据保全类工具。
- FileList——一个磁盘目录工具,用来建立用户在该系统上的行为时间表。
- Seized——一种用于对证据计算机锁定保护的程序。
- GetTime——在计算机作为证据被查封时,用于获取并保存 CMOS 系统时间和数据。

③ 单一型的证据收集类工具。
- GetSlack——一种周围环境数据收集工具,用于捕获未分配空间中的数据。
- GetFree——一款可以获取交换文件和未分配空间的工具。
- GetFile——一种周围环境数据收集工具,用于捕获分散的文件。

④ 单一型的证据检查类工具。
- CRCMD5——一个可以验证单个或多个文件内容的数字效验工具。
- DiskSig——一个 CRC 程序,用于验证映像备份的精确性。

- Filter-we——一种用于周围环境数据的智能模糊逻辑过滤器。
- M-sweep——一种周围环境数据清除工具。

⑤ 单一型的证据分析类工具。
- PTable——用于分析和证明硬盘驱动器分区的工具。
- Net Threat Analyzer——网络取证分析软件，用于识别公司互联网络账号滥用。
- ShowFL——用于分析文件输出清单的程序。

多功能类的取证工具是集上述几种工具的功能于一身的多功能取证工具。

① Encase。Guidance Software 公司开发的 Encase 是目前使用最广的一款专用的多功能取证软件工具。该软件是一款基于图形界面的取证应用程序，能够在 Windows、Macintosh、Linux、UNIX 平台上运行。其功能包括数据浏览、搜索、磁盘浏览、数据预览、建立案例、创立证据文件、保存案例等。

② Forensic Toolkit。Forensic Toolkit 是一系列基于命令行的工具，可以帮助推断 Windows 系统中的访问行为。这些程序包括的命令有 AFind（根据最后访问时间给出文件列表，而这并不改变目录的访问时间）；HFind（扫描磁盘中有隐藏属性的文件）；SFind（扫描整个磁盘，寻找隐藏的数据流）；FileStat（报告所有单独文件的属性）；NTLast（在提供标准 GUI 事件记录之外，对浏览器中的每一个会话都记录了登录及登出时间，并且能够指出登录是远程的还是本地的）。

③ The Coroner's Toolkit(TCT)。主要用来调查被"黑"的 UNIX 主机。它具有强大的调查能力，可以对运行主机的活动进行分析，并捕获目前的状态信息。其中的 Grove-robber 可以收集大量的正在运行的进程、网络连接以及硬盘驱动器方面的信息。TCT 中还包括数据恢复和浏览工具 Unrm & Lazarus、获取 MAC 时间的工具 MacTime。还包括一些小工具，如 Ils（用来显示被删除的索引节点的原始资料）、Icat（用于取得特定索引节点对应文件的内容）等。

④ ForensicX。ForensicX 主要运行于 Linux 环境中，是一个以收集数据及分析数据为主要目的的工具。它与配套的硬件组成专门工作平台。它利用了 Linux 支持多种文件系统的特点，具有在不同的文件系统里自动装配映像的能力，能够发现分散空间里的数据，分析 UNIX 系统是否含有木马程序。其中的 WebTrace 可以自动搜索互联网上的域名，为网络取证进行必要的收集工作。

**2. 数字取证硬件工具**

数字取证硬件工具主要包括取证硬盘拷贝机和数字取证勘察箱等硬件设备。

（1）取证硬盘拷贝机

取证硬盘拷贝机能够在不借助计算机和操作系统的情况下 100% 复制硬盘中的数据，并能够计算校验和，以确保数据复制的准确性。

（2）数字取证勘察箱

数字取证勘察箱被认为是适应范围广、拷贝功能强、携带方便、使用灵活的移动取证平台。它的运用为实现数字取证的系统化、集成化、规范化、专业化提供了一个较好的模式参考。

数字取证勘察箱由两大部分组成：硬件设备和软件设备。硬件设备主要包括取证用笔记本电脑、硬盘拷贝机、取证设备、闪存卡拷贝设备、PDA取证设备、手机取证设备、硬盘转接卡、硬盘写保护器等。软件设备即一些专用取证软件，如全能拷贝王、Encase等。

## 4.3 数字取证的规范

数字取证规范的研究与数字取证法律研究的不同之处在于，取证法律研究主要侧重数字取证的诉讼要求的研究，而取证规范研究则侧重于取证工作的规范化研究。目前，利用计算机犯罪已是蔓延到全世界的犯罪活动，互联网使得犯罪分子可以轻而易举地突破地域管辖的限制。因此，可能出现一个国家在国内指控某个罪犯时所需要的电子证据遗留在其他国家，需要其他国家协助取证的情况。为满足诉讼的需要，就要求各个国家之间对电子证据、取证流程等问题达成共识。因此，为确保数字取证得到各国法律的认可，必须对数字取证工作进行规范，以使其符合国内和国际标准的要求。

由加拿大、法国、德国、英国、意大利、日本、俄国和美国的有关研究人员组成的G8小组已制定了一系列有关数字证据的标准，并提出了数字取证操作过程的6条原则[14]。

(1) 必须应用标准的取证过程；

(2) 捕获数字证据后，任何举措都不得改变证据；

(3) 接触原始证据的人员应该受到过相关培训；

(4) 任何对数字证据进行捕获、访问、存储或转移的活动必须有完整记录；

(5) 任何个人若拥有数字证据，那么他必须对其在该证据上的任何操作活动负责；

(6) 任何负责捕获、访问、存储或转移数字证据的机构都必须遵循上述原则。

G8小组在数字证据标准化方面作了初步探讨。另外，美国司法部（National Institute of Justice）的数字证据科学工作小组（Scientific Working Group on Digital Evidence，SWGDE）也制定了相关标准和原则草案。该草案中有如下标准条例：为了保证数字证据在收集、保存、检查和转移等过程中的准确性和可靠性不受影响，法律实施组织和取证组织必须建立并维护一个高质量的系统，具备标准操作过程（Standard Operating Procedures，SOPs）、规范文档、使用广泛认可的设备和材料。该草案还对数字证据检查员的资质标准做了初步探讨。

数字取证规范的内容应包含以下几方面：取证主体规范、取证程序规范和电子证据鉴定规范。

### 4.3.1 取证主体规范

取证主体规范也就是对审计人员的要求。数字取证工作的技术性要求远高于对传统审计取证的要求，应该对数字取证人员的业务素质加以详细规定。规定应包括：①审计技术人员要精通Windows、UNIX、Linux操作系统；②熟练运用MS-DOS，能用MS-DOS命令对计算机进行各种操作；③熟知计算机语言，如Java、Visual Basic、SQL等；④熟悉TCP/IP、Telnet等网络协议，掌握当前各种流行的软件的操作，尤其是掌握杀毒软件、防火墙等相关网络安全软件的运行机理，熟悉这些软件的运行记录文件；⑤应该熟悉英语，能够解读计算机操作系统、应用程序的程序记录语言。对于除业务素质以外的其他要求，可以进行原则性的规定。

### 4.3.2 取证程序规范

第一，证据识别规范。证据识别是对被取证计算机中的数据及与之相关设备上的数据进行认知和判断，从计算机储存的数据中找出与案件相关的数据的证据发现过程。这个过程是数字取证的开始，如果在这个过程中不能准确地发现证据，那后续工作将是徒劳的。根据数字取证的双层面要求，证据识别规范具体应包括人员配置规范、现场保护规范、全面检查规范、记录规范以及工具选用规范和操作方法规范等。

第二，证据保全规范。由于电子证据具有易损毁性，因此保存电子证据时，首先要制作备份。对于证据的移交、保管、开封、拆卸等，要详细记录，保证证据的完整性和真实性。因此，在证据保全时，取证人员应做到：①合理选用和操作保全工具；②制作并保管备份；③确保证据保存环境的绝对安全；④严格监督管理等。

第三，关于证据的收集、检查和分析规范。这三个过程紧密联系，在检查的同时进行证据的分析和收集，在收集和分析的基础上进行检查，以查漏补缺。

第四，证据呈堂规范，也称证据的移交规范，是数字取证的最后一个环节，负责将获取的电子证据移交有关部门。这一环节的立法重点是规定相应的措施，确保电子证据和取证结论内容从取证结束到法庭证据公示前的完整性。

### 4.3.3 电子证据鉴定规范

电子证据鉴定规范包括两个方面，即电子证据鉴定程序规范和电子证据鉴定工作规范。在电子证据鉴定程序规范中，应从鉴定的委托、受理、鉴定、鉴定结论的出具这四个方面进行规定。在电子证据鉴定工作规范中，可以参考物证鉴定工作规范的规定，规定应涉及鉴定机构与鉴定人（主要是鉴定资质的要求）、鉴定活动手续规定等。

### 4.3.4 数字取证工具标准和规范

法律实施部门迫切需要保证数字取证工具具有可靠性，即要求取证工具稳定地产生准确和客观的测试结果。美国国家标准和技术研究所（National Institute of Standards and Technology，NIST）的数字取证工具测试计划（Computer Forensic Tool Testing，CFTT[25]）的目标就是通过开发通用的工具规范、测试过程、测试标准、测试硬件和测试软件，建立用于测试数字取证软件的方法。该测试方法是基于一致性测试和质量测试的国际方法，符合 ISO/IEC 17025：1999（能力测试和校准实验室）的一般要求。

CFTT 采用如下工具测试流程，包括 2 个过程。

（1）指定规范过程

①有关法律部门制定工具类别规范，即对所选取证工具类型制定相关的要求、声明和

案例测试文档；②将工具类别规范公布在网上,征求同行意见和社会评论；③将相关的评论和反馈意见融入该规范；④为该类型工具设计一个测试环境。

（2）工具测试过程

①获得该测试工具；②审核工具文档；③根据工具提供的特性选择相关的测试案例；④制定测试策略；⑤执行测试；⑥产生测试报告；⑦由同行审核该报告；⑧由其他人员审核该测试报告；⑨将结果发布到网上。

目前,该计划组已经完成了硬盘写保护软件测试标准的制定,正在制定磁盘映像软件的测试标准,之后将制定被删除文件恢复软件的测试标准。显然,CFTT 为数字取证标准化的探讨和实践提供了一个良好的开端,有效促进了取证产品的行业标准和规范的制定工作。

## 4.4 数字取证在持续审计中的应用

### 4.4.1 常规的持续审计模型

持续审计的典型特征是利用技术优势来缩短审计周期、改善风险和控制安全系数。持续审计是对被审计单位财政财务收支和生产运营的真实、合法、效益进行实时的远程检查监督的持续行为,是一种新型的审计理念和审计模式。一般以计算机网络技术为支撑的持续审计方式叫做联网审计,第 6 章会有详细介绍。

目前,常规的持续审计框架如图 4-2 所示。其主要组成部分包括互联的网络服务器、持续审计协议、可靠和安全的系统、实时更新的报告。审计端一旦发现与审计所定义规则不一致的情况,将采用例外报告或警告的方式,通过网络通知审计人员。但是,由于传输数据具有不确定性,电子数据具有易失性和可篡改性,这就给所采集数据的可鉴证性带来了较大风险。

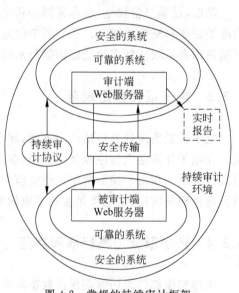

图 4-2 常规的持续审计框架

### 4.4.2 基于数字取证技术的持续审计模型

本节所讨论的是利用数字取证的技术,构造高度自动化的能实时提供审计证据的持续审计模型。实时数字取证技术的应用避免了目前审计中反复需要审计单位二次认证的烦琐,并有效保护了审计人员的审计意图。基于数字取证技术的持续审计模型是以网络活动为基础,以异常数据变化为核心,以完整、真实、有效记录计算机系统活动为目的的一种持续审计系统。系统模型如图 4-3 所示。

基于数字取证技术的持续审计模型由取证信息源、数据分析模块和响应及结果处理模块组成。取证信息源获取的数据要求采用目前技术成熟的经公安部认证的网络数据采集产品进行采集，并将采集的原始数据存入证据数据库。数据分析模块采用基于统计的抽样分析和基于关联的特征选择方法，将数据按协议和特征进行统计分析，采用数据挖掘方法建立数据仓库。响应及结果处理模块用于处理可疑信息。除此以外，结果处理模块可以定期生成统计报表，同时，反馈策略对不同强度的异常行为实施相应的审计规则响应[26]。响应及结果处理模块是将审计发现的问题交由审计人员进一步落实查证。下面重点讨论取证信息源和数据分析模块。

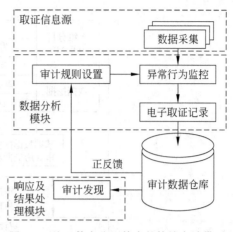

图 4-3 基于数字取证技术的持续审计模型

**1. 取证信息源**

取证信息源采集的数据主要分为防火墙数据、入侵检测数据、网络设备日志数据、数据库日志数据以及主机数据。上述数据信息均通过经公安部认证的数据采集产品进行采集，保证其采集到的数据具有法律效力。主机数据主要包括用户习惯信息、操作系统审计日志、系统日志和应用程序日志。其中用户习惯信息是指因为用户使用习惯留下的痕迹；操作系统审计日志是由操作系统软件内部的专门审计子系统产生的，其目的是记录当前系统的活动信息，并将这些信息按照时间顺序组织成为一个或多个审计文件；系统日志是指系统使用日志机制记录主机发生的事件；应用程序日志可以反映系统活动的较高层次信息，它是用户级别的系统活动抽象信息。

**2. 数据分析模块**

基于数字取证技术的持续审计模型中，事件分析模块的目的有两个：一是提供有关网络运行情况的统计及查询；二是对统计结果进行数据挖掘，作进一步的分析计算，以生成相应的审计发现模型，从而实现持续审计的目的。数据分析模型如图 4-4 所示。

网络运行情况的统计及查询采用基于统计的数据分析，并提供在线实时访问。系统以小时为单位，将原始数据按协议类型（TCP、UDP、ICMP 等）、源地址/端口、目的地址/端口等进行流量统计，并记录统计结果，以便进行数据挖掘分析并建立数据仓库。

对统计结果进行数据挖掘时，主要分析数据的关联性和潜在的行为趋势，该阶段分析将决定系统对实际网络环境的适应程度和系统的自学习能力。它将提取出的行为特征反馈到审计规则中来，修正数据采集层的活动。在对采集到的数据进行分析时，利用多维分析（OLAP）方法可以对多维数据进行有效的分析处理，并判断是否有产生异常的趋势。目前，常用的多维分析方法如下。

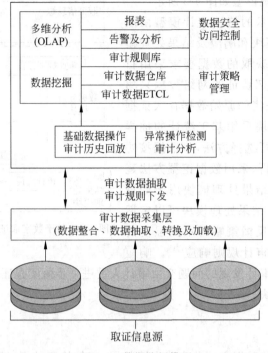

图 4-4 数据分析模型

(1) 基于统计模型的检测分析方法

统计模型中的常用参数包括审计事件的数量、间隔时间、资源消耗情况等。可用于检测分析的典型统计模型有操作模型、均值和标准差模型、多元模型、马尔柯夫过程模型等。

(2) 基于人工神经网络的检测分析方法

神经网络具有自适应、自组织和自学习的能力,可以处理一些环境信息十分复杂、背景知识不清楚的问题。在采用统计处理方法很难达到高效准确的检测要求时,可以构造智能化的基于神经网络的检测分析器。

(3) 基于专家系统的检测分析方法

与运用统计方法和神经网络的方法不同,用专家系统对网络行为进行审计,主要是针对有特征的违规行为。所谓的规则,即是知识。专家系统的建立依赖于知识库的完备性,知识库的完备性又取决于审计记录的完备性与实时性。违规行为的特征抽取与表达,是专家系统检测分析的关键。

(4) 基于数据挖掘技术的检测分析方法

数据挖掘(Data Mining,DM)是从大量的、不完全的、有噪声的、模糊的、随机的数据中提取隐含在其中的、人们事先不知道但又是潜在有用的信息和知识的过程。DM 的对象可以是数据库、文档及其他结构化和半结构化的数据。DM 的目标是从数据库中发现有用的信息、知识、规律、规则等。

(5) 基于模糊理论的检测分析方法

违规活动往往不是孤立的活动,而是带有目的性的一个有机的活动序列。违规者往往首先收集有关信息，然后试图获得某操作的访问权限，之后窃取或修改系统的某些信息。这样，在一定程度上就可以将违规行为检测分析转化为一个多模糊证据综合判定的问题。

尽管上述分析方法已经在很多领域有所应用，但对于特定的审计目标，仍存在很多不足之处，或者不具有通用性，或者实施成本太高，不能较好地满足需要。同时，模型中的审计规则库可以根据现行法律制度、企业业务逻辑关系、不同数据间的钩稽关系、审计人员的实际经验和审计专家的科学预测来设立，但其效率有待进一步提高。

在审计实务工作中，很多案件是已从别处发现了违规或违法事实，需要通过电子数据完善其证据链。受此启发，模型中将取证犯罪事实提升到符合犯罪意图的证据收集。在分析电子数据时，犯罪意图将有助于指导审计人员理清犯罪步骤，而步骤间的因果关系则是发现犯罪痕迹的线索。由于计算机犯罪大多数不是孤立的行为，而是经过多个单步异常行为后才完成的一个完整的犯罪过程，因此基于犯罪意图的证据链检测将是比较高效快捷的方法。该检测方法建立的依据是：复合犯罪的单步行为间具有因果关系，前因即实施犯罪所必须具有的前提条件。相关算法的基本思想是：首先建立异常行为特征库（异常特征库中记录了每一种单步犯罪行为的前提条件、犯罪结果以及单步行为发生的环境条件），使用特征描述语言表述所有的行为。然后设计一种自动规则生成器，系统根据自动生成的规则集，对所采集信息进行匹配和检测。该方法的优点是事先不知道整个作案过程，也不需要产生大量的关联规则，其自动规则生成器的构造对效率影响较大。其缺点是不能发现新的犯罪，并且 CPU 负担较重。

因此，在算法改进方面，可以根据特定犯罪行为会在不同的日志中留有不同痕迹的事实，对算法进行扩展，增加日志事件、证据支持关系和证据支持度。将特定行为与特定的日志事件关联起来，采用证据支持度来评价重构后的攻击场景中攻击步骤的正确性。同时根据异常日志事件来推断可能的破坏行为，合并被漏报分离的攻击场景。

电子取证和持续审计都是近年来的研究热点。目前，电子取证和持续审计正处于起步阶段，还没有形成系统的理论、方法与体系。在审计实践中，诸多审计人员在获取被审计单位电子数据时很被动，无法直接对电子数据取证。这种将电子取证和持续审计结合的方法，将增加持续审计的初始成本，提高对审计人员技能的要求，并增加组织协调的难度；但从长远发展来看，它最终将会使审计人员从被动地获取被审计单位数据转变为对电子证据的主动提取。

## 思考题

1. 什么是电子证据？通常涉及哪些内容？
2. 审计数字取证的程序是什么？
3. 常用数字取证工具有哪些？通过实践熟悉这些工具的使用。

## 参考文献

[1] 李学军.电子数据与证据[C]//证据学论坛.北京：中国检察出版社,2001(2)：444-445.
[2] 中国注册会计师审计准则[EB/OL].[2013-09-20].http://www.mof.gov.cn/zhuantihuigu/

kjsjzzfbh/sjzz/.

[3] 蒋平,杨莉莉.电子证据[M].北京:清华大学出版社,中国人民公安大学出版社,2007:7-10.

[4] 张西安.论计算机证据的几个问题[J].人民法院报,2000-11-7(3).

[5] 熊志海.网络证据的特殊性及研究价值[J].河北法学,2008(6):35-40.

[6] 何家弘.电子证据法研究[M].北京:法律出版社,2002:97-99.

[7] 魏士裹.电子合同法理论与实务[M].北京:北京邮电大学出版社,2001:4-9.

[8] 尉水青,刘培德.数字取证技术研究[J].信息安全,2005(4):85-86.

[9] Judd Robbins. An Explanation of Computer Forensics[EB/OL].[2013-09-09]. http://www.pivx.com/forensics.

[10] Computer Forensics[EB/OL].[2013-09-09]. http://www.meyermanor.net/CFOR/book-essentials.html.

[11] Computer Forensics[EB/OL].[2013-09-09]. http://www.unc.edu/~sunnyliu/inls187/inls187instruction/presentation.html.

[12] Joseph Giordano: Cyber Forensics: A Military Operations Perspective[C]//International Journal of Digital Evidence Summer 2002,1(2):3-5.

[13] Lee Garber. Computer Forensics: High-Tech Law Enforcement[J]. IEEE security,2001,34(1):22-27.

[14] A Road Map for Digital Forensics Research 2001[EB/OL].[2013-09-09]. http://www.dfrws.org/2001/dfrws-rm-final.pdf.

[15] Carrier B,Spafford H E. Getting Physical with the Investigative Process[J]. International Journal of Digital Evidence,2003(2):2.

[16] SAS No. 80[EB/OL].[2013-09-09]. http://www.journalofaccountancy.com/Issues/1997/Jan/sas80.htm.

[17] The Implications of Electronic Evidence[EB/OL].[2013-09-09]. http://www.journalofaccountancy.com/Issues/1997/Feb/implic.

[18] IT and the Audit: SAS No. 94[EB/OL].[2013-09-09]. http://www.journalofaccountancy.com/Issues/2001/Sep/ItAndTheAudit.htm.

[19] 审计证据文档 S14[EB/OL].[2013-09-09]. http://www.isaca.org/Knowledge-Center/Standards/Documents/Standards_IT_Chinese-S_S14.pdf.

[20] G2 Audit Evidence Requitement[EB/OL].[2013-09-09]. http://www.isaca.org/Knowledge-Center/Standards/Documents/G2-Audit-Evidence-Requirement-12Feb08.pdf.

[21] 审计署办公厅.中华人民共和国国家审计准则[R].审计署令8号,2010.

[22] 审计署.信息系统审计指南:计算机审计实务公告第34号[R].审计发〔2012〕11号,2012.

[23] 全国人民代表大会.中华人民共和国刑事诉讼法[R].主席令8届64号,1996.

[24] Scientific Working Group on Digital Evidence and International Organization on Digital Evidence[J]. Digital Evidence: Standards and Principles. Forensic Science Communications,2000,2(2):10-14.

[25] Information Technology Laboratory[EB/OL].[2013-09-09]. http://www.cftt.nist.gov/.

[26] 景波,刘莹,陈耿.基于电子取证技术的持续审计模型研究[J].南京审计学院学报,2010(4):58-62.

# 第 5 章 数 据 分 析

对采集到的数据进行分析处理,发现审计线索,核实审计疑点,得出审计结论,是计算机审计的核心任务。根据信息技术在审计过程中所处的地位,计算机审计可以分为计算机自动审计和计算机辅助审计。计算机自动审计以融合审计标准的业务模型为驱动,计算结果可直接用做审计结论。而计算机辅助审计,或者以人工构造的用例为驱动,或者仅仅辅助审计人员做出审计决策,计算结果不能直接用做审计结论,分析结果能否作为审计结论,还需要审计人员的主观判断。

计算机自动审计能充分利用计算机数据处理速度快、审计数据结构化等特点,是今后计算机审计的重点发展方向。计算机辅助审计以审计人员为主导,没有充分发挥计算机技术的优势,但它仍然是审计过程中探索审计线索的必不可少的工具。

本章首先从技术角度出发,对传统审计目标加以分解、梳理、归类,依据计算机技术的特点,把传统审计目标转换为计算机数据分析能够支持实现的技术目标,然后针对计算机技术特点提出数据分析与审计目标对接的思路和方法;继而阐述计算机辅助审计中数据分析的技术和方法;再分别讲解自动审计中数据真实性审计和合规性审计的数据分析原理、思路和方法。学习本章,需注意审计、计算机审计和审计数据分析所处的不同层次,理解三者之间的内在逻辑。

## 5.1 数据分析概述

根据计算机审计对象不同,计算机审计一般包括电子数据审计和软件程序审计两个部分。在当前审计中,电子数据主要是指被审计单位业务系统产生的业务数据,且以关系表结构数据为主。相比较而言,电子数据审计更是计算机审计的重点,原因如下。

(1) 在大多数情况下,电子数据审计可以替代软件程序审计,反之则不然。

(2) 软件程序审计的成本代价和技术要求要远高于电子数据审计。

因此,通过电子数据分析得出审计结论、实现审计目标的计算机审计方式,在今天计算机审计领域占有主流地位。

### 5.1.1 审计目标的确立

我国目前的审计体系以以下 3 种类型构成,分别是政府审计、内部审计和社会审计。

根据《中华人民共和国审计法》,我国政府审计的主要目标是调查评价有关财政收支或者财务收支的真实性、合法性和效益性。

内部审计的范围和目标因被审计单位的规模、组织结构和管理层需求的不同而存在很大差异。其主要目标是监督内部控制,检查财务信息和经营信息,评价经营活动的效率和效果,评价对法律法规、其他外部要求以及管理层政策、指示和其他内部要求的遵守情况。

《中国注册会计师审计准则第1101号》规定,财务报表审计的目标是注册会计师通过执行审计工作,对财务报表的下列方面发表审计意见:(1)财务报表是否按照适用的会计准则和相关会计制度的规定编制;(2)财务报表是否在所有重大方面公允反映被审计单位的财务状况、经营成果和现金流量。

由于计算机审计的主要对象为业务数据,所以从信息技术角度看,以上审计目标可以概括为调查评价业务数据的真实性,调查评价业务交易的合法性和合规性,调查评价电子数据分类汇总的正确合理性,调查评价交易业务的绩效性。其中真实性包括电子数据的完整性、存在性和准确性。完整性指发生的业务交易均被记录在信息系统之中,没有遗漏、隐瞒经济业务和交易事项;存在性指信息系统电子数据反映的交易事项真实存在、确实发生,没有虚构交易事项;准确性指电子数据准确无误地记录所有交易事项,电子信息准确反映了交易实际,不存在有意或无意的信息失真。如果电子数据是真实的,将不存在交易过程的输入输出信息失真行为,也不存在从后台数据库修改电子数据的信息失真行为。合法性是指软件程序、输入输出数据及其反映的业务交易遵循了国家有关法律法规,即软件程序处理逻辑是合规合法的,输入输出数据也是真实、准确、完整的。

鉴于计算机审计的数据对象多为被审计单位业务数据,所以计算机审计多针对业务审计,而不是被审计单位本身的财务收支审计。因此,计算机审计的目标也可以表述为:有关单位、部门是否有效履行了本职工作。可见,计算机审计在社会审计中的应用并不典型,因为社会审计的工作重点在于基于给定的财务数据评价财务报表的编制是否合规、信息披露是否公允,而这些财务数据是否真实并非社会审计的工作重心。

信息系统业务数据较全面完整详尽地记录反映了过去的历史业务。通过这些信息,可以分析判断交易业务的真实性、合规合法性,进而评价业务与公司战略或国家政策的一致性,以及业务经营的效益性。计算机审计的内容与内部审计和政府审计的目标具有一致性。

通过上述对审计目标的分解可知,审计由不同子目标构成,这些子目标拥有不同实施方法、居于不同层次。我们把审计目标重新梳理归结为以下三个层次。

第一层次审计:业务审计。审查电子数据所反映的业务活动本身是否真实,是否符合法律和相关规定。

第二层次审计:认定审计。审查经济业务是否得到公允的分类、计量、认定、反映、列报。

第三层次审计:效益审计。在经济业务真实、合法并且得以公允记录的基础上,基于电子数据,对经济活动的效益性开展审计。

## 5.1.2 审计数据及处理的特点

**1. 审计数据的特点**

承载业务信息的电子数据和承载业务逻辑的软件程序是审计调查的核心对象。电子数据记录了交易业务的重要参数，代表了实际发生的业务。所有输入数据经由业务软件处理，所有交易活动均由业务软件处理，所有输出数据均由业务软件产生。

尽管业务软件处理逻辑错误将会影响大批交易业务，但程序正确并不能表明交易业务正常。因为被审计单位可以绕过业务软件直接修改电子数据；正确与错误的业务软件可以动态切换。相反，一旦通过电子数据发现异常，即可断定交易业务异常；如果所有的电子数据表明交易业务不存在异常，可断定业务交易正常，哪怕业务软件可能存在缺陷。所以，为了得出正确全面的审计结论，有针对性地对电子数据开展分析调查是计算机审计工作的重点。

电子数据主要有如下 5 方面特点，它们构成了计算机审计的约束条件和工作依据。

（1）非过程性。一方面，电子数据反映的是资源状态和经济活动的参数，是静态的。电子数据反映的仅仅是结果，它本身并不能完整反映业务过程。具体的经济活动过程需要审计人员依据实际的业务流程和电子数据参数来重新复原构建。另一方面，电子数据不能反映自身具体的生成过程。审计人员并不能确定一个电子数据是由业务软件生成的，还是通过后台数据库修改的，抑或是经过网络工具篡改的。所以，对于审计人员来说，电子数据具有天然的不可信性。

（2）结构性。目前的电子数据绝大多是以关系数据库存储的。反映经济活动的每笔交易记录的数据结构和格式具有同构性。反映经济活动的定量模型一旦建立，即可实现对所有交易的自动化批处理，详细审计的目标可实现。

（3）易修改。电子数据容易修改，而且不留痕迹。所以，舞弊者往往更倾向于修改异常业务，使其具有正常的假象，如虚构交易、删除记录。而且有时候，由于信息系统具有控制功能，违规数据不方便进入系统，改变业务参数或者直接修改后台数据库的风险随之增加。所以，信息失真，包括不完整、不存在和不准确特征，成为电子环境下违规的重要表现形式。

（4）自动性及后效性。首先，业务流程的前面处理环节产生的数据，可以直接作为后续环节的数据输入；中间处理环节需要的数据，大部分是由之前的处理环节产生的，是可以直接从数据库中读取的。其次，最终的会计账目和报表，可由系统根据业务数据自动生成。因此，业务数据与会计数据相比，从前者入手开展审计更具有实质性意义。此外，由于业务流程具有自动化执行的特点，前续环节的数据错误，会影响到后续环节。

（5）具有可验证性。信息系统电子数据是资源状态和交易参数的记录，业务流程中每个环节上的数据，环环相扣，具有依赖关系，构成数据与数据之间或者数据与实际资源之间的可验证性。例如，应收账款和实收账款之间应该具有一致性；应收账款与单价和数量的乘积之间具有一致性。这是计算机审计工作开展的重要依据。

**2. 计算机数据处理的特点**

一般说来，计算机数据处理的特点和本质优势表现在以下 5 方面。

（1）运算速度快；

（2）数据共享便捷；

（3）具有逻辑判断功能；

(4) 自动化程度高；
(5) 存储容量大。

目前对计算机技术的利用形式，包括目前较为先进的人工智能技术和图形图像处理技术，归根结底也是取决于对以上 5 个特点的发挥利用。

计算机科学学科教授 Peter J. Denning 认为，计算机科学的最根本问题是"什么能够被自动化？"(What can be automated?)所以，计算机审计的一个重要优势，或者说发展趋势，便在于如何将传统的审计任务转换为计算机能够执行的数值计算和逻辑判断任务，并在程序操控下自动化执行。

电子数据的特征表明，以自动化和详细审计为特征的计算机审计具有可行性。原因在于，第一，目前绝大多数电子数据以关系表形式存储，数值型、定量性特征明显，符合计算机处理的数据特征；第二，电子数据与业务流程密切关联，数据项之间形成基于业务的逻辑关系，具有后效性，所以构造服务于审计目标的数值计算和逻辑判断具有可行性；第三，以数据库管理系统维护的结构化数据，利于以批处理方式实现自动化计算机审计处理任务。

但是，并非所有的审计工作都可以转换为数值计算和逻辑判断。首先，能够以明确（无歧义）语言对问题及处理方法加以描述，是计算机审计可行的基础前提。例如，当认定一笔坏账时，计算机可以根据债务人逾期三年未履行偿债义务而加以自主确认，却无法自主获知债务人破产清算信息而加以确认。其次，把审计评价目标自动转换到数值计算和逻辑判断，在目前技术条件下是困难的，除非对被审计信息系统用形式化工具进行精细化建模，因为目前的计算机尚不能自动把面向审计目标的评价判断转换为计算机逻辑判断。因此，面向审计目标的可计算性问题在现阶段以人工构造为主。

## 5.1.3 数据分析方法的特点

**1. 审计数据的分析方式**

审计过程中对电子数据的利用方式主要有两种。第一，利用计算机软件提供的数据查询、搜索、排序、统计等功能，方便地定位读取数据或提高审计抽样有效性，即计算机辅助审计。第二，把审计判断转换为在电子数据集合之上执行的逻辑判断操作，运行结果给出审计结论，即计算机自动审计。

精确描述数据项之间的逻辑关系，并以批处理方式验证电子数据对逻辑关系的遵循性，是计算机自动审计的基本模式。计算机自动审计具有以下优势。

(1) 可以依靠计算机工具的计算能力实现详细审计，从而降低抽样审计风险。
(2) 依靠计算机工具实现自动化审计，可以提高审计效率，降低人工成本。
(3) 构造的逻辑模型可以复用，能够一劳永逸。特定审计过程一旦计算机化实现，此地的审计过程可以用于彼地，彼时的审计过程可以用于此时。
(4) 是实现联网审计、实时审计等新型审计思想的重要基础。在这些审计思想中，数据及时获取已不是难点；难点在于，在脱离审计现场调查情况下，如何对仅有的电子数据进行快速有效的分析。

按照 Peter J. Denning 教授的"自动化"说法，在计算机自动审计中，每条业务记录都会接受自动化审查，体现了计算机工具的核心特点。详细审计是计算机自动审计的根本特征，构成未来计算机审计发展的重点。

**2. 审计数据分析与审计目标的结合**

通过对审计目标的重新分解梳理，以及基于计算机技术特点对计算机审计重点方向的定性分析可知，计算机技术在不同审计子目标下拥有不同的作用方式。

对于第三层次效益审计，需要由审计人员首先基于业务特点定义定量指标体系和评价标准，然后根据电子数据计算实际指标值，并评价效益情况。目前，计算机尚不能理解一个指标值的具体含义，也不能自动构造指标体系。所以，当开展计算机审计之效益审计时，基于电子数据构造一个定量化的指标体系是重点和难点。

对于第二层次认定审计，就是依据相关准则，根据交易的有关属性含义，把业务量值映射到标准框架的过程。但认定过程具有很强的主观性特。例如，会计准则存在漏洞、会计准则不同条款对同一事项解释具有矛盾冲突、"实质大于形式"原则等。计算机系统只能对交易的表征信息做出处理，难以理解交易在具体背景下的综合意义。所以，将认定工作精确转换为计算机可处理的数值计算和逻辑判断，目前还较困难。

对于第一层次业务审计，就是确认业务活动本身是否符合法律规范，是否予以真实记录。信息系统如实反映经济活动参数，并驱动物流和资金流。业务流程中一项处理活动的数据不是凭空产生的，是由手工输入、前驱环节输出和业务逻辑确定的。同一笔业务的数据项之间有严格的逻辑关系，数据项与实际的物流和资金流之间具有严格的逻辑关系。这些逻辑关系是我们核实数据真实性的重要途径和依据。在数据真实的基础上，部分法律法规符合性可以转变为电子数据项之上的数值计算和逻辑判断，但并非全部法律条款均可转变为计算机可处理的判断。例如，依据《企业所得税核定征收办法》规定的应税所得率幅度标准，计算机可以根据一个企业所属行业判断实际核定应税所得率的合规性，却不能判断一个企业是否适用核定征收及其依据标准。

综上所述，业务审计，即第一层次真实性、合法性审计，是目前计算机审计工作的重点。

## 5.2 计算机辅助审计中的数据分析

计算机辅助审计，或者以人工构造的用例为驱动，或者仅仅辅助审计人员做出审计决策，计算结果不能直接用作审计结论。计算机辅助审计与自动审计的本质区别在于，计算机辅助审计在审计过程中并没有形成明确的审计标准，而是在数据分析过程中逐步发现疑点、核实疑点，属于一种"边处理、边探索"的审计模式。对于相同的数据和业务背景，不同审计人员所做的辅助处理是不同的，这在很大程度上取决于审计人员的工作经验。

尽管计算机辅助审计没有像自动审计那样充分发挥计算机技术"自动化"的特点，但在帮助审计人员探索审计线索、打破审计困境过程中扮演了必不可少的角色。

### 5.2.1 辅助审计数据分析常用方法

计算机辅助审计中的一般数据分析主要包括如下操作。

**1. 排序**

排序是审计人员在计算机辅助审计过程中使用最多、最有效的方法。排序所选择的数据列一般代表一定的具体含义。排序处理可以帮助审计人员发现某一指标的异常现象，进而发现审计疑点和审计线索。排序可以基于现有的字段直接排序，也可以对基于现有字段得到的中间数据列进行排序。

**2. 搜索**

依照审计人员要求，筛选符合特定条件的数据记录集，也是辅助审计中数据分析的最常用手段，尤其在合规性探测时应用频繁。筛选记录的有无、多少，可以作为审计人员发现审计疑点、确立审计重点的线索。在结构化关系表数据之上的搜索，前提是把搜索标准转换为 SQL 语言能够表达的数值表达式。

**3. 抽样**

依据抽样的原则与方法，按照审计人员的指令，将审计人员感兴趣的或具有代表性的一部分数据挑选出来，目的是缩小审计范围，探索审计疑点或作为复核的对象。抽样多用于社会审计，在合规性政府审计中使用很少，后者一般采用详细审计，或者采用排序方法。

**4. 分类比较**

分类比较，尤其是结合图表显示的分类统计，可以帮助审计人员直观认识某一主体或某一指标的异常之处，发现审计疑点或确定审计重点。在大规模、大范围审计中，审计数据分类比较也是辅助审计人员选择审计重点的重要方式，也是绩效审计中效益评价的重要方式和手段。

**5. 趋势分析**

趋势分析，尤其是结合图表显示的分类统计，可以帮助审计人员直观认识某一数值对另一指标的变化趋势，进而确定审计重点或发现审计疑点。审计数据趋势分析也常常用于绩效审计，作为审计人员关于政策执行、业务运作等审计事项有效性评价观点的重要支撑依据。

**6. 数据挖掘**

数据挖掘是指从存放在数据库、数据仓库或其他信息库中的大量数据中获取有效的、潜在有用的数据关联模式。数据挖掘中规则的发现主要基于大样本的统计规律，因此适用于大规模审计数据，或用户搜索查询条件不甚明确的情况。

## 5.2.2 辅助审计数据分析案例

一家医院的药品销售记录如表 5-1 所示,表中仅仅筛选了部分与医保支付有关、与心绞痛有关的药品销售记录。每条数据记录包含医保卡、药品和购买数量、价格、日期等信息。其中药品规格和每日用量都是针对最小单位而言的,药品数量指本次购买药品数量,单位为包装单位。以第 1 条记录为例,医保卡号为 123 的病人,在 2012 年 1 月 1 日购买 A 药品 4 瓶,共计 80.0 元,每瓶含 120 粒,每天常规用药 10 粒。

表 5-1 医保开药记录

| 序号 | 医保卡号 | 药品编号 | 药品名称 | 包装单位 | 最小单位 | 药品规格(粒) | 每日用量(粒) | 药品价格(元) | 药品数量(盒) | 医保比例(%) | 开药日期 |
| --- | --- | --- | --- | --- | --- | --- | --- | --- | --- | --- | --- |
| 1 | 123 | A | 复方丹参滴丸 | 瓶 | 粒 | 120 | 10 | 20.0 | 4 | 90 | 20120101 |
| 2 | 456 | B | 丹参口含片 | 盒 | 片 | 40 | 6 | 16.0 | 2 | 70 | 20120101 |
| 3 | 123 | C | 丹参口服液 | 盒 | 支 | 12 | 3 | 12.0 | 3 | 90 | 20120102 |
| 4 | 789 | A | 复方丹参滴丸 | 瓶 | 粒 | 120 | 10 | 20.0 | 5 | 80 | 20120103 |
| 5 | 123 | C | 丹参口服液 | 盒 | 支 | 12 | 3 | 12.0 | 4 | 90 | 20120104 |
| 6 | 789 | B | 丹参口含片 | 盒 | 片 | 40 | 6 | 16.0 | 8 | 80 | 20120106 |
| 7 | 456 | A | 复方丹参滴丸 | 瓶 | 粒 | 120 | 10 | 20.0 | 4 | 70 | 20120107 |
| 8 | 789 | C | 丹参口服液 | 盒 | 支 | 12 | 3 | 12.0 | 3 | 80 | 20120107 |
| 9 | 123 | C | 丹参口服液 | 盒 | 支 | 12 | 3 | 12.0 | 7 | 90 | 20120108 |
| 10 | 456 | B | 丹参口含片 | 盒 | 片 | 40 | 6 | 16.0 | 9 | 70 | 20120108 |
| 11 | 123 | A | 复方丹参滴丸 | 瓶 | 粒 | 120 | 10 | 20.0 | 4 | 90 | 20120109 |
| 12 | 456 | A | 复方丹参滴丸 | 瓶 | 粒 | 120 | 10 | 20.0 | 6 | 90 | 20120110 |
| … | … | … | … | … | … | … | … | … | … | … | … |

根据开药信息,审计人员的审计重点初步确定在开药合规性。现有信息没有提供病人病情信息,因此无法断定所开药品与病情之间的适用性和正当性。现有信息没有提供进货价格,所以也无法判断售价的合理性。因此,依据所提供的信息,合规性审计初步定位为医保用药量的合理性。用药量的评价标准可以确定为每日常规用药量。

根据表 5-1 数据,审计人员很容易获得每个人每一药品一年的实际购买量。于是,可以对每个人每年的采购量进行排序,查寻一年中购药最多人员的购买规模,初步确定采用医保大幅违规开药的现象是否存在。该功能可用步骤 1 语句实现。

步骤 1

```
select 医保卡号,药品编号,sum(药品数量) * 药品规格 as 人年用药量
into 人年开药量
```

```
from 医保开药记录表
where substring(开药日期,1,4)='2012'
group by 医保卡号,药品编号
order by sum(药品数量) desc
```

通过步骤1数据操作,审计人员可以了解医保病人一年中的最大开药量,判断是否存在违规恶意用医保报销大量开药现象。

但是,单纯的用药量不能准确说明是否真的是超标购药。购药是否超标,不能单独以绝对采购量作为判断依据。所以,还需要选定审计判断的参照标准。在本审计案例中,每日用药量可作为审计判断依据,超过常规用药量越多,表明超标的可能性越大。

步骤2给出了每种药物的年用药标准,步骤3给出开药量对用药标准的倍数。如果实际购买量与常规用药标准的比例远大于1.0,表明病人医保购药具有非常规使用嫌疑。

步骤2

```
select distinct 药品编号,每日用药量*365 as 年用药标准
into 人年用药标准
from 医保开药记录表
```

步骤3

```
select a.医保卡号,a.药品编号,a.人年用药量/b.年用药标准 as 超标倍数
into 每药品超标倍数
from 人年开药量 a inner join 人年用药标准 b
    On a.药品编号=b.药品编号
order by a.人年用药量/b.年用药标准 desc
```

通过步骤3,审计人员可以初步发现是否存在某病人利用医保卡大幅购进某种药品现象。但是表5-1中给出的3种药品具有相同功效,不需同时服用。所以,3种药超标情况可以累加,但不是药品绝对数量的直接累加,而是标准用药倍数的累计,如步骤4所示。

步骤4

```
select 医保卡号,sum(超标倍数) as 超标倍数叠加
into 每人超标倍数叠加
from 每药品超标倍数
group by 医保卡号
order by sum(超标倍数) desc
```

步骤3仅仅考虑了一种药品的超标情况,步骤4综合考虑了多种药品之间的可替代性问题,即通过多种药品之间的实际购药对标准用药的倍数相加得到,避免购药数量绝对值相加带来的量纲不一致问题。

还需要强调的是,上述算法以年跨度作为考核的时间度量单位,避免一次购药多次服用带来的"突发性"问题。但有的病人并非从年初开始购药,而是从年中或年末才办理医

保卡开始购药,这样以绝对年度作为时间跨度单位也存在精确性问题。所以,在计算标准用药时,必须考虑到实际购药的时间跨度,而不能简单地全部以年做单位。对于年底才开始购药的病人,购药存在突发性,应予以排除。

步骤5和步骤6的目的是依据实际的用药时间区间,把叠加后的超标倍数以年单位统一折算。步骤5计算每笔药品销售交易的起始时间,步骤6首先计算实际购药用药时间区间,然后把叠加后的超标倍数以年为单位进行折算。

```
步骤5
select 医保卡号,min(购买日期) as 购买日期min
into 购药时间起始
from 医保开药记录表
into substring(开药日期,1,4)='2012'
group by 医保卡号

步骤6
select a.医保卡号,b.超标倍数叠加/(diff(day,a.购买日期min,'20121231')/365.0)
from 每人超标倍数叠加 b inner join 购药时间起始 a
on a.医保卡号=b.医保卡号
into a.购买日期min<'20121101'
group by 医保卡号
order by b.超标倍数叠加/(diff(day,a.购买日期min,'20121231')/365.0)
```

## 5.3 自动审计中的真实性分析

在传统纸质账簿中,修改过的记录更加显眼醒目,所以过去修改一笔记录会涉及整个账簿,修改代价成本很大。与传统纸质账簿数据相比,电子数据很容易修改,而且不留痕迹。对于电子数据,可以在信息输入环节输入错误数据,也可以通过修改程序达到修改输出数据目的,甚至可以通过修改后台数据库达到任意想要的账簿。所以,舞弊者往往更倾向于通过虚构交易、删除记录等电子数据处理手段修改异常业务,使其具有正常的假象。传统的合规性审计,在信息化环境下更多地转变为真实性审计。

### 5.3.1 信息系统与舞弊

业务流程是指一组相互关联的活动,目的是为组织内部或外部的客户提供产品或服务。构成流程的活动具有确定的执行顺序和逻辑关系。业务流程的一个实例,也即业务流程的一次具体执行,称之为业务交易。

业务流程遵循系统的基本原理。整个业务流程可视作一个系统,一个活动或几个连续的活动也可以视做一个系统,每个系统都有输入和输出。与一个系统发生输入和输出联系的活动构成系统环境。输入是系统工作需要或涉及到的物料、资金或信息;输出是系统产生的物料、资金或信息,是系统输入经由系统加工变换得到。

信息系统遵循系统的基本原理。信息系统的加工变换处理与业务流程的活动相对应。每个加工处理,或几个连续的加工处理,可以组成一个系统,具有独立的功能,拥有相应的信息输入和信息输出。信息系统输入可以是手工输入,也可以是前续加工处理环节的输出。加工处理将信息输入变换之后得到信息输出。

信息系统是业务流程的运转平台,反映业务流程,却不同于业务流程。首先,业务交易在信息系统的执行也是一个流程,由一组具有确定业务逻辑的信息处理环节组成。其次,信息系统数据与物流、资金流属性之间是反映和被反映的关系,但这种关系是虚拟的,是一种软性约束,即数据在特殊情况下也可能没有真实反映实际物流和资金流。再次,信息系统加工处理的对象是数据信息,而不是物料、资金本身;但输出数据是物流和资金流活动的依据。

业务流程经信息系统实现后的基本模型如图 5-1 所示。首先,整个信息系统是由许多处理步骤组成的,它们之间在处理顺序上具有串行关系或并行关系。处理步骤本身是具有一定独立逻辑功能的处理环节。在逻辑上相关联的多个处理步骤组合在一起,可以组成具有逻辑上独立的业务功能单元。其次,每个处理均由输入数据、数据处理和输出数据组成。数据输出与数据输入之间关系对数据处理逻辑具有依赖关系。最后,在业务流程中,每个业务环境产生的数据,会作为下一个处理的输入数据。

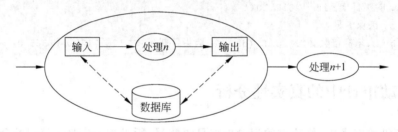

图 5-1 信息系统基本模型

在信息系统模型中,存储在数据库中的输入数据和输出数据反映业务的交易情况。对于正常的交易,业务数据中的物流数据和资金流数据在逻辑上是一致的。对于舞弊的交易,要么业务数据中无法对应实际物流和资金流之间的钩稽关系,造成账实不符;要么业务数据与物流数据和资金流数据是逻辑一致的,但输入或输出的数据是非真实的。

对于舞弊人员来说,舞弊的途径可能有以下 5 种。

(1) 修改软件程序,使输出数据(/输入数据)不反映实际物流和资金流。
(2) 修改输入数据,使输入数据和输出数据不反映实际物流和资金流。
(3) 修改输出数据,使输出数据(/输入数据)不反映实际物流和资金流。
(4) 虚构交易,使信息系统不反映实际资源状态。
(5) 删除交易,使信息系统不反映实际资源状态。

以上 5 种数据真实性舞弊方式中,(1)~(3)称为准确性失真,(4)称为存在性失真,(5)称为完整性失真。

## 5.3.2 真实性审计原理

**1. 业务流程数据一致性原理**

在一个业务流程实例中,单个数据处理环节的输入数据和输出数据,以及跨越多个处理环节的输入数据和输出数据之间拥有逻辑一致性关系。

以生产性企业货物采购为例,采购单、运货单、验货单、入库单、付款凭据、发票等信息具有逻辑关系一致性。如果任意两个环节或多个环节的数据不一致,则表明存在有意或无疑的数据失真,在某一环节存在舞弊可能。

在传统的计算机辅助审计方法中,主要从软件测试角度构造测试用例,针对某一单个处理环节,验证分析输入数据与输出数据之间逻辑关系的正确性。其缺陷在于:首先,构造的测试例未必能够全面覆盖异常情况;其次,有些处理程序异常复杂,不方便测试验证;最后,即使验证通过,仅仅表明程序是正确的,并不表明不存在舞弊,因为可以通过修改输入、输出数据或后台修改数据库实现舞弊目的。业务流程数据一致性原理一方面考虑了业务流程的特点,提出了输入输出数据全流程一致性的观点,另一方面隐含了系统论原理,可以把几个处理合在一起,当做一个子系统看待。同时,该原理强调用所有交易数据作为测试用例,详细审计所有交易,而无须手工构造测试用例。

**2. 系统守恒原理**

在一个组织系统中,进入系统的可计量资源,等于流出系统的资源量加上留存系统的资源量。

以卷烟厂审计为例,采购的卷烟包装纸箱数量等于库存纸箱数与出厂纸箱数之和。如果两者不吻合,意味着存在以非常规途径把卷烟流通出厂的问题。

这里的资源可以是有形物品,也可以是资金。这里强调可计量性,目的是确保资源量之间定量关系的存在性。同样,以上面卷烟厂审计为例,进厂、出厂纸箱数量存在一致性,但是卷烟用进厂胶水与出厂卷烟所消耗的胶水之间可能就不存在的精确的对应关系,因为每支卷烟的胶水消耗量可能是不同的。

**3. 状态一致性原理**

组织的资源在经过一笔交易之后,会由一种状态到达另一种状态。组织的期初资源状态、期末资源状态之间关系,与期间发生的交易状态具有一致性关系。

真实性审计原理1和原理2强调交易记录的真实性。但是,单纯的交易记录真实有时并不能完全杜绝舞弊发生。例如,某公司经过半年经营,实现纯利润100万元,这时期末绝对总资产为600万元。我们假设期初总资产500万元,所有交易、所有利润记录都是真实的。在不考虑资源状态情况下,仍然存在舞弊可能。比如,舞弊人员如果把期初总资产调低为450万元,就可以舞弊挪走期末50万元,尽管期间所有交易的信息都是正确的。

**4．不可判定性原理**

单纯依靠组织系统内信息，肯定存在一些舞弊是审计人员所无法辨识的。

假设一上市公司发生管理舞弊，伪造从采购开始至销售结束的所有凭证，包含所有入库、出库、生产、排班、缴税等文档凭据，以期虚构交易提升利润，进而影响股票价格。如果不对公司采购真实性、销售真实性进行核实，仅仅依靠公司自己提供的内部信息，从理论上讲是无法证明其真伪的。

该结论一方面表明了计算机审计的局限性，另一方面指出了计算机审计的基本原理思路以及审计人员在审计过程需要关注的风险。

以上4条真实性审计基本原理，是真实性审计的基础。真实性审计也主要围绕以上4条基本原理展开。

## 5.4 自动审计中的合规性分析

### 5.4.1 合规性审计概述

合规性审计的目的在于揭露和查处被审计单位的违法、违规行为，促使其经济活动符合国家法律、法规、方针政策及内部控制制度的要求。合规性审计是确定被审计单位是否遵循了特定的程序、规则或条例。例如，确定会计人员是否遵循了财务主管规定的手续；检查工资率是否符合工资法规定的最低限额；审查与银行签订的合同，以确信被审计单位遵守了法定要求，或者审查税务机关是否根据税法规定对企业应税率进行了正确核定。其中"规"指的是业务交易经济行为应该遵循的规范，是审计判读的依据标准，它往往来自法律、行政法规、内部规章制度、国家政策等。

如果把审计任务看做计算，从审计"自动化"角度看，合规性审计的工作重点是将传统的审计任务转换为计算机能够执行的数值计算和逻辑判断任务，并在程序操控下自动化执行。

根据维基百科对计算(Computation)的定义，计算是一个遵循清楚定义模型的过程，模型通常被理解或表达为算法、协议等形式。所以，合规性计算机审计可以理解为实际业务数据对审计标准遵循性的计算。因此，对于合规性计算机审计，首要任务是以计算机语言定义审计标准，进而在结构化数据之上批处理计算，并判断所有业务交易数据对审计标准的一致性。目前的审计数据普遍以关系型结构化数据存储，为开展合规性计算机审计提供了先决条件。

进行合规性计算机审计，应遵循以下基本步骤。

(1) 明确并收集需要遵守的法律规章制度文件。

(2) 逐条梳理法律法规，找出能够用计算机语言描述的条款。

(3) 用计算机语言把规章条款描述为数据字段之上的数值计算与逻辑判断。

(4) 在结构化数据库之上运行业务数据对法规的遵循性，找出违规集合。

(5) 统计分析违规的规模、损失与后果。

(6) 分析原因，形成审计报告，给出审计建议。

## 5.4.2 合规性审计案例

已知某省企业所得税税收记录表如表 5-2 所示。征收方式代码"05"代表核定征收，"应税所得"代表应纳税所得额，"征收额度"代表应纳所得税额。由"应纳税所得额"到"应纳所得税额"的计算税率表如表 5-3 所示。

表 5-2 企业所得税缴税记录表

| 序号 | 企业编号 | 所属行业 | 税种编号 | 征收方式 | 收入总额（元） | 应税所得（元） | 征收额度（元） | 缴纳日期 | 所属年度 |
|---|---|---|---|---|---|---|---|---|---|
| 1 | 123 | 10 | 04 | 05 | 1 200 000 | 84 000 | 22 680 | 20070101 | 2006 |
| 2 | 456 | 12 | 04 | 05 | 300 000 | 21 000 | 5 670 | 20070101 | 2006 |
| 3 | 789 | 11 | 04 | 05 | 80 000 | 2 400 | 648 | 20070102 | 2006 |
| 4 | 124 | 45 | 04 | 05 | 280 000 | 28 000 | 7 560 | 20070103 | 2006 |
| 5 | 125 | 78 | 04 | 05 | 250 000 | 12 500 | 3 375 | 20070104 | 2006 |
| 6 | 126 | 65 | 04 | 05 | 30 000 | 3 000 | 810 | 20070106 | 2006 |
| 7 | 225 | 45 | 04 | 05 | 200 000 | 12 000 | 3 240 | 20070107 | 2006 |
| 8 | 226 | 64 | 04 | 05 | 60 000 | 3 600 | 972 | 20070107 | 2006 |
| 9 | 245 | 73 | 04 | 05 | 2 000 000 | 240 000 | 64 800 | 20070108 | 2006 |
| ... | ... | ... | ... | ... | ... | ... | ... | ... | ... |

表 5-3 企业所得税税率表

| 档次 | 税率(%) | 纳税年度应纳税所得额 | 档次 | 税率(%) | 纳税年度应纳税所得额 |
|---|---|---|---|---|---|
| 1 | 18 | 3 万元（含 3 万元）以下 | 3 | 33 | 10 万元以上 |
| 2 | 27 | 3 万元至 10 万元（含 10 万元） | | | |

以下片段是从国税发〔2000〕38 号《核定征收企业所得税暂行办法》[1]摘取的部分条款，作为本案例合规性审计的审计标准依据。

> 第八条 对实行核定征收方式的纳税人，主管税务机关应根据纳税人的行业特点、纳税情况、财务管理、会计核算、利润水平等因素，结合本地实际情况，按公平、公正、公开原则分类逐户核定其应纳税额或应税所得率。
> 第九条 实行定额征收办法的，主管税务机关要对纳税人的有关情况进行调查研究，分类排队，认真测算，并在此基础上，按年从高直接核定纳税人的应纳所得税额。
> 第十条 实行核定应税所得率征收办法的，应纳所得税额的计算公式如下：
> 　　　　　应纳所得税额＝应纳税所得额×适用税率
> 　　　　　应纳税所得额＝收入总额×应税所得率
> 应税所得率应按下表规定的标准执行：
> 企业经营多业的，无论其经营项目是否单独核算，均由主管税务机关根据其主营项目，核定其适用某一行业的应税所得率。

表 5-4　应税所得率表

| 行业 | 应税所得率下限（%） | 应税所得率上限（%） | 行业 | 应税所得率下限（%） | 应税所得率上限（%） |
|---|---|---|---|---|---|
| 工业 | 7 | 20 | 房地产开发 | 10 | 20 |
| 交通 | 7 | 20 | 饮食服务 | 10 | 25 |
| 运输 | 7 | 20 | 娱乐 | 20 | 40 |
| 商业 | 7 | 20 | 其他 | 10 | 30 |
| 建筑 | 10 | 20 | | | |

首先分析《核定征收企业所得税暂行办法》中的有关条款。从第八条和第九条可以发现，它们着重描述了核定的基本过程和基本原则，原则性较强，定量性不明显，很难用计算机化语言把规定描述出来。首先描述的对象不具体，与提供的所得税征缴记录对应不上；其次，有关规定的描述原则性较强，无法以定量的方式描述表达。

然后分析第十条。它首先描述了应纳所得税额、应纳税所得额、适用税率、收入总额以及应税所得率五者之间的定量关系，然后按行业给出了应税所得率的上限和下限。而且，浏览所得税征缴记录表数据结构容易发现，上述规定中涉及的"行业"、"应纳所得税额"、"应纳税所得额"、"适用税率"、"收入总额"以及"应税所得率"数据对象要素在数据表中均有直接记录或可以间接求得。

所以，审计人员可以较为容易地针对第十条确定应该开展的合规性计算机审计事项。具体内容如下。

（1）审查应纳所得税额、应纳税所得额、适用税率、收入总额以及应税所得率五者之间定量关系的合规性。

① 应纳所得税额的计算是否正确。

② 应纳税所得额的计算是否正确。

（2）审查有关征税参数的核准是否正确。

① 核定税率是否正确。

② 核定应税所得率是否正确。

以上功能可用以下步骤语句实现。

步骤 1 的目的是计算每笔征缴记录的适用税率，计算依据是表 5-4。步骤 2 的目的是筛选出实际采用税率不正确，或者由应税所得额到应纳所得税计算不正确的记录集合。步骤 3 的目的是计算核定的实际税率高于标准税率的笔数，以及由此带来的多缴额度。步骤 4 的目的是计算核定的实际税率低于标准税率的笔数，以及由此带来的少缴额度。

步骤 1

```
select *,适用税率=case when 应税所得<=30000.0 then 0.18
                      when 应税所得<=100000.0 then 0.27
                      else 0.33 end
```

```
into 征缴记录_适用税率
from 企业所得税缴税记录表
```

步骤 2

```
select *
into 征缴记录_适用税率错误
from 征缴记录_适用税率
into abs(征收额度/应税所得-适用税率)>0.01
```

步骤 3

```
select count(*),sum(征收额度-应税所得额*适用税率)
from 征缴记录_适用税率错误
into 征收额度/应税所得-适用税率>0.01
```

步骤 4

```
select count(*),sum(应税所得额*适用税率-征收额度)
from 征缴记录_适用税率错误
into 征收额度/应税所得-适用税率<-0.01
```

步骤 5 的目的是依据表 5-4 中企业所属行业信息和《核定征收企业所得税暂行办法》（以下简称《办法》）中应税所得率范围规定，确定每个核定征收企业应税所得率的下限。步骤 6 的目的是筛选应税所得率低于《办法》所规定下限的征缴记录。步骤 7 的目的是重新根据应纳税所得额计算适用税率。步骤 8 的目的是统计应税所得率低于《办法》所规定下限的企业数，以及由此造成的税收少征额度。

步骤 5

```
Select a.*,b.应税所得率下限
Into 征缴记录_应税所得率下限
From 企业所得税缴税记录表 a inner join 应税所得率表 b
    On a.所属行业=b.行业
```

步骤 6

```
Select *
Into 征缴记录_应税所得率低于下限
From 征缴记录_应税所得率下限
Where 应税所得额/收入总额-应税所得率下限<0.002
```

步骤 7

```
Select *,适用税率=case when 收入总额*应税所得率下限<=30000.0 then 0.18
               when 收入总额*应税所得率下限<=100000.0 then 0.27
               else 0.33 end
Into 征缴记录_应税所得率低于下限_适用税率
```

```
From 征缴记录_应税所得率低于下限
```

步骤 8

```
Select count(*),sum(收入总额*应税所得率下限*适用税率-征收额度)
From 征缴记录_应税所得率低于下限_适用税率
```

## 思考题

1. 如何理解信息化环境下真实性与合规性之间的关系？
2. 可否对医保审计案例的审计方案进行进一步优化，使其更加准确，具有说服力？
3. 本章提到数据审计和软件程序审计的可替代性问题，你是如何理解的？
4. 5.2节提到"系统"，你理解系统的概念吗？你如何理解系统、信息系统与计算机审计之间的关系？
5. 一家超市实现了进货、库存、收银等全方位的信息化管理。你能想到多少针对该信息系统违规套取现金的手段？本章所讲的原理能够发现这些违规行为吗？

## 参考文献

国家税务总局. 核定征收企业所得税暂行办法[R]. 国税发〔2000〕38号,2000.

# 第 6 章 联 网 审 计

随着信息化在企事业单位的深入应用,信息化环境下审计面临的对象越来越复杂,信息化的发展对审计的目标、技术、方法、模式、内容等方面都产生了深远影响。伴随着审计从事后向事中、事前的转移,以及非现场审计的发展,联网审计成为各个审计领域关注的问题。

## 6.1 联网审计概述

### 6.1.1 联网审计的含义

联网审计,是指通过审计机关和被审计单位的网络互联,借助现代信息技术,运用专门的方法,实现了高效率地数据采集、分析与处理,对被审计单位进行适时、远程检查监督的一种审计模式。联网审计区别于传统的现场审计的地方在于,它是通过非现场的方式采集资料数据,并加以分析,使得审计人员足不出户就可以对被审计单位进行远程审计,克服了传统现场审计中人员分散、审计资源利用效率不高的缺点,帮助审计机构和人员在提高审计质量的基础上降低审计成本、有效地规避审计风险。它是在风险导向审计和审计信息化环境下审计发展的必然要求,是计算机审计未来的发展方向。

联网审计模式的出现,不仅降低了审计成本,而且便于更有效地整合审计资源,突出数据分析、风险管理的作用。通过联网审计,审计人员能对被审计单位建立实时的监控系统,解决了现场审计中对事前风险预警力不从心的状况,增强了审计的时效性,强化了审计管理的作用,将可以实现事前、事中和事后的全过程审计。

在目前的政府审计中,联网审计是对传统手工审计的发展和进化。传统的政府审计更多的是指在相对独立的操作条件下对被审单位的财政、财务收支等数据进行审计。联网审计是在这种相对独立的审计基础上,借助网络互联方式发展起来的,使用特制的审计软件,对会计信息及业务信息数据进行现场及远程审计,包括系统审计与数据审计。它是计算机进入会计和管理领域后发展起来的一门新兴技术,是计算机技术、现代通信技术和网络技术在审计工作中的应用,是审计科学、计算机科学与电子数据处理技术发展的结果。联网审计方式的进步便利了审计工作的进行,提高了审计效率,节约了审计成本。

目前,我国审计机关运用联网审计技术,已经在不同的网络联接条件下,对数据量管理方式不同的被审计单位进行了试点,取得了阶段性成果。审计署确立的"金审工程"二期,以联网审计为主要建设内容,目前已经顺利验收通过,其目的是基本实现审计工作的"三个转变",即从单一的事后审计转变为事后审计与事中审计相结合,从单一的静态审计转变为静态审计与动态审计相结合,从单一的现场审计转变为现场审计与远程审计相结合。

### 6.1.2 联网审计的特征

审计人员通过网络访问被审计单位或部门的财政财务信息数据库,缩短了每次检查活动的间隔时间以及检查时间,对于具体的财政财务收支事项,既可以在该事项结束后实施审计,也可以在该事项进行过程中适时进行审计,从而实现了事后审计与事中审计的结合,静态审计与动态审计的结合。

与传统现场审计相比,联网审计有 3 项突出特征。

**1. 全面性**

联网审计的重要特点之一,就是可以对所属单位的财务资料、业务信息进行全程的实时监控、跟踪,并通过相应的审计分析软件及审计人员对异常信息的分析,对相关企业进行事前、事中、事后的全过程预警、排查、总结等工作。这一全面特征是在传统的现场审计中无法体现的。

**2. 适时性**

联网审计中,审计机关可以通过网络远程访问被审计单位的财政财务管理系统及其数据库或数据库备份。随着被审计单位信息化程度的提高,通过远程访问完成审计的程度也将提高,适时性特征也因此更加明显。

**3. 高效性**

数据采集和分析的效率是采集和分析的数据量与时间的比。在传统现场审计中,审计人员利用计算机辅助实施审计数据的采集和分析,在数据量上受到所携带设备、审计范围的限制;在时间上受到现场组网和审计进度的影响。联网审计中,网络连接一次性完成,其数据采集和分析的数量基本不受设备限制;审计范围在事前确定为最大可能的范围;时间不受现场组网时间与审计期间影响。因此,联网审计具有更高的审计数据采集和分析效率。

联网审计活动由硬件设备、联网软件和数据源构成,而数据源是由负责收集、加工存储、传递和提供决策信息的信息系统产生的。在联网审计方式下,信息系统是财政财务数据源的必然载体,它不仅决定了审计人员对会计和其他经济信息的依赖程度,更重要的是还决定了其产生的数据源是否可以依赖。所以,在联网审计中对信息系统的审计是必须开展的审计环节。所以,对信息系统的审计是联网审计中必备的审计环节。

### 6.1.3 联网审计的组网模式

**1. 数据存储方式**

联网审计采用的技术,很大程度上取决于被审计单位或部门的信息系统结构和数据存储情况。以政府审计为例,通常情况下,被审计单位或部门的数据有3种分布类型。

(1) 全局集中数据存储方式,指将本系统中的所有数据全部集中到一个或少数几个数据中心,也就是所谓的数据大集中。比如工行系统,各地工行营业部通过省总行数据中心网关,将交易数据实时传送到工行的南方或北方数据中心,两个数据中心数据互为备份。在我国,海关、建行、工行、中国银行等部门都已实现了全局的数据大集中。

(2) 局部集中数据存储方式,指的是系统的数据存储是分层次的,其数据的存储包括一级、二级甚至多级存储。以农行为例,总行数据中心包含了部分的省行数据,而省行存储了省内各地市的数据——这是典型的二级数据存储方式。我国国税、部分商业银行、电信、移动等部门都属于局部数据存储方式。

(3) 分散式数据存储方式,指的是单个单位自行进行数据存储方式的选择,没有与相对应的上级或者下级单位联网,而且在短时间内也没有相应的网络建设计划。这部分的审计对象主要是国家各部委、大型的国有企业和政府外派单位,它们的数据特点就是各自独有。

**2. 组网模式的选择**

从审计数据采集的方便程度看,按照数据存储方式进行组网为最佳。因此,在组网模式的确立上,应根据对被审计单位的审计要求,依据不同的数据存储方式,确定数据采集方式及数据传输方式,来组成不同的联网审计模式。

以政府审计为例,根据所定义的3种数据存储方式,可以有相对应的3种组网模式。

(1) 对于全局集中数据存储方式,通过单一数据采集点的设置,就可以采集到审计所需要的全部数据,称之为集中式组网模式。

(2) 对于局部集中数据存储方式,数据采集点的设置是分层结构,可能有一级数据采集点、二级数据采集点甚至于多级数据采集点,通过这多级数据采集点才能采集到审计需要的所有数据,称之为分布式组网模式。

(3) 对于分散式数据存储方式,单位的独立性较强,审计所需要的数据在一个单位内就可以采集到,称之为点对点的组网模式。

3种组网模式要进行完整的联网审计,都必须完成以下工作:首先从被审计单位提取审计数据,经过通信传输将数据传输到审计端,并进行存储及相关处理。

## 6.2 联网审计的技术与方法

### 6.2.1 联网审计的组网方式

从技术实现模式看,被审计单位信息化管理系统远程查询终端和联网审计业务网络两种方式都可以实现联网审计的基本目标。审计机关采用远程查询终端访问被审计单位数据服务器或管理网,可以使审计人员充分利用被审计单位信息化管理系统自身的功能,及时全面地了解被审计单位的数据,减少所提供数据被修改的可能性。但审计人员利用被审计单位信息化管理系统远程终端进行查询,需要实时进入被审计单位信息化管理系统,占用其系统资源,可能会影响被审计单位正常作业,为此需要采用组网技术,搭建审计业务网络。

审计数据的可靠传输受审计组网方式的直接影响和制约。在现场网络审计条件下,全部通过网络获取被审计单位数据,是安全可靠且相对简单的方式;在远程网络审计条件下,特别是在网络带宽不足时,可以通过网络获得增量数据、查询结果数据等必要的少量数据,而存量数据则要采取其他方式获得。目前,审计业务网组网技术主要有4种成熟的解决方案。

(1)利用被审计单位楼宇内现有局域网资源组成审计网络。在联网审计环境中,常用的网络解决方案是利用被审计单位楼宇内现有的局域网资源,多台审计用计算机通过连接交换机组成一个局域网,数据采集前置机与被审计单位的备份数据库相连,也与审计交换机相连,数据采集前置机采集被审计单位的数据,并对数据进行相应的数据格式转换。审计计算机对转换后的数据进行分析处理。该解决方案的优点是简化了审计网络连接过程,有效遏制了电子数据远程传送带来的传输瓶颈问题,审计组人员可以同时作业,分工协作,提高了审计工作的效率。

(2)利用PSTN电话拨号实现远程网络审计。目前,我国电话用户数目已经突破两亿,是现阶段普及程度最高、成本最低的公用通信网络,在网络互连中也有广泛应用。PSTN的应用一般分为两种类型,一种是同等级别机构之间以按需拨号(DDR)的方式实现互连;一种是ISP拨号上网,为用户提供远程访问服务。目前,联网审计中常用后一种形式。在联网审计中,PSTN联网接入方式的特点如下:使用常规电话线,连接方式为拨号连接,承载信号为模拟信号,传输质量较低,一次性投入及使用费用较低,连接、使用均比较灵活。

(3)利用ISDN电话拨号实现远程网络审计。ISDN(Integrated Services Digital Network)即综合业务数字网,是以电话综合数字网为基础的通信网,它能提供端到端的数字连接,用来承载包括话音和非话音在内的多种电信业务,客户能够通过有限的一组标准多用途用户/网络接口接入该网络。

在联网审计中,ISDN联网接入方式的优点如下:设备容易维护,无须重新组网,投资少,运行费用低,通信速率较高。例如,预算执行联网审计中,由于派出审计局在开展联网审计中具备自身规模小、与被审计单位距离近、传输信息量不大的特点,因此选择ISDN方式联网能较好地满足预算执行审计的需求。

(4)利用SDH专线实现远程网络审计。SDH(Synchronous Digital Hierarchy)即同步数字系列,是一种较新的数字传输体制。在联网审计中,使用SDH组成审计局域网,数据资源可以在审计组内实现完全共享,而且能够保证数据传输具有固定的带宽,是远程审计组网方式中比较理想的一种,缺点是一次性投入及月租费用相对第(2)、第(3)种较高。

### 6.2.2 联网审计的数据采集方式

实施联网审计监督,采集被审计单位数据的主要特点是时效上的亚实时性,所以审计机关在使用被审计单位的月备份、年备份数据的同时，也可以从其信息系统中及时采集。审计数据采集接口作为从被审计信息系统向审计应用系统传送审计信息的规范和程序，在联网审计中起着极其重要的作用。数据采集接口一般会作为被审计系统的一个子模块，嵌入在被审计系统之中。为了不影响被审计系统的处理能力和处理效率，接口模块必须具有高效性，不能因为审计接口的存在而使被审计系统的事务处理能力下降。

被审计单位端数据采集包括以下 4 个方面[1]。

(1) 设置前置机。审计人员直接操作被审计单位的数据库，将带来审计风险，可以在被审计单位端设置审计前置机，审计人员所有的查询请求通过前置机进行。当网络带宽不足时，审计人员在远程通过网络获得增量数据或查询数据，在被审计单位端也要放置使用权属于审计机关的数据处理前置机。前置机的配置应依被审计单位的数据量不同而异。

(2) PC 服务器的群集。对数据集中式单位进行远程审计时，可能要采用租用国家公共通信网络条件下的远程网络审计解决方案，审计人员通过网络发送的只是查询信息，而真正的查询处理将在被审计单位端完成。此时的审计前置机必须具有相当强的处理能力，才能满足远程对海量数据查询的需要。采用服务器群集技术解决处理能力问题，应当将硬件 PC 服务器与相关群集数据库之间的兼容性进行选型搭配试验。

(3) 大中型计算机向 PC 服务器的数据迁移。数据大集中单位的信息系统，一般采用大中型计算机处理、存储数据，其操作系统、数据库类型与审计人员所使用的 PC 大不相同。需要选购或研制开发批量导入导出、性能适合的迁移中间件。

(4) 前置机审计模型。安装在前置机上的审计模型包括①由时间触发，定期检测被审计单位数据变动情况；②有选择地采集数据，同步增量数据（包括本地和异地）；③验证数据的完整性，根据系统设置的检索条件，对新数据进行自动审计、预警。

## 6.2.3 联网审计的数据处理技术

审计端的数据处理技术是联网审计的核心技术之一，包括数据的转换、清理，数据的查询、联机分析、数据挖掘、异常检测等。数据转换、清理是将采集来的被审计单位的数据转换成适合审计需要的且审计人员容易识别的形式，转换结果可以是审计账套方式，也可以是多个数据表的集合。转换、清理的过程中一般需要被审计单位系统元数据的配合。转换、清理的内容一般包括数据类型转换、日期时间格式转换、代码转换、值域转换。对于用联网审计进行日常监督的行政事业单位，需要开发常用商品财务软件的转换工具。对于数据大集中单位的大型信息系统，需要逐一开发专用的数据转换工具或审计软件中的相关功能。

联网审计中的数据查询、联机分析是针对决策问题的联机数据访问和分析，通过对信息维的多种可能的观察形式，进行快速、稳定、一致和交互性的读取，为审计人员提供数据决策的依据。与传统数据分析相比，联网审计中的数据分析技术应具有并行处理能力。联网审计面对的是海量数据，如果没有高速度、大批量的数据处理手段，建成的审计系统实际不可用。鉴于相对于小型机，服务器群集具有第一次投资小、可扩充能力强、技术人员比较充裕等优势,联网审计中审计端的数据处理多采用服务器群集技术。

在联网审计中,审计经验的复用与共享可提高审计效率。汉化编程方法将计算机编程技术与审计建模思路融合,解决审计人员在审计端进行数据处理的问题。审计人员只需在建模语言中输入表达审计思路的汉字,并执行程序,即可得到数据处理结果,目前该方法已经在审计领域得到了广泛应用。

### 6.2.4 联网审计的安全技术

联网审计的安全,对于避免审计风险,维护被审计单位的利益是必须的。按照审计数据的流向,联网审计的安全技术可分为以下4方面。

(1) 数据采集安全。禁止审计人员直接操作被审计单位的数据库;当被审计单位向审计前置机迁移数据时,应采用强度足够的隔离措施,防止审计人员进入被审计单位的信息系统;在非数据迁移时间段,审计前置机与被审计单位的信息系统之间亦应采用强度足够的隔离措施;建立完善的授权控制机制,防止非法采集数据;在审计前置机安装防病毒、防黑客软件。

(2) 数据传输安全。在局域网条件下的现场网络审计中,数据传输安全由被审计单位解决。在国家电子政务统一网络平台条件下的远程网络审计中,数据传输安全主要由平台解决,审计机关所要关注的是进入楼宇后的传输安全。租用国家公共通信网络条件下的远程网络审计,是数据传输安全的重点,主要保证数据完整、不泄露、不被截获。

(3) 数据存储安全。日积月累的大量数据是审计机关的重要资产。有关计算机物理安全的措施适用于保护数据存储安全。联网审计数据存储安全要解决的主要技术有经济合理的备份、适度时效的数据恢复、适度强度的容灾、防止非法获取、防止误删除、防抵赖、日志。

(4) 安全管理制度。需要建立一套完善的有关机房管理、终端机使用权限审批、数据备份、监控、审计模型上机、日志管理等制度。

## 6.3 联网审计的优势和局限性

### 6.3.1 联网审计的优势

与现场审计相比,联网审计在多个方面发生了变化。但是,需要强调的一点是,在两种模式下,审计的主体、客体,审计的目标并没有本质变化,联网审计与传统的现场审计模式并不是对立的概念,而是互相关联,互为补充的。较现场审计而言,联网审计在以下几个方面体现出优势。

**1. 节约审计成本**

联网审计的一个优势在于提高审计资源的利用效率。联网审计借助现代技术,实现远程的数据采集、审计取证、分析评价,在多个方面提高了审计资源的效率,降低审计成本。

（1）降低旅行的时间成本和经费成本，尤其在审计机构和被审计单位距离较远的情况下。在一般审计项目中，驻地审计项目的成本有相当一部分由差旅费用和时间组成。而在联网审计模式下，审计组除了必要的现场调查和现场沟通外，可以大大减少审计人员差旅和驻地的时间与经费成本。

（2）减少调阅资料时间，审计人员可以远程获取主要审计资料，避免现场审计中依赖被审计单位提供数据，减少等待数据的时间。现场审计中，审计人员常常花费大量工作时间等待被审单位提供调阅的资料。在联网审计方式下，主要的审计数据采集通过固定的审计数据采集接口来获得，具有高度的主动性和灵活性。

（3）减少审计取证时间，技术手段使审计取证的效率提高。在被审计单位业务复杂、经营规模不断扩大的情况下，利用通用或专用审计工具，能够高效可靠地对大量电子交易进行实时取证，提高了审计效率。如采用嵌入式审计模块（Embedded Audit Module，EAM）技术，在被审计单位信息系统中内嵌入审计模块，通过联网进行数据交互，可以对被审计单位的经济活动进行实时审计监督取证。

**2. 提升审计的独立性**

现场审计时，审计人员依赖被审计单位提供数据，提供数据的效率和质量影响到审计行为的实施效果。联网审计时，借助于审计数据采集接口，审计人员具备更大的灵活性和行为的独立性。可以对审计事项进行更加自由的调查取证，形成审计意见。此外，现场审计时，审计人员和被审计单位人员在工作全过程中接触，涉及敏感问题时，难免会受到各方面的干扰，影响到审计人员的独立判断。而在联网审计模式下，审计人员与被审计单位人员处于物理上的不同地点，从环境上保证了审计人员的独立性。

**3. 强化审计时效性**

利用审计数据采集接口、远程审计取证的联网审计模式，使得对被审计单位的实时监控、持续监控和全过程监控成为可能。例如，采用嵌入式审计模块 EAM 技术进行实时的审计监督。对于审计中发现的重要问题，可以及时通知管理当局，避免损失的扩大。而传统的审计一般都是在审计事项结束之后再进行审计，对过程无法控制，而且审计中发现的问题、造成的损失都成为既成损失。

**4. 提供宏观决策支持**

联网审计便于审计人员从整体的、宏观的角度进行分析，有助于开展效益和管理审计，这对于分支机构较多的大型机构尤为明显。由于大型机构分支机构分布在各地，财务或业务数据一般也分布在不同地点，传统审计人员一般只能对某一个分支机构进行审计，很难掌握整体情况。联网审计能够高效率取得所有分支机构最新的数据，根据这些数据，审计人员可对整个机构的运营情况进行审计，为管理层提供有价值的决策支持信息。

### 5. 有利于改善项目管理

在传统审计模式下，审计组的成员经常分散在不同的工作地点，给审计人员、进度和质量管理带来一定难度。在联网审计中，由于数据的集中获得，项目小组可以集中在审计机构工作为主，便于审计机构对审计过程、审计进度进行控制。

此外，在复核阶段，传统审计复核人员一般无法查阅审计资料，复核的质量很难保证，而在联网审计模式下，复核人员也能够随时查阅审计资料，便于项目经理或审计部门管理层通过加强复核来保证审计质量。

## 6.3.2 联网审计的局限性

与传统审计相比，联网审计在多个方面发生了变化，这些变化也使联网审计带有一定的局限性。

### 1. 审计技术方法的局限性

联网审计主要通过远程取证来完成审计，主要的取证工作通过计算机来完成。由于使用计算机，一些新的审计方法被引入，如 EAM、通用审计软件（GAS）等，它们能够有效扩大审计覆盖面，提高审计效率。但是，在联网审计模式下，传统审计中的一些常用方法，如询问法、观察法、盘点法将不再适用，而这些方法在审计中的地位非常重要。因此，审计人员应该慎重选择审计方法。

### 2. 沟通形式发生变化

在传统审计过程中，审计人员与被审计单位有关人员的沟通是必不可少的，有经验的审计人员也能够从沟通交谈中发现审计线索。在联网审计模式下，这种面对面的沟通将大大减少，取而代之的是电子邮件、电话等通信手段。沟通形式的改变，给信息交流的效率和准确性带来了一定影响。审计人员要合理选择沟通方式和对信息交流结果的确认方式。

### 3. 内部控制的被动依赖

首先，审计基础数据需要内部控制来保证。在联网审计模式下，审计的主要资料来源是从被审计单位信息系统采集的原始数据，而这些数据的真实性主要依赖于被审计单位的内部控制。换言之，如果没有健全的内部控制制度保证数据信息的真实性，那么审计人员的工作都将建立虚假信息之上，带来极大的审计风险。其次，对被审计单位内部控制的依赖是"被动依赖"。在现场审计模式下，审计人员可以通过对被审计单位的内部控制进行测试，根据测试结果来确定对内部控制的依赖程度，这种依赖可以称为"主动依赖"。而在联网审计模式下，对内部控制的测试强度和频率很难得到保证，而实质性检查不可能达到穷尽所有业务的程度。因此，审计人员只能"被动依赖"被审计单位的内部控制制度。

**4. 技术复杂性增加**

现代联网审计主要借助信息技术完成。为了保证审计过程顺利完成，审计人员对审计过程的各个环节，如数据采集、传输、分析，要有足够的了解，对网络、软件、硬件、数据库等知识有一定的掌握。但由于年龄和专业差异等原因，审计人员对计算机技术的掌握与实施联网审计的要求还有很大差距，需要通过知识结构的重新调整才能使审计人员胜任联网审计工作。

**5. 法律制度的有待完善**

联网审计配套法律、法规不完善，缺少相应制度保障。联网审计的动态核查和实时监督功能使得被审计单位不愿将自己的财政财务收支状况时刻处于监督之下，常常会以各种理由拒绝与审计部门联网，造成"有网难联"的窘境。而作为一种新的审计方式，联网审计目前在国内尚没有相关法律法规对其作出规定，所以难以用法律手段要求被审计单位。同时，对审计部门自身而言，实施联网审计也面临着制度缺失、文书不健全等难题，应依据怎样的审计程序、审计形式如何体现，都没有具体的操作规范。

## 6.4 联网审计在审计活动中的应用

### 6.4.1 政府审计中的联网审计

金审工程，是审计信息化系统建设项目的简称，是《国家信息化领导小组关于我国电子政务建设指导意见》中确定的12个重点业务系统之一。而联网审计，正是金审工程二期建设的一个重要内容。主要目标是以需要经常性审计且关系国计民生的被审计单位为审计对象，以预算跟踪＋联网核查为模式，使用及时采集数据、预警分析、反馈信息、督促整改的技术路径，实现审计工作的"三个转变"，充分发挥审计保障国家经济社会健康发展的"免疫系统"功能的信息化审计方式。审计署在金审工程一期试点的基础上，运用国家"863"计划"计算机审计数据采集与处理技术研究"课题的关键技术，研制成功了《中央部门预算执行联网审计系统》。为方便应用于不同行业，按照金审工程二期建设任务的要求，审计署将其进行了工程化完善，形成了《联网审计系统》(On Line Auditor，OLA)。

政府审计，是指国家审计机关对中央和地方政府各部门及其他公共机构财务报告的真实性、公允性，运用公共资源的经济性、效益性、效果性，以及提供公共服务的质量进行审计。政府审计中的联网审计，是指审计机关与被审计单位进行网络互联后，在对被审计单位财政财务管理相关信息系统进行测评和高效率的数据采集与分析的基础上，对被审计单位财政财务收支的真实、合法、效益进行实时、远程检查监督的行为。联网审计除了可以实时、远程监控，对被审计单位电子数据进行周期性采集，远程查阅被审计单位电子账册，实现事中审计；还可以与被审计单位协作，通过扫描(拍摄)纸质凭证以及网络视频等方式实现对疑点凭证的远程查阅，通过软件预警功能实现同类问题的自动发现，同时对被审计单位的部分二级单位实现远程审计。

联网审计具有智能的自动化审计、全面规范的审计作业系统的特点。此外，在实际的审计项目中，联网审计还具有与财政部门间高度的信息共享，对被审单位监控的高度的覆盖，联网系统具有高度的可扩展性等特征。

当前，政府审计在地税、社保等领域的联网审计取得了较突出的成果。2004年10月，国家审计署设立的"联网审计技术研究与应用"项目通过中科院组织的可行性论证，标志着我国联网审计工作正式启动，进入了科研攻关阶段。该项目完成了联网审计总体框架和需求的研究，科学论证了联网审计关键技术，为审计人员提供了一套高通用性的审计工具。部分地方审计机关也开始积极进行联网审计的研究与实践。如山东省青岛市审计局自2006年就开始探索尝试社保基金联网审计，利用联网审计软件进行数据的远程采集与分析，实现了社保计算机审计的新突破；进而在2011年成功完成社保、地税、财政等多行业同一平台联网审计系统的建设，在全国审计机关率先实现了多行业统一平台联网审计，实现了审计理念上的重大转变、审计技术方法上的重大创新和数字化审计模式上的重大突破。再如黑龙江省审计厅尝试进行养老保险联网审计软件研发，系统顺利上线并通过审计署验收；并创新实施了全省统一组织、统一指挥、统一调度、上下协调、省市县三级联动的社保联网审计组织模式，实现了对城镇职工基本养老保险基金审计的全覆盖和动态监测。

联网审计是推动审计信息化发展的必由之路，积极探索实施联网审计是适应新形势的必然选择，但是这项工作在我国仍处于初级阶段，无论在理论和实践中都存在很多问题，需要不断完善。

### 6.4.2 内部审计中的联网审计

内部审计，是指组织内部的一种独立客观的监督和评价活动，它通过审查和评价经营活动及内部控制的适当性、合法性和有效性来促进组织目标的实现。在内部审计活动中，更强调审计的连续性，这种连续性的审计要求就体现了联网审计中的时效性，它要求审计系统可以连续不间断地实施审计并及时出具审计报告，报告的产生与事实发生的时间间隔很短。

内部审计活动中产生连续性的审计要求是与自动化控制测试的发展分不开的。自动化控制测试起源于20世纪60年代，源于对嵌入式审计模块（EAM）的安装和实施。然而，当时这些模块难以建立和维护，只能在极少数的组织中应用。至20世纪70年代，审计人员开始放弃这一做法。到20世纪80年代，审计界的先行者开始使用计算机辅助审计工具和技术（Computer Assited Audit Tools and Techniques，CAATTs）进行专案的调查与分析。与此同时，连续监控的概念在学术领域首次面向审计人员提出。其基本前提是：持续的自动化数据分析将帮助审计人员识别风险最大的领域，以此作为确定他们审计计划的基础。但对于大多数审计人员而言，他们并没有为这种方法做好准备，因为他们缺乏对适当软件工具的应用技能，缺乏克服数据存储难题的技术资源和专门知识，最重要的是，组织不愿意承担采用显著不同的审计技术和方法的新责任。到了20世纪90年代，全球审计职业对数据分析解决方案的应用日益广泛，数据分析被视为支持内部控制有效性测试的一个重要工具。该技术被用来检查经济交易活动,以发现那些因为控制缺陷或控制不足所造成事件的线索。这项技术也用于识别那些不符合控制标准的交易。此外,数据分析还可以支持那些并没有交易数据可直接证明的控制测试。举例来说,企业资源规划的访问和授权表可以被用来分析,找出差错,以保持适当的职责分工。但是,即使有这种技术作为支撑,传统的审计程序往往依赖具有代表性的抽样,而非评估整体样本,并且是在商业活动(交易)发生一段时间后才进行。因此,风险与控制问题更有可能导致扩大对经营业绩的负面影响。

如今,商业环境中激增的信息系统使得审计人员更加容易获得更相关的信息,但同时牵涉大量增加的数据和交易的管理和审核。此外,商业的快速发展需要审计师对控制问题进行及时的识别和应对。一些法律法规要求及时报告控制缺陷,并要求管理层对控制框架的充分性进行声明。这种法定的合规性要求势在必行,加上审计标准的持续变化及审计软件的发展,这些鼓励使得审计人员采用新的方式来评估信息和控制成为可能。

对于内部审计的管理者来说,必须能就组织内的内部控制的健全以及风险水平为高管层提供持续评价,而不是简单的定期检查。如今的内部审计人员并不仅仅审计控制活动,他们同时关注企业的风险层面,并识别需要改善风险管理程序的领域。然而,如果他们对业务流程和相关的风险并没有彻底的理解,就只能执行传统的审计检查任务。联网审计为审计人员提供了一个超越传统审计方式局限及抽样调查、审核标准报告以及定期评估限制的机会。联网审计的一个关键组成是构建一种在交易发生或接近发生时点进行持续(连续)审核的模式。

在联网审计的组织下,主要有两大活动:
- 连续控制评估——识别出有缺陷的控制,尽早加以关注。
- 连续风险评估——识别出那些面临的风险水平高于预期水平的程序或系统。

联网审计活动的频率将根据程序或系统中的固有风险制定。此外,通过检验关键的控制及关键风险领域开始实施联网审计是可能的。当审计人员获得经验并得到可衡量的且有助于合规性、运营效果和效率以及财务报告完整性的结果时,可以拓宽联网审计的应用。由于内部审计在公司治理、风险管理和控制方面的重要作用,所以联网审计在内部审计领域中不仅仅体现在审计取证上,而更多的在预警方面发挥作用。

当前,联网审计的开展要求被审计单位或部门要满足一些前提条件,如要求要有高度自动化业务处理环境或者系统;审计对象一旦发生事件就可以产生信息,这个过程是自动的、可靠的;如果控制失效,系统可以自动触发报警;要求高度自动化审计工具;能够快速通知审计程序结果;要求技术娴熟的审计人员;能够提供有效可靠的证据来源等。

### 6.4.3 社会审计中的联网审计

社会审计也称注册会计师审计或独立审计,是指注册会计师依法接受委托,独立执业,有偿为社会提供专业服务的活动。财政部 2009 年 4 月 23 日公布了《关于全面推进我国会计信息化工作的指导意见》[2],力争通过 5~10 年的努力,基本实现大型会计师事务所采用信息化手段对客户的财务报告和内部控制进行审计。在社会审计领域中,XBRL的使用对连续性审计或者说联网审计产生了巨大的影响。

叶明与王牧[3]认为,XBRL的应用对我国会计师事务所的影响主要有:①XBRL的应用使会计师事务所的工作方式由在被审计单位的实地审计变为网络在线实时审计,并将审计工作时间平均分配于一个会计年度。②XBRL环境下的在线实时审计减少了以往工作中的人为干扰因素,如被审计单位相关人员的出差、请假以及手工输入数据产生的误差等,使审计效率得到提高。③审计风险由审计证据的可靠性及证明力不足转变为XBRL系统的安全性、可靠性、合法性和合规性。④XBRL技术的应用为会计事务所提供咨询与鉴证服务提供了机会。

AICPA的副主席Alan Anderson[4]认为,未来的财务报告模式是一种在线的、实时的披露系统。以XBRL为基础编制的财务报告可将以前单一、静态的HTML或PDF形式转变为各种各样交互动态的电子文件形式,这样就可以实时披露企业的会计信息。另外,XBRL全球通用账簿(XBRL for Global Ledger,XBRL GL)的推出和发展为报表来源数据的共享和再利用提供了途径,实现了企业报告编制的流程化,也为在线实时披露财务信息奠定了基础。随着XBRL技术在企业日常经营活动中的广泛应用,信息使用者们有条件从相关网站随时获取所需的会计信息,能够对企业实现实时、动态的了解,而且XBRL GL能够建立分类账信息与交易事项中的会计信息之间的关联,用户可以从企业财务报告各项目中包含的数据"下钻"至相关明细信息,为会计师事务所跟踪审计线索,实现连续审计创造了条件。在实时会计系统下,许多交易记录和凭证都是以电子形式存档,而且联机的实时数据处理使很多经济业务在发生时没有留下任何纸质凭证,会计师事务所的工作将不会像以前一样存在明显的季节性,而是对被审计单位实施在线、连续审计,审计程序也必然发生改变。

XBRL这一新兴技术的出现使得会计师事务所实施联网审计成为可能。当企业利用XBRL会计系统披露实时的会计信息时,审计人员就可以在同时或稍后几天内对被审计单位所披露的信息提供某种程度上的鉴证。实时会计系统下的会计业务程序应该包括以下内容:①交易和其他经济事项发生时的信息传输到交易数据库。②在线、实时会计信息系统下计量、确认和报告交易。③系统软件根据分类标准对新的数据和科目进行标记。④存在完善和有效的内部控制结构。⑤交易的电子化处理过程。⑥生成XBRL文档(包括总分类账和明细分类账)并在网站上予以公布。⑦根据特定的样式表生成在线、实时的财务报表。

与之对应的联网审计程序应该包括:①制订审计实施计划(包括分析性程序)。审计计划应该包括首先应获取被审计单位的基本情况和日常交易信息,并了解被审计单位所处的行业信息,以对后期的工作有一个全局性把握。②对被审计单位的内部控制制度进行实时了解和评价,尤其是实时的会计信息系统。对信息系统的评价应包括信息系统的各部分构成及运行情况;网络的安全性;注册会计师还应检查分类标准的恰当性、数据标记的正确性和完整性。也就是说,确保新的交易数据和会计科目都被标记,实例文档中的数据也已经按照特定的分类标准被正确标记;会计师事务所的信息系统与被审计单位财务信息系统的接口连接安全、有效,这点可以根据数据传输的测试结果来评价。然后根据以上测试综合评价内部控制制度的有效性强弱,据此来调整最初的审计计划,确定实施审计程序涉及的范围、重点、各个步骤及其时间安排。③在审计计划的基础上,利用适合的电子审计软件和技术执行审计程序,搜集到完整和充分的电子化审计证据,并对其可靠性进行评价(包括执行总分类账和明细分类账账户平衡的实质性测试和分析性程序),最后形成审计结论,并出具审计报告。

当 XBRL 报告技术的应用在国内已成为必然趋势,除了大型的上市公司自行建立新系统来编制网络财务报告,其他小型的企业或非上市公司也希望能够分享科技发展带来的益处,利用这一新的技术语言改善企业的经营状况,提高编报效率,增强竞争力。但因为资金、人力、技术等多方面资源的限制,一些中小型企业往往没有能力建立新的报告系统,这时就需要委托专业的代理机构,如会计师事务所来编制财务报告,汇总财务信息。XBRL 为会计师事务所提供新服务和增强竞争力创造了机会,工作效率的提高和成本的节约也使其有了更多时间和资本去开拓新的业务,如咨询服务。所以投资 XBRL 报告系统对于会计师事务所的生存和发展有着深远的意义。

XBRL 的开发与应用为网络财务报告的发展提供了一个良好的契机,XBRL 的诸多优势表明,未来将有越来越多的企业在线与实时披露财务报告,而不再使用纸质财务报告的电子版本。XBRL 语言在财务报告层面和账户层面的应用为用户轻易发现其感兴趣的实时会计数据提供了平台。然而,当财务信息实时流动时,实时财务报告的错误风险将有所上升,这就需要适当有效的控制。实时报告的出现。为审计职业带来深远影响,如何对实时报告进行鉴证,是审计职业面临的一个新问题。

### 6.4.4 案例:区财政联网审计的应用实例

×××区财政联网审计的应用实例

**一、实例概述**

**(一)审计项目名称**

对×××区财政预算执行情况的联网审计。

**(二)项目实施时间**

200×年×月×日至今。

**(三)项目背景介绍**

在×××区开展财政联网审计试点。该区财政会计结算中心、财政预算管理、资金拨付业务系统等已建设完成,政府大楼内的政务网络平台也已开通,加上该区财政部门对审计的支持和配合,为该区开展联网审计提供了有利条件。

利用区政府大楼内的政务网络平台与财政部门进行网络连接,如图 6-1 所示。由于财政数据量不大,我们将一台审计前置服务器存放在财政局机房内,部署安装了《AO 区县联网审计版》的"联网数据采集预警控制台"和"AO 加强版"服务端软件,实现财政总预算管理及资金拨付业务系统、财政会计结算中心系统数据的动态采集、转换、预警、打包上传,以及为审计人员终端提供审计分析服务等功能。

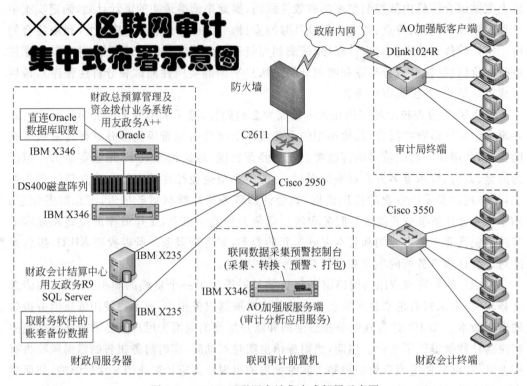

图 6-1 ×××区联网审计集中式部署示意图

联网审计应用系统的工作流程如下。

1. 联网数据采集、转换。前置机每日按照制定的采集、转换模板,将财政数据采集、转换为财政审计中间表,形成各联网审计电子账簿。

2. 审计预警。按照制定的预警策略,前置机对各联网审计电子账簿的数据进行分析,生成预警报告。

3. 账簿打包上传。前置机将各联网审计电子账簿及预警报告打包上传给 AO 加强版服务端。

4. 建立联网审计项目。前置机 AO 加强版服务端按照审计计划建立审计项目,分配审计项目人员,并将接收到的联网审计电子账簿分配到各审计项目中。

5. 实施联网审计。审计人员通过 AO 加强版客户端访问前置机中的审计项目,查看项目中各联网审计电子账簿的预警报告,对预警报告中反映的疑点问题进行调查落实,并对电子账簿数据进行审计分析。

6. 出具整改通知书。审计人员对联网审计过程中查证的问题,向财政部门出具整改通知书,促使财政部门及时进行整改。

本案例将对 AO 在该系统建设过程中的应用进行详细说明。

(四)项目审查数据量

该区财政会计结算中心使用用友 R9 软件,用于核算部门预算单位的财务收支,后台数据库类型为 SQL Server,联网审计审查范围包括所有纳入财政会计结算中心核算的所有账簿,即 144 个预算单位账套自 200×～200×年的电子账簿共 439 个,数据库备份文件合计 25G。

财政总预算管理及资金拨付系统采用用友 A++ 财政管理软件,后台数据库类型为 Oracle,用于财政总预算、财政财务核算、预算指标管理、资金拨付管理等,备份数据库大小为 280M,包含 326 张原始数据表。

(五)项目取得的成果

1. 财政数据科学、合理规划。定义了具有典型意义的 14 张财政审计业务中间表和 3 张总预算会计账中间表,基本涵盖了预算分配、指标下达、拨款、用款计划、授权支付、直接支付、财政总预算会计账核算等内容,能够体现财政预算管理及资金拨付的主要过程。当财政系统变动或本系统需要移植、推广到其他区县时,只需按照这 17 张审计中间表重新制定数据采集、转换模板即可,增强了财政联网审计系统的通用性、可移植性。

2. 形成较全面的财政行业审计方法。编写 11 个财政行业审计方法,覆盖预算分配管理、财政资金拨付、总预算会计账管理 3 个方面的审计需求,形成的审计方法不仅可以为其他区县财政审计或以后年度财政审计提供自动审计方法,还可以作为财政联网审计预警方法。

3. 通过联网审计预警平台发现疑点问题。包括:(1)当年各预算单位的指标和人大批复的预算不一致;(2)预备费的使用不尽合理;(3)存在同一预算单位有多个账号的情况;(4)财政资金拨付入账不及时;(5)预算单位存在超指标申报用款计划的现象,存在超用款计划拨款的现象;(6)国库集中支付中账户管理不合理;(7)存在部分用款计划审批较迟,财政代替预算单位填报用款计划的现象;(8)授权支付中支付凭证缺少收款人资料。

4. 初步建立联网审计疑点问题沟通渠道。审计人员对预警报告中的疑点问题调查落实后,向财政部门出具问题整改通知书,促使其及时整改,做到早发现、早整改,防患于未然,促进被审单位不断规范管理。目前,已向财政部门提交整改通知书近 10 份。

二、项目具体实施过程

(一)联网数据动态采集、转换

1. 确定数据采集方式

对于财政部门不同系统的数据,采用了两种联网采集方式:一是针对财政会计结算中心的数据,采用备份数据采集方式;二是针对财政总预算及资金拨付系统的数据,采用直连数据库方式采集数据。

2. 数据规划

数据规划是联网审计系统建设的一项重要基础工作,数据规划科学与否,将直接影响到地税联网审计系统的通用性和可移植性。以财政总预算管理及资金拨付系统(用友 A++)的数据规划为例。

设计、规划财政审计中间表

首先,对×××区财政业务流程进行了深入的学习和了解。目前,×××区财政局还没有完全实现国库集中支付,对非预算单位,采用非国库集中支付方式,即传统的财政拨款方式。对国库集中支付,又包括直接支付和授权支付两种方式,直接支付是指从财政局零余额账户向客户商进行支付,而授权支付是指财政局授权给预算单位,从预算单位的零余额账户向客户商进行支付。直接支付业务流程又分为预算部门填用款计划和自动生成用款计划两种,自动生成用款计划主要针对一些相对固定的款项支出而言,如各预算单位的工资发放。其中,直接支付业务流程(预算部门填用款计划)如图6-2所示。

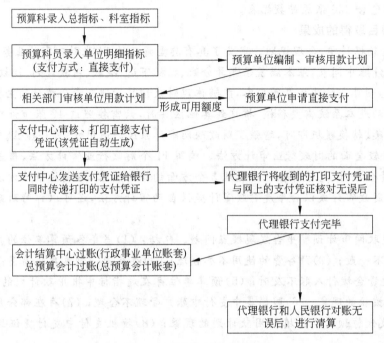

图 6-2　直接支付业务流程

其次,结合财政预算管理、资金拨付业务方面的相关法规、政策,结合审计思路及审计需求,对数据进行初步规划,设计了17张财政审计中间表,涵盖了预算管理、资金拨付、总预算会计核算等3个方面的财政业务。

3. 建立联网数据采集模板及电子账簿

在"联网数据采集预警控制台"中,根据以上分析建立数据采集转换模板(具体建立过程略),并建立各联网审计电子账簿(略)。

(二)数据初审,编制审计方法

根据多年总结积累的财政审计经验,在AO系统中,理清财政审计思路,对财政审计中间表进行了初审,对一些审计思路建立计算机审计模型,并通过ASL(审计脚本语言)代码进行固化,编制成审计方法。在联网审计系统平台中,这些审计方法可以作为联网审计预警方法。

在AO中编制了11个方面的审计方法,下面以其中1个方法为例进行阐述。

审查人大批复预算完整性的方法如下。

1. 审计思路

经本级人民代表大会批准后,地方各级政府预算草案为当年本级政府预算;各部门、各单位的预算支出应当按照预算科目执行。不同预算科目间的预算资金需要调剂使用的,必须按照财政部门的规定报经批准。将年初预算金额和人大批复金额进行比对,审查是否未经批准擅自调剂各预算科目的预算资金。

2. 审计步骤

第一步:将预算情况表按预算科目分类汇总预算金额,SQL 语句如下:

select left(a.预算科目编码,4) as 科目,b.科目名称,sum(金额) as 金额合计
from 业务_预算情况表 a left join 业务_base_预算科目表 b
on left(a.预算科目编码,4)=b.科目编码 where 指标来源 in ('02','04','05')
group by left(a.预算科目编码,4),b.科目名称
order by left(a.预算科目编码,4)

第二步:将汇总结果和年初人大批复的预算金额进行比对,找出金额不同的预算科目,查找原因。

3. 初审结论

人大批复金额大于预算单位实际预算金额 7*.**万元,其中其他支出科目中人大批复金额小于预算单位实际预算 5*.**万元,文体广播事业费、教育事业费、其他部门的事业费、行政事业单位离退休支出、行政管理费、公检法司支出 6 个科目中,人大批复金额大于预算单位实际预算 1**.**万。

4. 编制审计方法

在 AO 中,在"审计分析→审计方法→审计方法管理"中新建行业"财政",然后新建审计方法"分科目年初预算金额与人大批复金额比对",创建审计步骤"审查两者是否一致",在脚本编辑区中输入审计步骤脚本语句,然后编译执行,调试程序直至成功即可。

编写的脚本语句如图 6-3 所示。

```
var CurQuery, IsEmpty, CurNum, SqlStr, yskm, ysje, rdje, zysje;
begin
  SqlStr:='select left(a.预算科目编码,4) as 科目,b.科目名称,sum(金额) as 金额合计 '+
    ' from 预算情况表  a left join base_预算科目表 b '+
    ' on left(a.预算科目编码,4)=b.科目编码 '+
    ' where 指标来源  in (''02'',''04'',''05'') '+
    ' group by left(a.预算科目编码,4),b.科目名称 '+
    ' order by left(a.预算科目编码,4)';
  CurQuery:=createq(SqlStr,-1);
  IsEmpty:=qeof(CurQuery);
  if IsEmpty#1 then
  begin
    repeat
      yskm:=qfdvalue(CurQuery,'科目名称');
      ysje:=qfdvalue(CurQuery,'金额合计');
      //zysje:=zysje+ysje;
      rdje:='';//newread('请输入['+yskm+']的人大批复金额:');
      if rdje='' then rdje:=0;
      if rdje<>ysje then
      begin
        //showmsg('二者不一致!请关注!');
        AddTransRslt(CurQuery,'预算金额与人大批复金额不一致');
      end;
      IsEmpty:=qmov(CurQuery,1);
      IsEmpty:=qeof(CurQuery);
    until IsEmpty=1;
    TransBatch(CurQuery,'预算金额与人大批复金额不一致');
    //showmsg('总预算金额为:'+ zysje +' 元');
  end
  else
  begin
    //ShowMsg('无记录!');
  end;
```

图 6-3 编写的脚本语句

## （三）将审计方法导出作为联网审计预警方法

首先，将AO中建立的上述11个审计方法打包导出，再导入到"联网数据采集预警控制台"中，如图6-4所示。

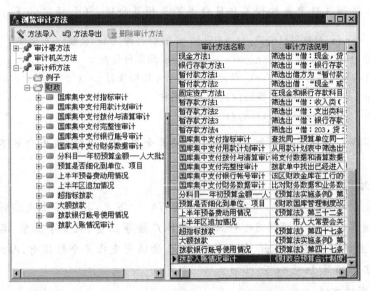

图6-4 将11个审计方法导入到"联网数据采集预警控制台"中

然后，可将上述审计方法设置为各联网审计电子账簿的预警方法，设置每次预警的时间为"自动"，即每次数据采集转换完成后自动进行预警，生成数据变更报告和自动预审报告，自动预审报告即将审计中间表按照上述11个预警方法进行自动审计生成的审计疑点库。

## （四）建立联网审计项目

1．建立项目。在"AO加强版"服务端中，可由审计项目计划管理员建立审计项目。

2．分配项目人员。项目建立后，为项目分配项目人员，并设置项目人员角色（主审、审计组长、复核人员）。只有分配到该项目的人员，才能在"AO加强版"客户端访问该项目，各角色具有不同的权限。

3．分配联网账簿。为审计项目分配从控制台打包上传而来的联网审计电子账簿，如图6-5所示。只有分配到该项目的联网审计电子账簿，项目人员才能查看该账簿的联网审计预警报告，并对其进行审计分析。

## （五）查看预警报告，实施联网审计分析

1．登录服务器。审计人员机器上安装"AO加强版"客户端软件，通过设置服务器地址，不需要到被审单位，随时可在局内访问"AO加强版"服务端。

2．下载项目。审计人员可从服务端下载其有权参与的联网审计项目。之后由主审建立审计事项（过程略）。

3．查看预警报告。审计人员可以查看项目中所有电子账簿的联网审计预警报告，其中数据变更报告如图6-6所示，从中可看出各次数据采集与前次的数据变更情况，供审计人员判断变更内容是否合理，并对疑点（如财政部门随意进行后台数据修改，存在内控漏洞等）进行进一步调查核实。

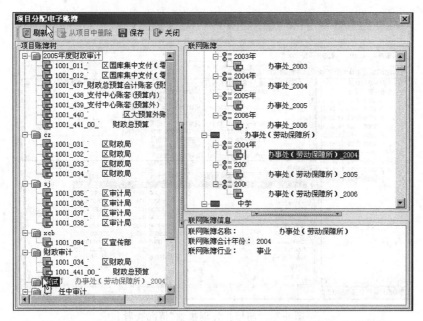

图 6-5  为审计项目分配从控制台打包上传而来的联网审计电子账簿

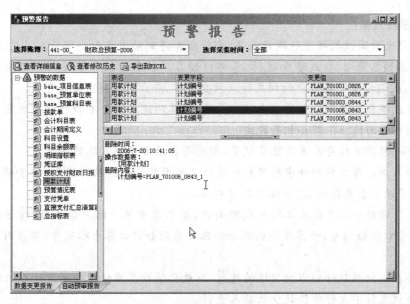

图 6-6  查看审计预警报告

审计人员可以看到历次采集预警后的自动预审报告。如在 9 月 21 日生成的报告中,疑点库中存在"超用款计划拨款"的情况。如图 6-7 所示。

审计人员对预警报告中反映的审计疑点情况及时调查落实之后,编写审计日记、审计证据、审计底稿(过程略)。

4. 联网审计分析。审计人员可以对项目中所有电子账簿数据进行审计分析(审计分析的方法与"AO 单机版"相同,略)。对审计发现的问题编制审计日记、审计证据、审计底

图 6-7 "超用款计划拨款"情况查看

稿(过程略)。

### 三、最终成果

通过每天对财政数据进行联网采集,审计数据得到动态更新。审计人员足不出户,就可对财政总预算管理、财政资金拨付、各部门预算单位会计核算等情况进行联网跟踪核查。至今,我们对预警报告中的相关疑点调查落实,查出的问题主要如下。

1. 财政年初预算和人大批复金额不一致;预算的追加调整不符合相关规定。

2. 预备费的使用不符合相关规定。

3. 同一预算单位存在多设账号现象,财政存在没有及时入账的问题。

4. 预算单位存在超指标申报用款计划以及超用款计划拨款的现象,经了解由于该区财政部门修改后台数据造成,系统内控存在漏洞。

5. 该区财政金库为设在工行的代理金库,建立国库单一账户体系时,该区财政单一账号和财政零余额账号,预算单位的零余额账户为原会计结算中心账号,不具有零余额账号的性质。

6. 存在部分用款计划审批较迟的现象,财政代替预算单位填报用款计划的现象。

7. 授权支付中支付凭证缺少收款人资料。

已向财政部门提交多份问题整改通知书,其中大部分问题财政部门已经落实整改。

### 四、系统使用特色

1. AO与联网审计的紧密结合

将"AO加强版"软件与区县联网审计紧密联系在一起,突出联网情况下数据采集转换、电子账簿管理、审计预警、审计项目管理、联网审计分析等功能的无缝连接和一体化。

2. 合理规划财政数据

当财政系统变动或本系统需要移植、推广到其他区县时,只需按照数据规划的审计中间表重新制定数据采集、转换模板即可,增强了财政联网审计系统的通用性、可移植性,为推广财政联网审计打下基础。

3. 联网审计业务覆盖面广

涉及对会计结算中心核算的各部门预算单位财务账,以及财政预算管理、资金拨付业务系统的业务数据、总预算会计账财务数据,以及各系统财务、业务数据对比分析等审计内容,基本涵盖了财政审计的主要方面。

4. 编制了财政行业审计方法

根据以往审计经验编写成的审计方法,不仅可以为其他区县财政审计或以后年度财政审计提供自动审计功能,提高审计效率和审计质量,还可以作为财政联网审计预警方法。

5. 尝试建立联网审计问题沟通渠道

以书面方式,及时将联网审计预警情况通知财政部门,充分体现了联网审计的目的在于及时发现问题、及时提醒被审单位整改,实现审计关口前移。

## 思考题

1. 比较联网审计与传统审计的异同。
2. 联网审计的关键技术有哪些?
3. 介绍一下联网审计的过程。
4. 联网审计的组网模式有哪几种?各有何特点?
5. 试根据所学,设计一个基于学校校园网的联网审计方案。

## 参考文献

[1] 曹洪泽,刘强. 联网审计及其关键技术研究[J]. 北京理工大学学报,2006,26(7):614-617.
[2] 财政部会计司. 关于全面推进我国会计信息化工作的指导意见[R]. 财会〔2009〕6号,2009.
[3] 叶明,王牧. 试论XBRL对我国会计师事务所的影响[J]. 商业会计,2009(6):58-59.
[4] 张天西. XBRL在注册会计师行业应用前景的研究:中注协《行业发展研究资料(No. 2005-9)》[EB/OL]. [2013-09-11]. http://www.cicpa.org.cn/knowledge/hyfzyjzl/200805/t20080530_12798.html.

# 第7章 信息安全审计技术

## 7.1 信息安全审计发展概况

### 7.1.1 信息安全管理漏洞

信息化的普及和网络技术的快速发展，使得企业规模越来越大，信息系统也越来越复杂，企业信息安全管理成为企业经营过程中日益突出的问题。为了保证信息安全，企业采用了大量措施进行维护，购买了大量信息安全产品，但是并没有从本质上提高安全状况。信息安全管理的漏洞主要表现在以下几个方面。

(1) 信息安全系统散而孤立

有些部门花费了大量资金购买防毒软件、防火墙之类的信息安全产品，但它们都是孤立的系统，没有统一的管理平台，所以无法实现信息安全管理的目标。假若企业网络被攻击，各个信息安全系统都发出报警信号，却没有关联性，难以采取有效的处理措施。

(2) 无法有效落实安全管理

由于单位员工对信息安全的认识不高，公司购买防病毒软件后，有的员工因为懒惰而并不安装，或者安装好了又在系统管理员不知情的情况下卸载掉了。有的员工还会认为信息安全不是自己的事情，而归专门的信息安全管理部门管，因此很难全部认识到信息安全的重要性。

(3) 缺乏对安全工作的考核

大多数单位都缺乏一个安全管理问题的平台，因此单位领导难以及时得到对部门安全问题的信息回馈，也难以验证安全管理和实施的有效性。

(4) 缺少信息安全风险意识

单位缺乏以信息安全为核心的风险管理模式，对单位关键资产及业务等，都缺少相应的风险审计机制和工具，因此无法及时找出存在的问题和威胁，也难以事先采取相应的措施。

(5) 缺乏全面的审计手段

信息系统经常面临未经授权或不正当的访问，缺乏一种高效且全面的审计手段。因此，了解和监督这些可疑的访问比较困难，也就无法对信息系统的安全情况进行审计。

(6) 缺乏集中的安全系统补丁下载和更新功能

随着网络病毒的泛滥，系统提示安全补丁的下载更新、大量服务器以及客户端的时常更新成为一个麻烦的问题。作为一个大中型单位，内部设备数量尤其是客户端数量太多，仅仅靠少数的管理员，难以承担如此大量的工作。

## 7.1.2 信息安全审计概念

信息系统拥有者最关心的问题,通常是所采取的安全措施是否足以为信息系统的业务运行提供适度保护。"适度"取决于拥有者的期望、可以承受的风险、投入的成本等因素。适度保护提供给信息系统拥有者的是对业务目标、性能、功能、成本、安全性等因素取得折衷效果的信心,即确信信息系统能够应对预期的安全事件,并且在出现突发的、未预期的事件时具备合适的响应能力。只有在准确把握信息系统安全状况的前提下,拥有者才能获得这种信心。准确把握信息系统安全状况的途径,就是对信息系统实施安全审计。鉴于此,这里给出的信息安全审计定义如下。

信息安全审计是一种在信息系统的拥有者委托、授权的情况下,由法定的审计机构或专业的安全服务商依据一个或多个信息安全标准或成体系的信息安全策略实施的复杂过程。通过该过程,信息系统安全状况能被映射为预先设定的某种度量方法下的一个状态值,该状态值可以表明信息系统是否满足特定的安全要求(如安全标准、预定义的安全策略或自定义的安全风险阈值等)。状态值集合可以是{满足、不满足}、{高风险、中风险、低风险}或{达到安全等级、没有达到安全等级},或某些偏序值构成的集合。

通过信息安全审计,信息系统拥有者可以获得投入运行的信心和相关的许可证明。同时,结合业务的发展,还可以确定未来的安全需求,包括安全策略、安全体系结构、安全管理、安全功能和安全设备等方面的改进需求。

反映信息系统安全状况的状态值应该满足不同人员从不同角度对信息系统安全的认知或判断需求,包括如下内容。

(1) 信息系统安全保护措施的完备程度如何,这需要依据某个安全体系来判断当前安全保护措施实现的完善程度。

(2) 信息系统的安全保护能力如何,这需要审计当前安全措施的完备程度及其抵御攻击或渗透测试的能力。

(3) 信息安全风险程度,这需要评价在当前运行环境下,信息系统未来发生安全事件可能导致的影响及其防御措施的关系。

(4) 信息系统安全建设的合规性如何,这需要评价当前安全建设状况与某个信息安全标准的符合程度,如是否满足信息安全等级保护要求,是否符合萨班斯(SOX)法案关于信息安全的要求等。

(5) 信息安全投入的价值如何,这需要判断信息安全投入、收益、信息安全风险间的平衡关系。

(6) 信息安全对业务风险甚至机构管理风险的作用如何,这需要将信息安全作为业务风险和机构管理风险的一部分来考虑。

通过安全审计,审计者可为机构信息系统建立安全姿态,它包含安全技术和安全管理两部分内容,相当于为信息系统的安全状态摄下了一幅幅照片。这些照片信息能够为信息系统的安全需求确定、安全设计、安全认证和认可、应急响应、安全性检测和监控、安全管理的效率和绩效考核、信息安全保险甚至机构的管理、经济状况、综合实力等提供决策依据。全面的安全审计涉及的审计技术包括关于物理安全的测试(如电磁泄漏测试)、密码算法强度测试、黑客的渗透测试、安全策略核查和专家计算分析等。

尽管以上定义说明了安全审计的依据、主客体、过程以及成果,但本质上还是属于原理性的描述。在实际应用中,安全审计的客体(即受测机构)由不同层次的人员组成,它们对信息安全有不同的需求和价值观,导致对安全审计结果有不同层次的要求。这些都是安全审计成功与否的关键所在,需要安全审计者在实际工作中灵活把握。

### 7.1.3 信息安全审计标准

在信息安全审计方面,国外很多国家和组织很早就开始研究,目前已经建立了审计标准、审计方法、审计技术等一系列完整的审计体系。而我国在信息安全审计方面起步较晚,很多标准体系和技术方法还不完善。但是,随着近几年网络业务的快速发展,网络安全事件的频繁出现,信息安全审计已经受到很多领域的高度重视,具有很广泛的研究空间。

信息安全测评标准是信息安全测评的行动指南,是安全测评的依据和尺度。国内外针对计算机安全的等级防护和测评制定了以下多个标准。

(1) 国际标准

① 可信计算机系统审计准则(TCSEC)[1]。

② 信息技术安全审计标准(ITSEC)[2]。

③ 国际通用准则(CC)[3]。

④ BS7799[4]。

(2) 国内标准

我国一直高度关注信息安全标准化工作。1999年,我国借鉴国外先进经验并结合实际国情,制定了《计算机信息系统安全保护等级划分准则》(GB 17859—1999)[5],根据信息系统涉及内容的重要程度和遭到攻击后造成损失的大小,把信息系统分为五个等级。第一级:自主保护级;第二级:指导保护级;第三级:监督保护级;第四级:强制保护级;第五级:专控保护级,从技术和管理两方面提出并确定了不同安全保护等级信息系统的最低保护要求。随后,又在此基础上进一步细化和扩展,制定了很多具体的配套标准,这些标准的制定对我国的信息安全审计工作起到很好的指导作用。

信息安全审计的相关政策法规如下。

① 中华人民共和国计算机信息系统安全保护条例(国务院147号令)

② 关于信息安全等级保护工作的实施意见(公通字〔2004〕66号)

③ 信息安全等级保护管理办法(公通字〔2007〕43号)

④ 关于开展全国重要信息系统安全等级保护定级工作的通知(公信安〔2007〕861号)

⑤ 信息安全等级保护备案实施细则(公信安〔2007〕1360号)

⑥ 公安机关信息安全等级保护检查工作规范(公信安〔2008〕736号)

⑦ 关于加强国家电子政务工程建设项目信息安全风险审计工作的通知(发改高技〔2008〕2071号)

⑧ 关于开展信息安全等级保护安全建设整改工作的指导意见(公信安〔2009〕1429号)

⑨ 信息系统安全等级测评报告模板（试行）（公信安〔2009〕1487）

信息安全审计的相关标准如下。

① 计算机信息系统 安全等级保护划分准则（GB 17859—1999）
② 信息安全技术 信息系统安全等级保护实施指南
③ 信息安全技术 信息系统安全保护等级定级指南（GB/T 22240—2008）
④ 信息安全技术 信息系统安全等级保护基本要求（GB/T 22239—2008）
⑤ 信息安全技术 信息系统安全等级保护测评要求
⑥ 信息安全技术 信息系统安全等级保护测评过程指南（送审稿）
⑦ 信息系统等级保护安全设计技术要求（报批稿）
⑧ 信息安全技术 网络基础安全技术要求（GB/T 20270—2006）
⑨ 信息安全技术 信息系统安全通用技术要求（GB/T 20271—2006）
⑩ 信息安全技术 信息系统物理安全技术要求（GB/T 21052—2007）
⑪ 信息安全技术 公共基础设施 PKI 系统安全等级保护技术要求（GB/T 21053—2007）
⑫ 信息安全技术 信息系统安全管理要求（GB/T 20269—2006）
⑬ 信息安全技术 信息系统安全工程管理要求（GB/T 20282—2006）
⑭ 信息安全技术 信息安全风险审计规范（GB/T 20984—2007）
⑮ 信息技术 安全技术 信息安全事件管理指南（GB/Z 20985—2007）
⑯ 信息安全技术 信息安全事件分类分级指南（GB/Z 20986—2007）
⑰ 信息安全技术 信息系统灾难恢复规范（GB/T 20988—2007）
⑱ 信息安全技术 路由器安全技术要求（GB/T 18018—2007）
⑲ 信息安全技术 虹膜识别系统技术要求（GB/T 20979—2007）
⑳ 信息安全技术 服务器安全技术要求（GB/T 21028—2007）
㉑ 信息安全技术 操作系统安全技术要求（GB/T 20272—2006）
㉒ 信息安全技术 数据库管理系统安全技术要求（GB/T 20273—2006）
㉓ 信息安全技术 入侵检测系统技术要求和测试评价方法（GB/T 20275—2006）
㉔ 信息安全技术 网络脆弱性扫描产品技术要求（GB/T 20278—2006）
㉕ 信息安全技术 网络和终端设备隔离部件安全技术要求信息安全技术
㉖ 防火墙技术要求和测试评价方法信息安全技术
㉗ 信息系统安全等级保护体系框架信息安全技术
㉘ 信息系统安全等级保护基本模型信息安全技术
㉙ 信息系统安全等级保护基本配置信息安全技术
㉚ 应用软件系统安全等级保护通用技术指南信息安全技术
㉛ 应用软件系统安全等级保护通用测试指南信息安全技术
㉜ 信息系统安全管理测评

## 7.1.4 信息安全审计的内容

信息安全审计的内容主要包括主机安全审计、网络安全审计、数据库安全审计、应用安全审计、运维安全审计和业务连续性审计。由于目前的审计活动中常针对主机安全、网络安全、数据库安全来开展审计，因此7.2、7.3和7.4节中对这几部分内容进行重点介绍。

主机安全审计应按身份鉴别、访问控制、安全审计、系统保护、剩余信息保护、入侵防范、恶意代码防范、资源控制、主机安全管理等逐项检测。检测方法包括但不限于对主机设备安全配置策略的检测、对相关文档的审核、用相应工具设备对主机设备进行扫描等。

网络安全审计应按结构安全、网络访问控制、网络安全审计、边界完整性检查、网络入侵检测、恶意代码防范、网络设备防护、网络安全管理、网络相关人员安全管理等逐项检测。检测方法包括但不限于对网络设备的安全配置策略的检测、对相关文档的审核、用相应工具设备对网络设备进行扫描等。

数据库安全审计应按数据保护、数据完整性、交易数据、客户数据的安全性等逐项检测。检测方法包括但不限于对相关应用的渗透性审计、对相关文档的审核、用相应工具设备对服务器设备进行扫描等。

应用安全审计应按身份鉴别、Web页面安全、访问控制、安全审计、剩余信息保护、资源控制、应用容错、报文完整性、报文保密性、抗抵赖、编码安全、电子认证应用等逐项检测。检测方法包括但不限于对相关应用的渗透性审计、对相关文档的审核、用相应工具设备对服务器设备进行扫描等。

运维安全审计应按环境管理、介质管理、设备管理、人员管理、监控管理、变更管理、安全事件处置、应急预案管理等逐项检测。检测方法包括但不限于对相关文档的审核等。

业务连续性审计应按业务连续性需求分析、业务连续性技术环境、业务连续性管理、备份与恢复管理、日常维护等逐项检测。检测方法包括但不限于对备份设备查看及相关文档的审核等。

### 7.1.5 信息安全审计类型

信息安全审计可按照如下依据分类。

（1）以审计对象为依据，信息安全审计可以分为产品审计和（信息）系统审计两大类，本章的信息安全审计指系统审计。

（2）以反映信息系统安全状况的瞬时性为依据，信息安全审计可分为静态安全审计和动态安全审计。工作实践中花费相当长时间，对技术和管理进行全面诊断的审计方法多为静态安全审计，而动态安全审计通常称为"安全态势"审计，主要审计每个时间点上信息系统威胁利用脆弱性的情况，以反映攻防关系随时间的变化情况。

（3）以审计结果的量化为依据，信息安全审计分为定性审计和定量审计。目前的审计方法还是以定性为主，定量研究方法尚待深入。定量审计方法就是用数量化的指标数值来对风险进行评估，但由于技术和研究限制，实践中还是以定性审计为主，而理论研究中，以引入概率分析、神经网络等方法的定量分析为主。

（4）以合规性判断为依据，信息安全审计分为合规性审计和非合规性审计。合规性审计是信息安全发展到一定程度后的必由之路。

（5）以审计者的类型为依据，信息安全审计可以分为自主审计和检查审计（审计者为国家权威机构,如公安、审计等)。其他的还可以根据自动化程度分为自动审计和非自动审计,根据知识库和模型分为基于模型的审计、基于专家知识的审计等。

## 7.1.6 信息安全审计方法

信息安全风险审计是信息安全保障体系过程中的重要评价方法和决策机制,大致要经历准备、资产识别、威胁识别、已有安全措施的确认、风险识别、风险审计结果记录等几个过程。

现有的信息安全审计标准主要采用定性分析法分析风险。目前的信息安全审计标准都不能对信息安全风险进行定量分析,而在没有一个统一标准的情况下,各专业审计公司大多数凭借各自积累的经验来解决审计中的定量问题。

**1. 定性分析方法**

定性分析方法主要依据审计专家的知识和经验、系统发生安全事件的历史记录以及损失情况、组织内外环境变化情况等非量化因素进行综合考虑,对系统安全现状做出审计判断的过程。它主要通过与被审对象的深入访谈、以各种安全调查表格作为审计基本资料,然后通过一个既定的理论分析框架,依据相关信息安全标准和法规,对资料进行整理和分析,在此基础上做出审计结论。典型的定性分析方法有因素分析法、逻辑分析法、历史比较法、德尔菲法等。

定性分析方法具有操作简单、易于理解和实施、可以迅速找出系统风险的重要领域并重点分析等优点。缺点在于分析结果过于主观性,很难完全反映安全现实情况,并且对审计者自身要求较高。另外,当所有分析方法都是主观时,审计者便很难客观跟踪观察风险管理的性能变化。

**2. 定量分析方法**

定量分析方法是指运用量化的指标对信息系统风险进行审计分析,采用数学的统计分析方法,对经过量化后的指标进行加工、处理,最后得出系统安全风险的量化审计结果。典型的定量分析方法有因子分析法、聚类分析法、时序模型、回归模型、等风险图法、决策树法等。

定量分析方法的优点是风险及其结果充分建立在独立客观的方法和衡量标准之上,提供了富有意义的统计分析;为风险缓解措施的成本效益分析提供了可靠的依据,因为以数量表示的审计结果更加易于理解。但是,完全量化审计是很难实现的,也是不切实际的,通常采用的量化审计模型均在某些方面简化了审计因素间的复杂关系。

**3. 定性与定量结合分析方法**

由于信息系统风险审计是一个复杂的过程,整个信息系统又是一个庞大的系统工程,需要考虑的安全因素众多,因此完全量化这些因素是不切实际的。对于这种情况,需要找出一个既能反映信息系统客观性,又能考虑各种安全因素的方法。因此,将定性分析方法和定量分析方法有机结合起来,共同完成信息安全风险审计,在定量基础上采用定性方法抽象,在定性基础上采用定量方法进行分析综合,将定性与定量方法相结合,是很好的方法。定性与定量分析方法有机结合,才能真正做到信息安全风险审计的客观、准确和高效。

### 7.1.7 信息安全审计常用工具

(1) Nessus

1998年,Nessus的创办人Renaud Deraison展开了一项名为"Nessus"的计划,目的是希望能为因特网社群提供一个免费、威力强大、更新频繁并简易使用的远端系统安全扫描程序。经过数年的发展,世界著名的网络安全相关机构皆认同此工具软件的功能与可用性。Nessus成为目前使用最多的系统漏洞扫描与分析软件。用户可以根据实际需要配置相应的扫描策略,包括有关使用漏洞扫描配置选项,内容如下。

① 控制扫描的技术参数,包括超时、主机数目、端口扫描器的类型等。

② 控制扫描的类型参数,包括本地证书(如 Windows、SSL)扫描,认证的 Oracle 数据库扫描,HTTP 扫描,FTP 扫描,POP 扫描,IMAP 扫描或者基于 Kerberos 的身份验证扫描。

③ 控制基于粒度族或插件的扫描说明。

④ 控制数据库符合策略,包括报告详细度设置,服务检测扫描设置,UNIX 符合检查设置等。

图7-1所示是在实际工作中 Nessus 配置策略的截图。

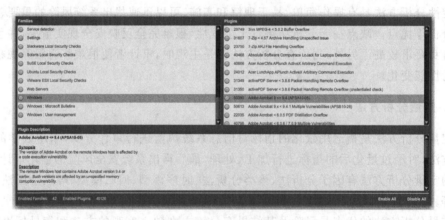

图 7-1  Nessus 配置策略

(2) 基准安全分析器

微软出品的基准安全分析器(Microsoft Baseline Security Analyzer,MBSA)可以检查操作系统和 SQL Server 更新,并扫描计算机上的不安全配置。在检查 Windows 服务包和修补程序时,MBSA 将 Windows 组件(如 Internet 信息服务和 COM+)也包括在内。MBSA 使用一个 XML 文档来显示现有更新和修补项的清单,XML 文档包含在 Mssecure.cab 文件中,由 MBSA 在运行扫描时下载本地的 Mssecure.cab 文件或网络服务器上的 Mssecure.cab 文件。

由于 MBSA 是微软的产品,所以在扫描 Windows 系统漏洞方面有很大的优势。用户可以根据需要添加策略,检测的方面也很全,图 7-2 所示是测试后的 MBSA 检测报告截图。

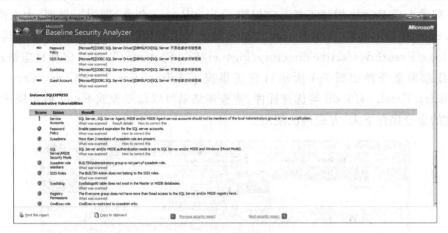

图 7-2　MBSA 检测报告

(3) Fiddler

Fiddler 是一个 Web 调试代理,检测页面如图 7-3 所示。它能够记录所有客户端和服务器间的 Http 请求,允许用户监视并设置断点,甚至修改输入输出数据。Fiddler 包含一个强大的基于事件脚本的子系统,并且能够使用.NET 框架语言扩展。

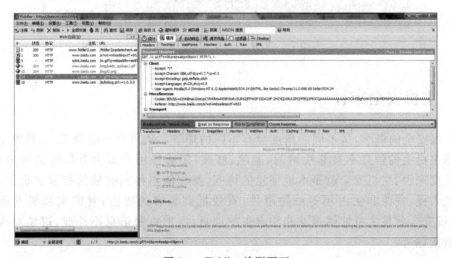

图 7-3　Fiddler 检测页面

微软的 Fiddler 包含一个简单却功能强大的基于 Jscript.NET 事件的脚本子系统,可以支持众多的 Http 调试任务。Fiddler 还是一个 Http 调试代理,能够记录主机和互联网之间的 Http 通信,并提供方便的断点设置功能,允许用户检查所有的 Http 通信。

通过显示所有的 Http 通信,Fiddler 可以通过统计页面得到一个 Web 页面的"总访问量",通过它发现用户请求的某个页面总共请求了多少次,以及多少字节被转化了。此外,通过暴露 Http 报头,用户可以发现哪些页面被允许在客户端或代理端进行缓存。

(4) 可视化的日志工具

在日志分析中，基于 Log Parser 的可视化工具 Log Parser Lizard 软件是一款用 .NET 写的 Log Parser 增强工具。它封装了 Log Parser 命令，带图形界面，大大降低了 Log Parser 的使用难度。Log Parser Lizard 集成了 Log4net 和 Log4j 等开源工具，可以对 IIS logs/EventLogs/active directory/log4net/File Systems/T-SQL 多种日志格式进行查询（日志类型选择如图 7-4 所示）；它还集成了 Infragistics. UltraChart. Core. v4. 3、Infragistics. Excel. v4. 3. dll 等优秀插件，使查询结果可以以图表或 Excel 格式展示，并将查询过的命令保存下来，方便再次使用。

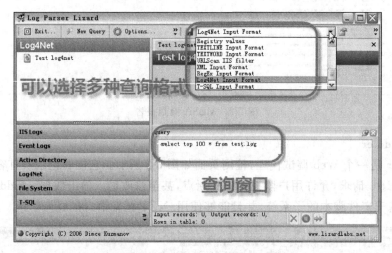

图 7-4  Log Parser 日志类型选择

## 7.2  主机安全审计

主机安全的概念，从不同的角度会有不同的理解。从用户角度来说，主机安全就是能保障主机上的信息不被非法访问、删除、修改，能够给用户提供有保障的服务；从管理员角度来说，主机安全就是本地信息的访问、操作能够得到有效的控制和保护，不出现系统入侵、资源非法占用等威胁事件，有效抵御黑客的攻击；对国家和机密部门来说，主机安全就是主机能够过滤非法有害的信息，保护机密信息不外泄，避免对国家和社会造成危害。

### 7.2.1  主机安全审计概述

主机安全审计主要以计算机系统及其提供的服务作为审计对象，通过搜集当前系统的配置和状态，与所建立的安全知识库进行对比，来确定目标主机中存在的脆弱性，对脆弱性进行关联分析，得到主机安全状况。主机安全审计的优点在于，能主动检测与主机安全有关的配置、服务及软件漏洞等信息，及时了解主机的安全状况，而不是被动等待攻击者试图攻击时才发现脆弱性的存在。主机安全审计可以帮助安全管理人员在恶意攻击之前修复系统中存在的安全隐患。

主机安全审计的实施过程是一个信息采集和信息处理的过程,它可以分为信息采集、信息处理及处理结果显示三个阶段,每一个阶段都有不同的研究内容。信息采集阶段主要研究的是哪些指标是影响主机系统安全的指标;信息处理阶段主要研究的是如何通过合理的算法将采集的指标信息由自然语言转化为定性定量的信息;处理结果显示阶段则是通过直观易懂的表达方式,使用户了解当前主机的安全状况。

主机安全审计的实施主要通过检查和测试两种方式交互进行。

检查是审计人员通过对审计对象进行观察、查验、分析等活动,以获取证据证明信息系统安全保障措施是否有效的一种方法。使用检查方法进行审计的目的是需要确认信息系统当前的、具体的安全机制和运行的配置以及实现情况是否符合要求。因此,"检查"的内容应该是具体的、较为详细的机制配置和运行实现;检查的范围一般要覆盖审计项中的所有要求内容。

测试是审计人员按照预定的方法或工具,使审计对象产生特定的行为活动,查看输出结果与预期结果的差异,以获取证据证明该主机安全保障措施是否有效的一种方法。使用测试方法进行审计的目的是需要验证该主机当前的、具体的安全机制或运行的有效性或安全强度。因此,测试的内容应该是具体的、较为详细的;测试的范围不需要覆盖审计项中的所有要求内容。对于现场审计人员的实施而言,将检查和测试互补性地融合起来,能更全面地收集现场证据。

## 7.2.2 影响主机安全的因素

影响主机安全的安全因素很多,从来源可分为内在因素和外在因素。内在因素有操作系统、重要文件、安全配置、注册表、共享文件、服务和端口、应用程序等;外在因素有主机所处的环境、管理员的安全管理意识、病毒和恶意代码等。分别介绍如下。

(1) 内在因素

① 操作系统。

操作系统首先是软件,是程序员编制的,存在着很多漏洞,这些漏洞一旦被发现和利用,必将成为主机安全的严重威胁。

② 重要文件。

重要文件主要是保证操作系统正常运行的系统文件。入侵者经常会修改系统文件,起到隐藏自己或破坏系统的目的,如果重要文件属性被入侵者修改,会影响系统的正常运行及安全。

③ 安全配置。

为了方便用户的使用,系统都有默认的安全设置,但是很多时候方便和安全存在冲突。大部分的默认设置都存在安全隐患,比如系统默认账户的密码为空等。

④ 注册表。

注册表是 Windows 的一个重要数据库,用于存储系统和应用程序的设置信息。非法用户往往通过修改注册表达到非法目的,因此注册表不能被随意修改,应该对注册表的访问权限进行设置。

⑤ 共享文件。

文件的共享可以方便用户对资源的共用,但是如果设置不当,将会导致机密文件的泄露,给企业和个人造成经济利益或信誉的损失。

⑥ 服务和端口。

端口的开启可以给用户提供服务,但是往往有很多无效的端口开启,这些将导致黑客对系统进行攻击。

⑦ 应用程序。

很多应用程序都存在漏洞,很多恶意应用程序可能为了维护自身的利益而破坏其他程序的运行,还可能侵占大量系统资源,给系统的正常运行造成危害。

(2) 外在因素

① 主机所处的环境。

温度、湿度、电力、防火、防盗、防雷击、防电磁辐射设施,机房的进出管理等都对主机的安全有很大影响。

② 管理员的安全管理意识。

管理用户安全意识薄弱,不随时留意安全隐患,不定期查杀病毒,不定期修补漏洞,不定期修改密码等。

③ 病毒和恶意代码。

非法用户让病毒和恶意代码潜伏到主机内部,伺机进行破坏活动,对主机的安全和稳定造成严重的威胁。

④ 人为的使用不当。

系统用户安全意识不强,对计算机使用不当,无意间透露密码,设置口令不符合复杂性要求,多个用户共用一个账户,对主机系统安全设置不当等,都会对主机造成威胁。

### 7.2.3 主机安全审计的内容

**1. 主机所在的物理环境安全审计**

物理安全是整个信息安全的前提,是保护计算机设备、设施以及其他媒体免遭地震、水灾、火灾等环境事故、人为操作失误或各种计算机犯罪行为导致的破坏的过程。物理安全是相对的,在进行物理安全审计时,要综合考虑需要保护的硬件、软件及其信息价值,从而判断被审单位是否采用了适当的物理保护措施。物理安全主要包括物理环境安全、物理设备安全和媒体安全3方面,限于技术原因,审计活动主要对环境安全进行审计。物理环境安全审计的目标:审查机房物理访问管理制度和技术措施的有效性,核查各类防火、防潮、温湿度控制等方面存在的安全隐患。

例如,针对物理环境安全审计的步骤如下。

(1) 根据《电子计算机机房设计规范》(GB 50173—1993)、《计算站场地技术条件》(GB 2887—1989)、《计算站场地安全要求》(GB 9361—1988)等国家标准,建立物理环境安全控制矩阵,如表 7-1 所示。

表 7-1　物理环境安全控制矩阵

| | | |
|---|---|---|
| 机房 | 物理访问 | 通过门禁系统实现物理访问控制时,各部门经常进入机房的人员,都需要通过门禁卡申请表或机房准入申请表申请,由相关部门主管签字审批 |
| | 物理访问 | 对没有门禁系统的机房,要求所有人员出入时,必须在登记表上登记 |
| | 防盗窃和防破坏 | 应将通信线缆铺设在隐蔽处,可铺设在地下或管道中 |
| | 防火 | 机房应设置灭火设备,且近期检查过 |
| | 防火 | 应设置火灾自动报警系统 |
| | 防水和防潮 | 应采取措施,防止雨水通过机房窗户、屋顶和墙壁渗透 |
| | 温湿度控制 | 机房应设置温湿度自动调节设施,使机房温湿度的变化在设备运行允许的范围之内 |
| | 电力供应 | 应提供短期的备用电力供应,至少满足关键设备在断电情况下的正常运行 |
| | …… | |

(2) 针对表 7-1 所示的控制点,现场考察机房环境,审查灭火设备的检修记录、UPS 等设备的载荷等,查阅相关门禁卡授权发放清单和机房出入记录等,并记录物理环境测试结果。

(3) 得出该事项的审计结论,如 UPS 过保修期,现场审计期间出现断电状况 UPS 不能马上供电,对业务造成一定影响;灭火设备无检修记录;机房出入记录不完整。

**2. 操作系统安全审计**

操作系统安全审计的目标:审查系统服务器操作系统(Windows)的账号口令管理、授权认证机制、系统日志、升级更新、病毒防范等方面是否存在安全隐患。操作系统安全审计包括对 Windows、Linux、UNIX 等操作系统类型的客户机和服务器进行审计。下面以 Windows 操作系统安全审计为例,审计步骤如下。

(1) 依据《信息安全技术操作系统安全技术要求标准 GB/T 20272—2006》编制 Windows 操作系统安全测试控制矩阵,如表 7-2 所示。

(2) 根据表 7-2 的内容,针对各控制点完成操作系统安全测试。下面列举其中 5 个控制点在 Windows 的测试检查情况。

① 选择"控制面板"→"管理工具"→"计算机管理"命令,在"系统工具"→"本地用户和组"中检测操作系统的账号、口令、授权、日志配置等内容是否按安全标准进行设置。

② 选择"控制面板"→"管理工具"→"本地安全策略"命令,在"账户策略"→"密码策略"中查看"密码必须符合复杂性要求"选项是否启动,密码最长使用期限是否为 30~90 天。查看账户锁定策略中账户锁定阈值是否为小于等于 6 次。

③ 选择"控制面板"→"管理工具"→"本地安全策略"命令,在"本地策略"→"用户权利指派"中查看是否将"取得文件或其他对象的所有权"设置为"只指派给 Administrators 组";查看"关闭系统"是否设置为"只指派给 Administrators 组";"用户权利指派"查看是否"从本地登录此计算机"设置为"指定授权用户";查看是否"从网络访问此计算机"设置

为"指定授权用户"。

表 7-2 Windows 操作系统安全控制矩阵

| | | |
|---|---|---|
| Windows 安全控制 | 账号 | 按照用户分配账号。根据系统的要求设定不同的账户和账户组、管理员用户、数据库用户、来宾用户等 |
| | 口令 | 最短密码长度 6 个字符,启用本机组策略中的密码,必须符合复杂性要求的策略 |
| | 口令 | 对于采用静态口令认证技术的设备,账户口令的生存期不长于 90 天 |
| | 口令 | 对于采用静态口令认证技术的设备,应配置当用户连续认证失败次数超过 6 次(不含 6 次),即锁定该用户使用的账号 |
| | 授权 | 在本地安全设置中,从远端系统强制关机,只指派给 Administrators 组 |
| | 日志配置操作 | 设备应配置日志功能,对用户登录进行记录,内容包括用户登录使用的账号、登录是否成功、登录时间以及远程登录时用户使用的 IP 地址 |
| | 操作系统服务安全 | 对于远程登录的账号,设置不活动断连时间 15 分钟 |
| | 操作系统服务安全 | 查看每个共享文件夹的共享权限,只允许授权的账户拥有权限,共享此文件夹 |
| | 操作系统服务安全 | 应安装最新的 Service Pack 补丁集,对服务器系统应先进行兼容性测试 |
| | 操作系统服务安全 | 安装防病毒软件,并及时更新 |

……

④ 选择"控制面板"→"管理工具"→"计算机管理",在"系统工具"→"共享文件夹"中将每个共享文件夹的共享权限设置为仅限于业务需要,不设置成为"everyone"。

⑤ 选择"控制面板"→"添加或删除程序",查看系统是否安装有防病毒软件。打开防病毒软件控制面板,查看病毒码更新日期。

(3) 利用端口扫描软件和 DNS 溢出工具,对指定 IP 网段内关键服务器进行扫描,并记录安全扫描结果。

(4) 根据手工测试和工具扫描结果得出相应的审计结论,如该例中的结论如下。

① 口令安全策略密码最长使用期限是否为 30～90 天。

② 账户锁定策略中账户锁定阈值是否未达到小于等于 6 次的标准。

③ 授权、日志、其他设备中是否有部分策略未按标准而被启用。

④ 通过端口扫描是否发现不合规的端口开放,如 53、123、137 等高危端口。

⑤ 被审主机的操作系统是否已升级了最新的 Windows 补丁。

## 7.3 网络安全审计

### 7.3.1 网络安全概念

网络安全是指计算机网络系统中的硬件、数据、程序等不会因为无意或恶意的原因而遭到破坏、篡改、泄露,防止非授权的使用或访问,系统能够保持服务的连续性,以及能够可靠地运行。

**1. 网络安全的基本要求**

(1) 机密性(Confidentiality)。指网络中的数据、程序等信息不会泄露给非授权的用户或实体。即信息只能给被授权的用户所使用,它是保护网络系统安全的重要手段。

(2) 完整性(Integrity)。指网络中的数据、程序等信息未经授权保持不变的特性。即网络中的数据、程序等信息在传输过程中不会被篡改、删除、伪造、重放等。

(3) 可用性(Availability)。指当网络中的信息可以被授权用户或实体访问,并且可以根据需要使用的特性。即在需要时,网络信息服务准许授权用户或实体使用,或者当网络部分受到破坏需要降级使用时,仍可以为授权用户或实体提供有效的服务。

(4) 可靠性(Reliablity)。指网络系统能够在特定的时间和条件下完成特定功能的特性,是网络系统安全最基本的要求。网络系统的可靠性有以下 3 种。

- 生存性。它是指在随机破坏下网络系统的可靠性。生存性主要体现在随机破坏下网络拓扑结构对系统可靠性的影响。这里随机性破坏是指系统设备因为自然老化造成的自然失效。
- 抗毁性。它是指网络系统在人为破坏下系统的可靠性。比如部分结点遭到破坏后,系统是否能够仍然提供一定程度的服务。
- 有效性。它是指一种基于业务性能的可靠性。主要体现在网络设备遭到破坏后,系统还能满足业务性能要求的程度。

(5) 可控性(Controllablity)。它是指对网络信息的传播和内容具有控制能力的特性。它可以保证对网络信息进行安全监控。

(6) 不可抵赖性(Non-Repudiation)。它是指在网络系统的信息交互过程中,确认参与者身份的真实性。它可以保证发送方无法对他发送的信息进行否认,并且可以通过数字取证、证据保全,使公证方可以方便地介入,通过法律来管理网络。

**2. 网络安全目标**

网络安全目标在于保证网络信息在传输过程中不被篡改、丢失、破坏,保证网络系统的软、硬件不被破坏,数据不被非授权者所使用。包括如下内容。

① 网络硬件安全。如传输线路、各种网络设备的安全保障等。

② 网络中的数据安全。确保网络中的数据不被非授权用户或实体所访问和使用,保证数据的完整性。

③ 网络软件安全。如网络软件系统不被非法入侵、修改以及受到病毒和黑客的攻击。

④ 网络安全管理。如计算机安全管理、安全审计等。

总地来说,网络安全的目标在于通过相应的安全技术,保护在公用网络系统中传输、交换、存储的信息的机密性、完整性、可用性、可靠性、可控性、不可抵赖性等。

**3. 网络安全威胁**

目前,网络安全面临的威胁主要有 2 种:一是对网络系统中信息的威胁;二是对网络中设备的威胁。总地来说,影响计算机网络安全的因素非常多,有些可能是自然的,有些可能是人为的,有些可能是由于无意的错误操作引起的,有些可能是外来黑客或内部人员故意破坏的。归纳起来,影响网络安全的威胁主要有以下 3 类。

① 网络软件的脆弱性和后门。各种网络软件在设计时就存在缺陷和脆弱性,虽然它们不会直接破坏网络系统,但是给系统带来相当大的潜在风险。因为一旦这些缺陷和脆弱性被非法的攻击者所利用,后果将不堪设想。另外,软件的后门是软件设计公司的编程人员为了方便而设置的,一般外人是不知道的,但是一旦后门被打开,后果是非常严重的。

② 人为的无意失误。例如用户安全意识不高,用户设置的口令不正确,用户随意将自己的账号和密码借给他人,系统安全管理员安全设置不当造成的脆弱性等。

③ 人为的故意攻击。这种威胁是目前计算机网络所面临的最大安全威胁,这种攻击可以分为两大类:一类是主动攻击,它采取各种方式对计算机网络系统中的信息进行破坏,主要是破坏信息的完整性、有效性、真实性。另一类是被动攻击,它是在不影响网络正常运行的情况下,通过截获、窃听、破译等方式获取系统中的重要机密信息。这两类攻击都将对计算机网络造成很大危害,使机密信息泄露。

## 7.3.2 网络安全审计中相关技术

**1. 网络安全保护技术**

(1) 被动的安全保护技术

目前,在网络安全中,被动的安全保护技术主要有物理保护和安全管理、入侵检测、防火墙、口令验证、审计跟踪、安全扫描器等。物理保护和安全管理是指制定管理方法和规则,对网络中的物理实体和信息系统进行规范管理,从而减少人为因素所带来的不利影响。几种常见的被动安全保护技术如下。

① 入侵检测。它是指在网络系统的检查位置执行入侵检测功能的程序,从而对系统当前的运行状况和资源进行监控,发现可能的入侵行为。

② 防火墙。它是指在 Internet 和组织内部网之间实现安全策略的访问控制保护,核心思想是采用包过滤技术。

③ 口令验证。它是指利用密码检测器的口令验证程序检查口令中的薄弱口令,防范攻击者以假冒身份进入系统。

④ 审计跟踪。它是指对网络系统中的运行状况进行审计,并且保持审计记录和日志,帮助系统发现脆弱性。

⑤ 安全扫描器。它是指自动检测本地或远程主机以及网络系统中的脆弱性的专用功能程序,可以检测网络系统的运行状况。

(2) 主动的安全保护技术

主动的安全保护技术一般有存取控制、权限设置、数据加密、身份识别等。

① 存取控制。它是指网络系统对用户或实体规定权限操作的能力。主要有访问权限设置、人员限制、数据标识、控制类型等。

② 权限设置。它是指规定授权用户或实体对网络信息资源的访问范围,即能对资源进行哪种操作。

③ 数据加密。它是指通过对数据进行加密来保护网络中的信息安全。

④ 身份识别。它强调一致性验证,通常包括验证依据、验证系统、安全要求。

(3) 整体的安全保护技术

前面讲到的被动和主动安全保护技术都是目前提高网络系统安全性的有效手段。其中的安全扫描技术是一种检查自身网络系统安全,及时发现问题和修补脆弱性,降低系统的安全风险,从而提高整个网络系统的安全性的一种技术。

常见的网络安全保护模型主要采用防火墙、入侵检测系统、安全扫描的安全保护体系,如图 7-5 所示。在最外层,通过防火墙来对内部网和外部网之间的信息进行过滤;第二层通过入侵检测系统对网络系统进行实时监测和分析,并做出相应的报警;内层则通过安全扫描器对网络系统进行安全评估和查找脆弱性,主要针对操作系统、应用软件、系统设置和管理。

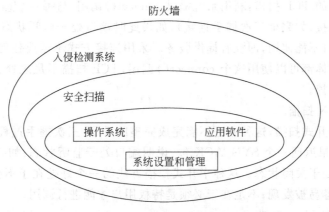

图 7-5 网络安全保护模型

**2. 网络安全扫描分析**

(1) 扫描的定义和功能

扫描程序是指能够探测本地主机系统或远端系统信息的程序,这些信息主要包括主机的基本信息(例如操作系统类型、计算机名、域名、组名等),服务信息,用户信息,脆弱性信息等。扫描程序的一个主要特点就是能够发现网络系统中的脆弱性,因此可以帮助网络安全管理员准确掌握网络的安全状况,及时发现网络中存在的安全隐患,采取相应的安全防御措施,使一些复杂的安全审计工作简单化。从攻击者的角度来说,扫描程序是一个不错的攻击工具,可以为攻击者提供有用的信息。

要想对网络安全评估进行深入研究,必须要掌握系统扫描技术。由于网络上多数的脆弱性都是由网络服务造成的,而每一种都有特定的脆弱性,因此要对一个网络系统进行攻击,首先应该发现目标系统开放了哪些服务,然后才采取相应的攻击策略,作为攻击者应该掌握扫描技术;作为网络安全管理员,要保证网络系统的安全,也必须掌握扫描技术,这样才能采取相应的安全保护措施。扫描方法有很多种,下面分别进行介绍。

(2) 扫描方法

目前网络安全扫描方法主要有以下几种。

① Ping 扫描。

它主要检测目标系统是否运行,主要有简单 ICMP 响应请求、NON-ECHO ICMP 请求、广播 ICMP ECHO 请求等类型。

- 简单 ICMP 响应请求。它是指通过向目标系统发送简单 ICMP 响应请求,对返回的 ICMP 响应进行分析,从而可以收集到目标系统的有关信息。
- NON-ECHO ICMP 请求。它是指由于有的防火墙或路由器出于安全需要而阻塞 ICMP ECHO 请求,此时可采用无响应的 ICMP 请求来收集主机有关的信息。
- 广播 ICMP ECHO 请求。它是指通过向目标系统的广播地址发送广播 ICMP ECHO 请求,并对返回的 ICMP 响应进行分析,从而搜集到目标系统的有关信息。

② TCP 连接。

它是最常见的 TCP 扫描,利用系统提供 connect() 调用,与每一个感兴趣的目标主机端口进行正常连接(如完全三次握手连接),如果此时端口处于监听状态,connect() 就能成功,否则该端口不能使用,即没有提供服务。采用连接方式不需要任何权限,即系统中的任何用户或实体都可以使用这个 connect() 调用,TCP 扫描不足之处在于容易被嗅探器发现并被过滤掉。

③ TCP SYN 扫描。

它是一种半开式扫描,这种方法不能完成完整的 TCP 三次握手过程,只是发送一个 SYN 请求包,如果返回一个 SYN/ACK 包,说明端口处于监听状态;如果返回一个 RST 包,则说明端口处于关闭状态。这种半开式扫描方法的一个好处在于不会在目标系统上留下记录,即不容易被发现;不足在于必须是特权用户才能进行调用。

④ TCP 反向 Ident 扫描。

它是指在 Ident 协议中,即使一个连接不是由某进程开始的,但这个进程允许查看其他进程的 TCP 连接中的用户。Ident 服务通常是由网络连接服务器方来验证客户的身份,由服务器连续向客户主机的端口反方向建立连接。

⑤ IP 分段扫描。

它是指不直接发送 TCP,探测数据包,而是将数据包划分为几个较小的 IP 段,这样就将一个 TCP 头分成几个数据包,从而使过滤器很难探测到。

⑥ UDP ICMP 端口不能到达扫描。

这种扫描方法与前面几种方法的不同之处在于它使用的是 UDP 协议,这个协议比较简单,反而使得扫描变得比较困难。因为打开的端口对扫描探测并不返回一个确认消息,而关闭的端口也不能返回一个错误数据包。幸运的是,许多主机向未打开的 UDP 端口发送数据包时,会返回一个 ICMP-PORT-UNREACH 错误,这样就能发现哪些端口是关闭的。

⑦ UDP Recvfrom()和 write()。

它是指一般非特权用户不能直接读到 ICMP 错误信息。当 ICMP 报文到达时,Linux 能够间接告知用户,对处于关闭状态的端口进行 write()调用。在非阻塞的 UDP Socket 上,如果收到 ICMP 报文,Recvfrom()返回 ECONNREFUSED;如果没有收到 ICMP 报文,Recvfrom()返回 EAGAIN。

⑧ 秘密扫描技术。

它是指利用 FIN 标识来探测端口。它没有利用 TCP 三次握手的任何一个部分,不被日志记录。当 FIN 标识发送给一个处于监听状态的端口时,数据包被丢弃,不返回 RST;当 FIN 标识发送给一个处于关闭状态的端口时,接收方将会丢弃接收到的数据包,同时返回 RST。秘密扫描技术分为以下几种类型。

- FIN 扫描。它是指向目标端口发送 FIN 分组,或者任何其他不带 SYN 或 ACK 标记的分组,从而可以探测该端口的状态。如果发送方没有收到任何分组,则说明目标端口可能是开放的;如果发送方收到 RST 分组,则说明目标端口是关闭的。但是在多数实现中,例如在 Windows 系统中,其开放的端口会返回 RST/ACK 分组。
- SYN/ACK 扫描。它是指开始建立 TCP 连接时,通过直接向目标端口发送 SYN/ACK 分组,从而能够探测该端口的状态。当处于关闭状态的端口收到这样的分组时,TCP/IP 协议栈会认为它是一个错误的分组,并将返回 RST 分组来终止当前连接,从而使发送方根据它来判断该目标端口是关闭的。当处于开放状态的端口收到 SYN/ACK 分组时,将会忽略。
- NULL 扫描。它是指通过向目标端口发送一个将首部标志位都复位的 TCP 分组,从而探测该端口的状态。如果发送方收到一个 RST 分组,则说明目标端口是关闭的。但在现实中,例如 Windows、BSDP、CICSO、HP/UX 等操作系统的开放端口收到 NULL 分组时,也会返回 RST 分组。
- XMAS 扫描。它是指向目标端口发送一个将首部标志位都置位为 1 的 TCP 分组,关闭的端口将返回 1 个 RST 分组。如果发送方收到一个 RST 分组,则说明目标端口是关闭的。

⑨ 间接扫描技术。

它是利用第三台被进行了 IP 欺骗的主机作为真实扫描过程的掩护,由于被扫描的主机做出的反应都是通过被 IP 欺骗的主机发出的响应,通过监测被 IP 欺骗的主机行动,就能够知道扫描结果。

⑩ 诱骗扫描。

它是指对目标主机发送几个探测数据包,这些探测数据包中只有一个是真的,而其他的都使用伪造地址,即使端口扫描被发现了,也很难知道哪个是真的扫描主机,哪个是假的扫描主机。

(3) 网络安全扫描的主要类型

目前,网络安全扫描主要有以下几种类型。

① 基于主机的扫描。

它是一种被动式检测策略,主要是对系统中一些不恰当的系统设置、脆弱的口令以及其他违反安全规则的对象进行检查,从而对主机内部的安全状况进行分析,查找主机系统中是否存在脆弱性。这种检查涉及操作系统的内核、文件属性、操作系统补丁等问题,还可以对用户的口令进行解密测试,从而验证口令的健壮性,发现那些不安全的口令。这种方法能够非常准确的定位和发现操作系统的脆弱性,其不足在于基于主机的扫描与操作系统平台高度耦合,操作系统的升级将导致扫描算法失败。

② 基于网络的扫描。

它是一种主动式检测策略,主要通过执行一些脚本文件,对网络系统进行非破坏的攻击,并根据系统的反应来确认网络系统中是否存在安全隐患。从检测结果中可以发现网络系统存在的脆弱性,以便及时采取一些修补方法,如安装补丁程序、更新系统版本、调整安全设置、增加安全设施等来弥补这些脆弱性。

③ 基于应用的扫描。

它主要用来检查一个应用软件是否存在脆弱性,例如应用软件的设置是否合理,缓冲区是否溢出问题等。

④ 基于安全审计的扫描。

它主要通过审计一个系统的完整性来检查该系统内是否有被故意放置的后门程序。这种安全审计按周期来使用散列算法,对系统特征信息(文件的属性、注册号等)进行计算,并将本次计算结果和开始计算结果进行比较,从而验证两者的一致性。如果不一致,则说明文件内容和系统属性发生了改变,应立即通知管理员进行处理。

(4) 网络安全扫描技术的发展方向

目前网络安全扫描技术主要朝以下几个方向发展。

① 高速扫描技术。

由于网络的迅速发展,一个部门内部的网络系统快速扩大,有的甚至达到了上千个结点。对这么大规模的网络系统进行全面扫描,要求扫描工具必须有很高的扫描速度,从而出现了各种各样的高速扫描技术。目前采用的高速扫描技术有KB技术、并行扫描技术等。其中KB技术指将已经扫描过的主机信息存储起来,为再次扫描该主机提供信息。

② 隐蔽扫描技术。

当攻击者扫描时,总是希望在扫描过程中不留下任何痕迹,从而出现了各种各样的隐蔽扫描技术。在过去的几年内,隐蔽扫描技术得到了快速发展,当每一种隐蔽扫描技术出现后,都有相应的探测技术捕捉到这种隐蔽扫描技术扫描的痕迹,因而促使新的隐蔽扫描技术的提出。隐蔽扫描技术是网络攻击者为了隐藏自己的行踪而采取的技术,对于网络安全管理员来说,则没有使用的必要。

③ 智能扫描技术。

一般的扫描工具是按特定的端对应特定服务来设计的,如果遇到某个服务安装在特殊指定的非默认端口,将使扫描不彻底。为防止该现象发生,扫描工具应具备任意端口任意服务的功能。

④ 脆弱性数据标准化，并与扫描代码分离。

目前，一个新的发展趋势是将脆弱性数据从扫描代码中分离出来，并标准化，便于用户对扫描工具进行自主更新，这种发展趋势将满足在不同扫描工具之间、不同数据库之间共享统一的脆弱性数据的要求。

⑤ 采用功能模块技术或插件技术。

一个插件就是一个功能模块，对应一个或一类脆弱性的攻击程序。插件以脚本或动态链接库的形式存在，主扫描程序通过调用插件的方法来扫描。在插件编写规范公布的情况下，用户能够自己编写插件扩充软件的功能。

⑥ 使用各种方法加强扫描器自身的安全。

可以采取相应的安全技术来保护扫描器自身的安全，例如扫描结果的数据加密、基于用户的权限和访问控制、基于证书的用户认证、基于 IP 地址和时间限制等。

⑦ 从安全扫描程序发展为安全评估系统。

目前，一些成熟的扫描系统能够将网络中单个主机的扫描结果整理成报表，并对相应的脆弱性采取一些措施，但是对整个网络系统的安全状况缺乏一个评估，对整个网络安全没有一个系统的解决方案。扫描系统的发展不仅能够扫描出脆弱性，而且可以帮助网络安全管理员智能化地评估网络的安全状况，并给出安全建议。扫描系统将发展为一个安全评估专家系统。

⑧ 整合全面的安全解决方案。

网络安全需要多种安全产品来实现，光靠安全扫描系统很难保证网络安全。所以设计安全扫描系统必须考虑与防火墙、入侵检测等结合起来，从而形成全面的安全解决方案。

### 7.3.3 常见的网络攻防方法

**1. TCP SYN 拒绝服务攻击**

一般情况下，一个 TCP 连接的建立需要经过三次握手的过程，内容如下。

(1) 建立发起者向目标计算机发送一个 TCP SYN 报文。

(2) 目标计算机收到这个报文后，在内存中创建 TCP 连接控制块（TCB），然后向发起者回送一个 TCP ACK 报文，等待发起者的回应。

(3) 发起者收到 TCP ACK 报文后，再回应一个 ACK 报文，这样 TCP 连接就建立起来了。

利用这个过程，一些恶意的攻击者可以进行所谓的 TCP SYN 拒绝服务攻击，内容如下。

(1) 攻击者向目标计算机发送一个 TCP SYN 报文。

(2) 目标计算机收到这个报文后，在内存中建立 TCP 连接控制块（TCB），并回送一个 TCP ACK，等待发起者的回应。

(3) 而发起者则不向目标计算机回应 ACK 报文，导致目标计算机一致处于等待状态。

可以看出,目标计算机如果接收到大量的 TCP SYN 报文,而没有收到发起者的第三次 ACK 回应,会一直等待。而目标计算机在没有接收到回应之前,是不会主动放弃连接的,它会继续在缓冲区中保持相应连接信息。当达到一定数量的等待连接后,缓冲区内存资源耗尽,从而目标计算机开始拒绝接收任何其他的包括正常应用的连接请求。

**2. ICMP 洪水攻击**

正常情况下,为了对网络进行诊断,一些诊断程序,比如 PING 等,会发出 ICMP 响应、请求报文(ICMP ECHO),接收计算机接收到 ICMP ECHO 后,会回应一个 ICMP ECHO Reply 报文。而这个过程是需要 CPU 处理的,有的情况下还可能消耗大量资源,比如处理分片。如果攻击者向目标计算机发送大量的 ICMP ECHO 报文(产生 ICMP 洪水),则目标计算机会忙于处理这些报文,无法继续处理其他网络数据报文,这也是一种拒绝服务攻击(DOS)。

**3. UDP 洪水攻击**

原理与 ICMP 洪水类似,攻击者发送大量 UDP 报文给目标计算机,导致目标计算机忙于处理这些报文,而无法继续处理正常报文。

**4. 端口扫描攻击**

根据 TCP 协议规范,一台计算机收到一个 TCP 连接,建立请求报文(TCP SYN)时,做如下处理。

(1) 如果请求的 TCP 端口是开放的,则回应一个 TCP ACK 报文,并建立 TCP 连接控制结构(TCB);

(2) 如果请求的 TCP 端口没有开放,则回应一个 TCP RST(TCP 头部中的 RST 标志设为 1)报文,告诉发起计算机,该端口没有开放。

相应地,如果 IP 协议栈收到一个 UDP 报文,做如下处理。

(1) 如果该报文的目标端口开放,则把该 UDP 报文送上层协议(UDP)处理,不回应任何报文(上层协议根据处理结果回应的报文例外);

(2) 如果该报文的目标端口没有开放,则向发起者回应一个 ICMP 不可达报文,告诉发起计算机,该 UDP 报文的端口不可达。

利用这个原理,攻击计算机便可以发送合适的报文,判断目标计算机的哪些 TCP 或 UDP 端口是开放的,过程如下。

(1) 发出端口号为从 0 开始依次递增的 TCP SYN 或 UDP 报文(端口号是一个 16 比特的数字,这样最大为 65 535,数量很有限);

(2) 如果收到了针对这个 TCP 报文的 RST 报文,或针对这个 UDP 报文的 ICMP 不可达报文,则说明这个端口没有开放;

(3) 相反,如果收到了针对这个 TCP SYN 报文的 ACK 报文,或者没有接收到任何针对该 UDP 报文的 ICMP 报文,则说明该 TCP 端口是开放的,UDP 端口可能开放(因为有的实现中可能不回应 ICMP 不可达报文,即使该 UDP 端口没有开放)。

这样继续下去,很容易判断出目标计算机开放了哪些 TCP 或 UDP 端口,然后针对具体的端口进行攻击,这就是所谓的端口扫描攻击。

**5. 分片 IP 报文攻击**

为了传送一个大的 IP 报文,IP 协议栈需要根据链路接口的 MTU,对该 IP 报文进行分片,通过填充适当的 IP 头中的分片指示字段,接收计算机可以很容易地把这些 IP 分片报文组装起来。

目标计算机在处理这些分片报文时,会把先到的分片报文缓存起来,然后一直等待后续的分片报文,这会消耗掉一部分内存以及一些 IP 协议栈的数据结构。如果攻击者只给目标计算机发送一片分片报文,而不发送所有的分片报文,攻击计算机便会一直等待(直到一个内部计时器到时)。如果攻击者发送了大量的分片报文,就会消耗掉目标计算机的资源,导致不能响应正常的 IP 报文,这也是一种 DOS 攻击。

**6. SYN 比特和 FIN 比特同时设置**

在 TCP 报文的报头中,有如下几个标志字段。

(1) SYN:连接建立标志,TCP SYN 报文就是把这个标志设置为 1,来请求建立连接;

(2) ACK:回应标志,在一个 TCP 连接中,除了第一个报文(TCP SYN)外,所有报文都设置该字段,作为对上一个报文的响应;

(3) FIN:结束标志,当一台计算机接收到一个设置了 FIN 标志的 TCP 报文后,会拆除这个 TCP 连接;

(4) RST:复位标志,当 IP 协议栈接收到一个目标端口不存在的 TCP 报文时,会回应一个 RST 标志设置的报文;

(5) PSH:通知协议栈,尽快把 TCP 数据提交给上层程序处理。

正常情况下,SYN 标志(连接请求标志)和 FIN 标志(连接拆除标志)不能同时出现在一个 TCP 报文中,而且 RFC 也没有规定 IP 协议栈如何处理这样的畸形报文。因此各个操作系统的协议栈收到这样报文后的处理方式也不同。攻击者可以利用这个特征,通过发送 SYN 和 FIN 同时设置的报文来判断操作系统的类型,然后针对该操作系统进行进一步的攻击。

**7. 没有设置任何标志的 TCP 报文攻击**

正常情况下,任何 TCP 报文都会至少设置 SYN、FIN、ACK、RST、PSH 五个标志中的一个,第一个 TCP 报文(TCP 连接请求报文)设置 SYN 标志,后续报文都设置 ACK 标志。有的协议栈基于这样的假设,没有针对不设置任何标志的 TCP 报文的处理过程,因此,如果这样的协议栈收到没有任何标志的 TCP 报文,可能会崩溃。攻击者可以利用这个特点,对目标计算机进行攻击。

**8. 设置了 FIN 却没有设置 ACK 标志的 TCP 报文攻击**

正常情况下，ACK 标志除了第一个报文（SYN 报文）外，所有的报文都设置，包括 TCP 连接拆除报文（FIN 标志设置的报文）。但有的攻击者却可能向目标计算机发送设置了 FIN 标志却没有设置 ACK 标志的 TCP 报文，这可能导致目标计算机崩溃。

**9. 死亡之 PING**

TCP/IP 规范要求 IP 报文的长度在一定范围内（如 0～64K），但有的攻击计算机可能向目标计算机发出大于 64K 长度的 PING 报文，导致目标计算机 IP 协议栈崩溃。

### 7.3.4 网络安全日志分析

防火墙日志属于设备日志的一种，它记录通过防火墙的数据包或会话通信的详细数据，是防火墙的重要组成部分之一，也是研究的出发点。目前通用的设备日志格式有 3 种：Syslog、Taffic log 和 WELF。

**1. 防火墙常见日志分析**

防火墙日志的每条记录一般分为 3 行。

第 1 行反映数据包的发送、接受时间、发送者 IP 地址、对方通信端口、数据包类型、本机通信端口等情况；第 2 行为 TCP 数据包的标志位，共有 6 位标志位，分别是 URG、ACK、PSH、RST、SYN、FIN，在日志上显示时只标出第 1 个字母；第 3 行是对数据包的处理方法，对于不符合规则的数据包，会拦截或拒绝，对符合规则的但被设为监视的数据包，会显示为"继续下一规则"。

（1）最常见的报警，尝试用 PING 来探测本机

如果在防火墙规则里设置了"防止别人用 PING 命令探测主机"，计算机就不会返回给对方这种 ICMP 包，这样别人就无法用 PING 命令探测你的电脑。如果显示有多个来自同一 IP 地址的记录，很有可能是别人用黑客工具探测你的主机信息。

（2）对于 Windows XP 系统常见的报警

报警日志如下。

> [18:58:37] 10.186.210.96 试图连接本机的 Blazer 5[5000]端口，
> TCP 标志：S，
> 该操作被拒绝。

日志中，Blazer 5[5000]端口是 Windows XP 的服务器端口，Windows XP 默认启动的 UPNP 服务，没有病毒木马也是打开的，报警一般多属于这种情况。但一些木马也开放此端口，如木马 Blazer5 开放 5000 端口，木马 Sockets de roie 开放 5000、5001、5321 端口等。常见木马的默认端口有木马冰河[7626]、广外女生木马[6267]、风雪木马

[5328]。

(3) 对于 QQ 聊天服务器的报警

报警日志如下。

```
[19:55:55] 接收到 218.17.95.163 的 UDP 数据包,
本机端口:1214,对方端口:OICQ Server[8000]
该包被拦截。
[19:55:56] 接收到 202.103.129.254 的 UDP 数据包,
本机端口:4001,对方端口:OICQ Server[8000]
该包被拦截。
```

日志中出现的 8000 端口为腾讯 QQ 服务器端的 8000 端口。一般是 QQ 服务器的问题,因为接收不到本地的客户响应包,而请求不断连接,还有一种可能就是主机通过 QQ 服务器转发消息,但服务器发给对方的请求没到达。

(4) 局域网常见的 135、139、445 共享端口

135 端口是用来提供 RPC 通信服务的,445 和 139 端口一样,是用来提供文件和打印机共享服务的。

```
[20:01:36] 218.8.124.230 试图连接本机的 NetBios-SSN[139]端口,
TCP 标志:S,
该操作被拒绝。
[16:47:24] 60.31.133.146 试图连接本机的 135 端口,
TCP 标志:S,
该操作被拒绝。
[16:47:35] 60.31.135.195 试图连接本机的 CIFS[445]端口,
TCP 标志:S,
该操作被拒绝。
```

上面的日志内容可能存在如下 5 种情况。

第 1 种情况为局域网的机器共享和传输文件(139 端口)。

第 2 种情况为连接 135 和 445 端口的机器本身被动地发数据包,出现异常情况的可能性较大。

第 3 种情况为网络中有人扫描 IP 段。

第 4 种情况为连接 135 端口的是冲击波(Worm.Blaster)病毒,尝试用 PING 来探测本机。这种 135 端口的探测一般是局域网传播,现象为同一个 IP 不断连接本机 135 端口,蠕虫不断扫描同一 IP 段。

第 5 种情况为某一 IP 连续多次连接本机的 NetBios-SSN[139]端口,表现为时间间隔短,连接频繁。防火墙日志中所列计算机此时感染了"尼姆达病毒"。

(5) 高端端口报警

报警日志如下。

> [7:49:36] 接收到 64.74.133.9 的 UDP 数据包,
> 本机端口:33438,对方端口:10903
> 该包被拦截。

这种情况一般是游戏开放的服务端口,一般范围在 27910~27961,因此来自这一端口范围的 UDP 包或发送到这一端口范围的 UDP 包通常是游戏。比如启动 CS 后创建了两个端口 44405 和 55557。

> [18:34:16] 接收到 210.29.14.86 的 UDP 数据包,
> 本机端口:6884 ,对方端口:6881
> 该包被拦截。

这是 BT 服务端口(6881~6889),每个 BT 线程占用 1 个端口,一般只能开 9 个,如果防火墙过滤了这些端口,防火墙将产生报警。

(6) 常见攻击之 IGMP 数据包

> [23:11:48] 接收到 210.29.14.130 的 IGMP 数据包
> 该包被拦截
> [23:11:48] 接收到 210.29.14.130 的 IGMP 数据包
> 该包被拦截

这是日志中最常见的,也是最普遍的攻击形式。IGMP(Internet Group Management Protocol)是用于组播的一种协议,但由于 Windows 中存在 IGMP 漏洞,当向安装有 Windows 9X 操作系统的机器发送长度和数量较大的 IGMP 数据包时,会导致系统 TCP/IP 栈崩溃,系统直接蓝屏或死机,这就是所谓的 IGMP 攻击。一般防火墙规则里已经设定了该规则,只要选中即可。

(7) 入侵高危日志(值得注意)

> [11:13:55] 219.130.135.151 试图连接本机的 3389 端口,
> TCP 标志:S,
> 该操作被拒绝。

这种日志应引起高度重视,3389 是 Windows 系统中终端服务端口,常被利用来做入侵。类似的高危端口还有 1433、23、4899 等端口。

**2. Windows 防火墙日志分析示例**

在 Windows 防火墙日志设置中,一般为降低存储开销,设置为只记录被丢弃的数据包,如图 7-6 所示。

打开防火墙日志,会看到如下内容。

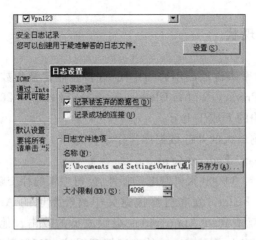

图 7-6　Windows 防火墙日志设置

```
＃Version：1.5
＃Software：Microsoft Windows Firewall
＃Time Format：Local
＃Fields：date time action protocol src-ip dst-ip src-port dst-
port size tcpflags tcpsyn tcpack tcpwin icmptype icmpcode info path

2011-05-
14 14：45：44 DROP TCP 121.14.11.62 192.168.1.100 80 35106 40 A 3456172238 1370391300 27
- - - RECEIVE
2011-05-
14 14：45：52 DROP TCP 219.133.60.173 192.168.1.100 443 65124 169 AP 2086682883
794527494 24480 - - - RECEIVE
```

DROP 就是丢弃数据包标识，TCP 以 TCP 方式连接。在 121.14.11.62 192.168.1.100 80 中，121.14.11.62 是连接者 IP，192.168.1.100 是本机 IP，80 是端口；35106 40 A 3456172238 1370391300 27 是对方端口，RECEIVE 指入站包，如果是 SEND，则为发出包。

通过分析系统中的防火墙日志，审计人员可以找出网络中的潜在威胁，比如哪些 IP 尝试连接终端端口，是否已经成功提取了服务器的密码，是否已通过终端进入服务器。

## 7.4　数据库安全审计

数据库安全提供保密性、完整性、可用性、可控性和可追究性 5 个方面的保障服务。这 5 方面的服务与本地计算环境、应用区域边界、网络与基础设施和支持性基础设施的安全服务相互作用、相互配合，最终为数据库信息提供安全保障。数据库安全审计是通过对数据库服务器的各类操作行为的记录数据进行分析，实现对目标数据库系统中的用户操作进行监控和审计。

### 7.4.1 数据库安全现状

当今是重大数据泄密事件层出不穷的年代,许多企业曾遭到数据库泄密事件的重创。隐私权信息交流中心(Privacy Rights Clearinghouse)声称,单单 2011 年上半年就发生了 234 起泄密事件,受影响的人成千上万。

2011 年上半年影响最大的几起数据库泄密事件如下。

(1) 受害者:HBGary Federal 公司

失窃/受影响的资产:60 000 封机密电子邮件、公司主管的社交媒体账户和客户信息。

安全公司 HBGary Federal 宣布打算披露关于离经叛道的 Anonymous 黑客组织的信息后不久,这家公司就遭到了 Anonymous 组织成员的攻击。他们通过一个不堪一击的前端 Web 应用程序,攻入了 HBGary 的内容管理系统(CMS)数据库,窃取了大量登录信息。之后,他们利用这些登录信息,闯入了这家公司多位主管的电子邮件、Twitter 和 LinkedIn 账户。还完全通过 HBGary Federal 的安全漏洞进入 HBGary 的电子邮件目录,随后公开抛售邮件信息。

这次攻击事件再一次证明,SQL 注入攻击仍是黑客潜入数据库系统的首要手段;Anonymous 成员最初正是采用了这种方法,得以闯入 HBGary Federal 的系统。如果存储在受影响的数据库里的登录信息使用比 MD5 更强大的方法生成散列,这起攻击的后果恐怕也不至于这么严重。不过更令人窘迫的是这个事实:公司主管们使用的密码很简单,登录信息被多人使用。

(2) 受害者:RSA 公司

失窃/受影响的资产:关于 RSA 的 SecurID 认证令牌的专有信息。

RSA 的一名员工从垃圾邮箱文件夹收取了一封渔叉式网络钓鱼的电子邮件,随后打开了里面一个受感染的附件。结果,这起泄密事件背后的黑客潜入到了 RSA 网络内部很深的地方,找到了含有与 RSA 的 SecurID 认证令牌有关的敏感信息的数据库。虽然 RSA 从来没有证实到底丢失了什么信息,但是随后又传出消息,称一家使用 SecurID 的美国国防承包商遭到了黑客攻击,这证实了这个传闻:RSA 攻击者已获得了至关重要的 SecurID 种子(SecurID seed)。

对于黑客们来说,没有哪个目标是神圣不可侵犯的,连 RSA 这家世界领先的安全公司也不例外。RSA 泄密事件表明了对员工进行安全培训有多么重要,如果缺乏安全意识的内部员工为黑客完全敞开了大门,那些号称最安全的网络和数据库照样能够被长驱直入。安全专家们还认为,这起泄密事件表明业界想获得行之有效的实时监控,来防止此类的深层攻击行为,仍然任重而道远。

(3) 受害者:Epsilon

失窃的资产:这家公司 2 500 名企业客户中 2%的电子邮件数据库。

营销公司 Epsilon 从来没有证实它所存储的大量消费者联系人信息当中到底有多少电子邮件地址被偷,这些联系人信息被 Epsilon 用来代表 JP 摩根大通、杂货零售商克罗格(Kroger)和 TiVo 这些大客户发送邮件。但是,从这家公司的多个客户透露出来的泄密事件通知表明,这起泄密事件肯定影响了数以百万计的客户,使得他们在将来面临网络钓鱼和垃圾邮件攻击的风险更大。

Epsilon 没有证实这起攻击的技术细节,但是许多人指明,针对电子邮件营销行业策划的狡猾的渔叉式网络钓鱼攻击活动可能是造成这次攻击的一个根源。该事件又再次强调了对普通员工进行安全意识教育的重要性。不过,对于企业来说,可能更重要的教训是:企业在业务外包时,也要对承包商监控的数据承担风险和责任。由于 Epsilon 的合作伙伴引起的这起泄密事件,仍需 Epsilon 的每个客户自行承担问题披露和相关善后的成本。

(4) 受害者:索尼

失窃的资产:超过 1 亿个客户账户的详细资料和 1 200 万个没有加密的信用卡号码。

攻击者得以闯入 3 个不同的数据库——这些数据库含有敏感的客户信息,包括姓名、出生日期以及一部分索尼拥有的信用卡号码,这影响了 PlayStation 网络(PSN)、Qriocity 音乐视频服务以及索尼在线娱乐公司的广大客户。到目前为止,索尼旗下大约 9 个服务网站因最初的泄密事件而被黑客攻破。

据备受尊崇的安全专家、普度大学的 Gene Spafford 博士声称,索尼在使用一台过时的,既没有打上补丁,又没有装防火墙的 Apache 服务器,而早在发生泄密事件的几个月前,索尼就被告知了服务器的脆弱性。

不重视安全的企业文化会让企业蒙受惨重损失。到目前为止,索尼已花掉了数亿美元,用于泄密事件之后的客户挽救、法律诉讼和技术改进,该企业无形资产的损失则难以估量。

(5) 受害者:得克萨斯州审计办公室

失窃的资产:350 万人的姓名、社会安全号码和邮寄地址,还有一些人的出生日期和驾驶执照号码。

由于得克萨斯州审计办公室数据库服务器没有加密,导致该州 3 个政府机构数据库中的敏感信息被泄密了长达一年时间。这 3 个政府机构分别是得克萨斯州教师退休中心、劳动力委员会和雇员退休系统。几个违反部门工作程序、把数据发布到网上的员工已在这起泄密事件披露后被开除。

如果没有技术性的控制和监管方案来落实内控制度,那么再强大的防护设备也难以避免数据库信息的人为泄密。得克萨斯州因这起泄密事件而面临两起集体诉讼,其中一起要求对该州数百万受影响的人每人赔偿 1 000 美元的法定处罚,这笔费用无疑如同天文数字。

## 7.4.2 数据访问安全性

数据库中的角色是一组系统权限的集合。Oracle 预定义的角色:CONNECT(允许用户登录数据库并执行数据查询和操作)、RESOURCE(允许用户建表同时拥有对该表的任何权限)、DBA(允许用户执行授权、建表、操作)。

基于角色访问控制方法的思想就是把对用户的授权分成两部分,用角色来充当用户行驶权限的中介。这样只对角色进行权限设置便可实现对所有用户的权限设置,大大减少了管理员的工作量,用户与角色之间、角色与权限之间就形成了两个多对多的关系。可以使用角色来管理对用户有效的命令,这些命令对数据库对象的操作都是由各自的权限授权的。配置角色时,应该只向用户授予它们在数据库中所需的最小权限,而不是过多的特权,图 7-7 所示为 SQL Server 中设置角色分配。

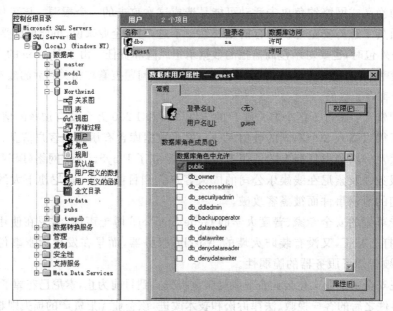

图 7-7　在 SQL Server 中设置角色分配

SQL Server 为例的数据访问流程图如图 7-8 所示。

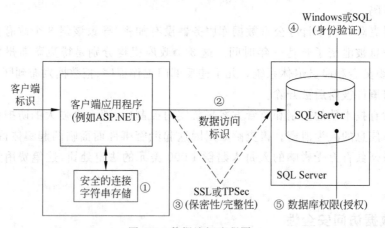

图 7-8　数据访问流程图

　　图 7-8 中的①是指数据库连接字符串的安全存储。如果应用程序使用 SQL 身份验证连接到 SQL Server,或者连接到需要显式登录凭据的非 Microsoft 数据库,那么连接字符串存在包含明文形式用户名和密码的风险。②中的"数据访问标识"使用正确的标识来访问数据库。通过正确的服务器标识、数据库名标识以及调用者身份的标识,可以执行数据访问。③是保护通过网络传递的数据的安全。保护登录信息以及传入和传出 SQL Server 的机密数据。在大多数应用程序方案中,需要保护应用程序服务器和数据库之间

的通信链接安全,确保以下两点。
- 消息保密性。必须对数据进行加密,确保其保持私密。
- 消息完整性。必须为数据签名,确保其不被篡改。

④是对数据库调用方进行身份验证。SQL Server 支持 Windows 身份验证和 SQL 身份验证。注意密码策略的设置:登录次数、口令更改周期及复杂度等。SQL Server 可结合 Windows Server 的身份验证,提供对密码复杂性、密码过期、账户锁定等组策略的支持。⑤是指向数据库调用方授权。用户权限可以与单独的数据库对象关联,也可以与数据库用户关联,遵循给用户赋予最小权限的原则。用户角色需要通过数据库中自定义的角色数据进行验证。要注意用户标识及密码的加密保护,也要保证有完善的权限维护功能,保证数据库用户的最小授权及过期应用系统账号的停用。

## 7.4.3 数据备份与恢复

对于一个应用系统来说,数据的安全性和可靠性是至关重要的。尽管数据库管理系统中采取了各种保护措施保护数据库的安全性和完整性,但是由于计算机系统中的硬件故障、软件错误、操作失误、病毒攻击、黑客袭击等,数据库遭受到破坏仍然是不可避免的。所以,对数据库进行备份和恢复非常重要,以使数据损失量降到最少。

Oracle 服务器体系结构如图 7-9 所示,服务器由下列两个实体组成:实例(Instance)和数据库(Database)。这两个实体是独立的,在数据库创建过程中,实例首先被创建,然后才创建数据库。实例由存储结构和进程组成,并且只短暂存在于 RAM 和 CPU 中。数据库由磁盘上的物理文件组成。因此,实例的生存期是其在内存中的存在时间,用户可以启动和停止实例。与之形成对比的是,如果不有意删除组成数据库的文件,那么数据库一旦被创建,就可以永久存在。一个 Oracle 实例由一块被称为系统全局区(System Global Area,SGA)的共享内存以及若干进程组成。SGA 至少包含共享池(Shared Pool)、数据库高速缓存区(Database Buffer Cache)以及日志缓冲区(Log Buffer)这 3 种数据结构,此外还可能包含大池、Java 池及流池。在数据库系统中,实例失败、数据文件介质错误、用户操作数据错误这几种情况下常进行数据恢复操作。

Oracle 数据库备份主要有逻辑备份和物理备份两种方式。

1) 逻辑备份

按数据库中某个表、某个用户或整个数据库来导出,并且支持完全型、积累型、增量型 3 种方式。使用这种方法,数据库必须处于打开状态,而且如果数据库不是在 Restrict 状态,将不能保证导出数据的一致性。

Oracle 导入/导出实用工具主要是用来对数据库进行逻辑备份,利用导出工具导出数据库的转储二进制文件,利用导入工具从备份文件中读取对象定义及表数据,达到备份和恢复的目的。

其优点是能够针对对象进行备份,能够跨平台实施备份操作并迁移数据。对小型数据库进行备份,导出工具是一个非常方便的备份方法,但是对大型数据库来说,就不方便了,它不提供时间点恢复的支持,而且不能和归档重做日志文件一起使用,不能利用重做

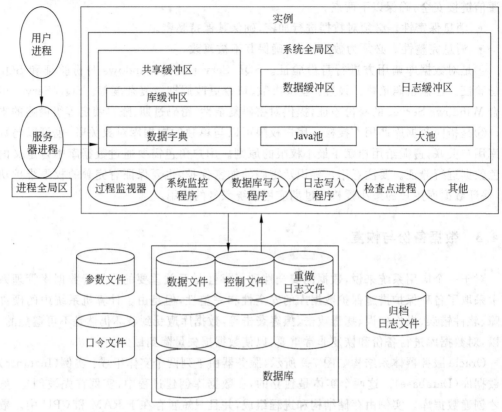

图 7-9 Oracle 服务器体系结构

日志文件前滚。对于大型数据库,如果导出时间过长,则影响数据库运行的性能和导出的一致性。对于表的导出,它将在开始导出时给出表的一致性只读视图。导出过程中对表的任何改动,都不会加入导出文件。

2) 物理备份

物理备份是将实际组成数据库的操作系统文件从一处复制到另一处的备份过程,通常是从磁盘到磁带。根据在物理备份时数据库的状态,可以将备份分为冷备份和热备份。

(1) 冷备份(物理备份,一致性)

冷备份发生在数据库已经正常关闭的情况下,正常关闭时,数据库会提供一个完整的数据库,此时所有的数据库文件处于完全一致的状态。冷备份是将关键性文件复制到另外一个位置,对于备份 Oracle 数据库而言,冷备份是最快和最安全的方法。

冷备份的优点是:①是非常快速的备份方法(只需复制文件)。②容易归档(简单复制即可)。③容易从某个时间点上恢复(只需将文件再复制回去)。④低度维护,高度安全。但冷备份也有不足:①单独使用时,只能提供从"某一时间点上"的恢复。②在实施备份的全过程中,数据库必须要做备份而不能做其他工作。也就是说,在冷备份过程中,数据库必须是关闭状态。③若磁盘空间有限,只能复制到磁带等其他外部存储设备上,速度会很慢。④不能按表或按用户恢复。

冷备份中必须复制的文件包括所有数据文件、所有控制文件、所有联机重做日志文件、初始化参数文件。

(2) 热备份(物理备份,不一致性)

热备份是在数据库运行于 ARCHIVELOG 模式,在数据库打开的情况下做的数据的物理备份。数据库可以利用热备份的备份文件与归档日志做完全或不完全的恢复,理论上可以恢复到任一时间点。

热备份的优点是:①可在表空间或数据文件级备份,备份时间短。②备份时数据库仍可使用。③可达到秒级恢复(恢复到某一时间点上)。④可对几乎所有数据库实体作恢复。恢复是快速的,在大多数情况下,在数据库工作时仍可恢复。热备份的不足是:①不能出错,否则将丢失数据。②若备份不成功,所得结果不能用于时间点的恢复。③因难于维护,所以要特别仔细小心,不允许"以失败而告终"。

建立一个完整的备份策略时,需要考虑很多因素,包括:①备份周期(根据数据的重要程序,可以选择每周、每日、每时进行备份)。②使用静态备份还是动态备份(动态备份也即允许数据库运行时进行备份,主要考虑数据恢复时允许的丢失程度)。③仅使用全备份还是共同使用全备份和增量备份。④备份文件命名规则,使用什么介质(磁带还是磁盘),备份文件的转移。⑤使用人工备份还是设计好的自动备份程序。⑥检验备份完整性的周期。⑦备份存储的空间是否防窃、防磁干扰、防火。⑧在负责备份和恢复的主要人员缺席的情况下,是否有其他人能代替他们。

在实际中,为了最大限度地减少数据库恢复时间,降低数据损失数量,常综合考虑以下 3 点来备份方案:①有规律地进行数据库备份,比如每晚进行备份。②以较小的时间间隔进行增量备份,比如 3 或 4 个小时。③在相邻的两次增量备份之间备份事务日志,可以每 20 或 30 分钟一次。进行恢复时,可先恢复最近一次的数据库备份,接着进行增量备份恢复,最后进行事务日志备份的恢复。

根据出现故障的原因,恢复分为两种类型:(1)实例恢复:这种恢复是 Oracle 实例出现失败后,Oracle 自动进行的恢复。(2)介质恢复:这种恢复是当存放数据库的介质出现故障时所做的恢复。恢复物理备份是介质恢复的手段。

根据数据库的恢复程度,恢复方法分为两种类型:(1)完全恢复:将数据库恢复到数据库失败时数据库的状态。这种恢复是通过装载数据库备份和并应用全部的重做日志来实现的。(2)不完全恢复:将数据库恢复到数据库失败前的某一时刻数据库的状态。这种恢复是通过装载数据库备份并应用部分的重做日志做到的。

### 7.4.4 数据库安全审计

**1. Oracle 数据库的安全审计功能**

审计功能是 Oracle 数据库的组成部分,它能够选择并记录与数据安全有关的活动信息,进一步提高系统数据的可信度。以 Oracle 的系统级审计为例,有 3 种不同的操作类型可以被审计:登录企图、对象访问和数据库操作。执行审计时,数据库记录下成功和不成功的命令;可以在设置审计类型时对其进行修改。

(1) 登录审计

每个连接数据库的企图都可被审计。开始审计登录企图的命令为 Audit session;禁止登录审计的命令为 noaudit session;若只是审计成功或失败的连接企图,可使用下列命令。

```
Audit session whenever successful
Audit session whenever not successful
```

(2) 操作审计

影响数据库对象(如一个表、数据库链接、表空间、同义词、回滚段、用户或索引)的任何操作都可被审计。影响对象的可能操作包括 create、drop 等。例如对 scott 用户每次对表的选择、增、删、改操作都进行跟踪审查记录的命令如下。

```
audit select,insert,delete,update table by scott;
```

(3) 对象审计

对数据库对象的数据处理操作的审计。这些操作可能包括对表的选择、插入、更新和删除操作。

例如,以下第 1 个命令是对 EMPLOYEE 表的所有 insert 命令都进行审计,第二个命令是对影响 TIME_CARDS 表的每个命令都进行审计,第三个命令是对 DEPARTMENT 表的所有 delete 操作都进行审计。

```
audit insert on THUEPER.EMPOYEE;
audit all on THUMPER.TIME_CARDS;
audit delete on THUMPER.DEPARTMENT by session;
```

由于数据库的审计跟踪表 SYS.AUD$ 存储在数据库中,所以任何写入这里的审计记录都必须得到保护,即保护审计跟踪表,否则用户就可能通过非法操作来删除审计跟踪表中的记录。保护主要通过权限控制来实施。如执行下面的命令,将保护 SYS.AUD$ 表。

```
audit all on SYS.AUD$ by access;
```

**2. Oracle 数据库的安全审计类型**

以 Oracle 数据库为例,审计总体上可分为"标准审计"和"细粒度审计",后者也称为"基于政策的审计"。在 Oracle10G 之后,功能得到很大增强。其中标准审计可分为用户级审计和系统级审计。用户级审计是任何 Oracle 用户可设置的审计,主要是用户针对自己创建的数据库表或视图进行审计,记录所有用户对这些表或视图的一切成功和(或)不成功的访问要求以及各种类型的 SQL 操作。系统级审计只能由 DBA 设置,用以监测成功或失败的登录要求、监测 GRANT 和 REVOKE 操作以及其他数据库级权限下的操作。

审计(Audit)用于监视用户所执行的数据库操作,并且 Oracle 会将审计跟踪结果存放到 OS 文件(默认位置为 $ORACLE_BASE/admin/$ORACLE_SID/adump/)或数据库(存储在 system 表空间中的 SYS.AUD$ 表中,可通过视图 dba_audit_trail 查看)中。默认情况下,审计是没有开启的。

Oracle 分别支持以下 3 种标准审计类型:
①语句审计,对某种类型的 SQL 语句审计,不指定结构或对象。②特权审计,对执行相应动作的系统特权的使用审计。③对象审计,对一特殊模式对象上的指定语句的审计。

这 3 种标准审计类型分别对如下 3 方面进行审计:①审计语句的成功执行、不成功执行,或者两者都有。②对每一用户会话审计语句执行一次或对语句每次执行审计一次。③对全部用户或指定用户的活动的审计。

当数据库的审计功能打开后,在语句执行阶段产生审计记录。审计记录包含审计的操作、用户执行的操作、操作的日期和时间等信息。审计记录可存在于数据字典表(称为审计记录)或操作系统审计记录中。数据库审计记录是在 SYS 模式的 AUD＄表中。

**3. Oracle 数据库的安全审计工具**

LogMiner 是 Oracle 数据库提供的一个工具,它用于分析重做日志和归档日志所记载的事务操作。LogMiner 提供了一些关键特征,能帮助确定数据库的逻辑损坏时间和事务级要执行的精细逻辑恢复操作。其中一个最重要的用途就是不用全部恢复数据库就可以恢复数据库的某个变化。该工具特别适用于调试、审计或回退某个特定的事务。LogMiner 工具既可以分析在线日志文件,也可以分析离线日志文件;既可以分析自身数据库的重做日志文件,也可以分析其他数据库的重做日志文件。

LogMiner 的基本对象为源数据库、分析数据库和 LogMiner 字典。其中源数据库包含了要分析的重做日志和归档日志的产品数据库;分析数据库是执行 LogMiner 操作所要使用的数据库;LogMiner 字典用于将内部对象 ID 号和数据类型转换为对象名和外部数据格式。

LogMiner 运行配置要求:分析数据库和源数据库必须运行在相同的硬件平台上;分析数据库可以是独立数据库,或者与源数据库在同一个数据库中;它的版本不能低于源数据库的版本;它与源数据库必须具有相同的字符集。LogMiner 字典必须在源数据库中生成,当分析多个重做日志或归档日志时,它们必须是同一个源数据库的重做日志或归档日志。

重做日志用于实现例程恢复和介质恢复,这些操作所需要的数据被自动记录在重做日志中。但是,重做应用可能还需要记载其他列信息到重做日志中,记录其他列的日志过程被称为补充日志。默认情况下,Oracle 数据库没有提供任何补充日志,导致 LogMiner 无法支持以下特征:索引簇、链行和迁移行;直接路径插入;摘取 LogMiner 字典到重做日志;跟踪 DDL;生成键列的 SQL_REDO 和 SQL_UNDO 信息;LONG 和 LOB 数据类型。

LogMiner 字典用于将对象 ID 号和数据类型转变为对象名和外部数据格式。使用 LogMiner 字典有以下 3 种选项。

(1) 使用源数据库数据字典

```
SQL>execute dbms_logmnr.start_logmnr(options=>DBMS_LOGMNR.DICT_FROM_ONLINE_CATALOG);
```

注意,DBMS_LOGMNR.DICT_FROM_ONLINE_CATALOG 要求数据库必须处于 OPEN 状态,并且该选项只能用于跟踪 DML 操作,而不能跟踪 DDL 操作。

(2) 摘取 LogMiner 字典到重做日志

SQL>execute dbms_logmnr_d.build(option=>DBMS_LOGMNR_D.STORE_IN_REDO_LOGS);

DBMS_LOGMNR_D.STORE_IN_REDO_LOGS 表示摘取到重做日志文件。

当使用分析数据库分析重做日志或归档日志时,或被分析表的结构发生改变时,Oracle 建议使用该选项分析重做日志和归档日志。为了摘取 LogMiner 字典到重做日志,要求源数据库必须处于 ARCHIVELOG 模式,并且该数据库必须处于 OPEN 状态。

(3) 摘取 LogMiner 字典到字典文件

SQL>execute dbms_logmnr_d.build(option=>DBMS_LOGMNR_D.STORE_IN_FLAT_FILE);

DBMS_LOGMNR_D.STORE_IN_FLAT_FILE 表示摘取到字典文件。

字典文件用于存放对象 ID 号和对象名信息,该选项是为了与早期版本兼容而保留的。要注意的是,当使用字典文件分析重做日志时,如果要分析新建立的对象,必须重新建立字典文件。

**4. Oracle 数据库的安全审计**

审查数据用户标识与鉴别(账户、口令),数据库授权认证(存取控制),数据库日志配置,数据库服务安全等方面有无安全隐患与漏洞。

数据库安全审计的步骤如下。

(1) 根据《信息安全技术 数据库管理系统安全技术要求》(GB/T 20273—2006),建立 Oracle 数据库安全控制矩阵,如表 7-3 所示。

**表 7-3 Oracle 数据库安全控制矩阵**

| | | |
|---|---|---|
| Oracle 数据库 | 账号 | 限制具备数据库超级管理员(Sysdba)权限的用户远程登录 |
| | 口令 | 对于采用静态口令认证的数据库,口令长度至少 6 位,并包括数字、小写字母、大写字母和特殊符号 4 类中的至少 2 类 |
| | 口令 | 对于采用静态口令认证技术的数据库,账户口令的生存期不长于 90 天 |
| | 账号 | 在数据库权限配置能力内,根据用户的业务需要配置其所需的最小权限 |
| | 账号 | 使用数据库角色(Role)来管理对象的权限 |
| | 口令 | 更改数据库默认账号的密码 |
| | 账号 | 启用数据字典保护,只有 Sysdba 用户才能访问数据字典基础表 |
| | 数据库服务安全 | 为数据库监听器(Listener)的关闭和启动设置密码 |
| | 数据库服务安全 | 设置只有信任的 IP 地址才能通过监听器访问数据 |
| | …… | |

(2) 根据测试结果得出该事项的审计结论。如某单位的 Oracle 数据库的安全审计结论如下:①Oracle 默认账号密码未修改;②没有为数据库监听器(Listener)的关闭和启

动设置密码,未限制只有信任的 IP 地址才可通过监听器访问数据库;③程序允许未经授权的用户远程登录并进行其他操作,属严重的安全隐患;④超级用户远程登录未受限制。

## 7.5 案例:信息安全审计的基本测试

下面以某单位的信息安全审计为例,进一步说明信息安全审计的步骤和过程。

### 7.5.1 基础设施测试

测试的目的是从机房、电源、空调、安防等物理环境,广域网和局域网的网络安全以及操作系统、数据库系统等方面,对信息系统基础设施现状及能力进行测试,了解基础设施的运行管理状况,分析识别基础设施存在的问题。测试步骤如下。

(1)分析调查阶段所取得的系列调查表,查阅相关技术资料,明确测试重点。如获取该单位网络拓扑图,通过对拓扑图进行分析,检查网络拓扑结构是否满足业务需求。

(2)设计测试表,有针对性地对机房物理环境构造测试矩阵(如表 7-4 所示),网络安全测试用例(如表 7-5 所示),系统运行管理测试矩阵(如表 7-6 所示)展开测试,测试表格如表 7-4、表 7-5 和表 7-6 所示。

表 7-4 机房物理环境测试矩阵

| 序号 | 控制措施 | 控制目标 | | | | | |
|---|---|---|---|---|---|---|---|
| | | 防止火灾 | 防止水灾 | 防尘防潮恒温 | 防止电源变化 | 防止非法侵入 | 防止计算机病毒 |
| 1 | 计算机房或数据存放中心应远离加油站、储气站、蓄水池 | √ | √ | √ | | | |
| 2 | 制订了火灾应急计划 | √ | √ | √ | √ | √ | √ |
| 3 | 计算机房制定了防止火灾、水灾、防尘和防潮的规章制度 | √ | √ | √ | | | |
| 4 | 计算机房或数据存放的房间配备了干粉灭火器 | √ | | | | | |
| 5 | 计算机房或数据存放的房间设置了火灾警探测器水灾探测器 | √ | √ | | | | |
| 6 | 计算机房或数据存放的房间设置了火灾警报和水灾警报 | √ | √ | | | | |
| 7 | 定期对计算机房空气进行净化处理 | | | √ | | | |
| 8 | 计算机房具有防潮和恒温设备 | | | √ | | | |
| 9 | 计算机房配置了备用电源或独立的备份供电 | | | | √ | | |
| 10 | 计算机房配置了电源稳压装置 | | | | √ | | |

续表

| 序号 | 控制措施 | 控制目标 ||||||
|---|---|---|---|---|---|---|---|
| | | 防止火灾 | 防止水灾 | 防尘防潮恒温 | 防止电源变化 | 防止非法侵入 | 防止计算机病毒 |
| 11 | 计算机设备的电源与空调、照明和其他动力用电的电源相互独立 | | | | √ | | |
| 12 | 制定了人员出入机房的制度 | | | | | √ | |
| 13 | 机房和数据存放地设置了门禁系统和门卫 | | | | | √ | |
| 14 | 人员出入机房和数据存放地时使用门禁卡并进行登记 | | | | | √ | |
| 15 | 安装了闭路电视或成像系统、报警系统等监视装置 | | | | | √ | |
| 16 | 重要的设备使用了电磁屏蔽,防止重要数据通过电磁辐射泄露 | | | | | √ | |
| 17 | 重要的数据采用加密传输和加密保存 | | | | | √ | |
| 18 | 重要数据的备份由专人负责存放 | | | | | √ | |
| 19 | 生产机或存放重要数据的计算机设备不能直接与公网(如Internet)相连 | | | | | √ | √ |
| 20 | 明文规定禁止下载或使用来历不明的软件 | | | | | | √ |
| 21 | 在重要的机器上使用软盘或移动硬盘时,先用查毒软件查杀病毒,确认无病毒后才使用 | | | | | | √ |
| 22 | 使用外来的软件和数据之前,先查毒再使用 | | | | | | √ |
| 23 | 定期对信息系统中的计算机系统进行查毒或杀毒 | | | | | | √ |

表 7-5 网络安全部分测试用例

| 网络安全审计部分测试用例 |||||
|---|---|---|---|---|
| 类别 | 子类 | 要求内容 | 检测方法 || 是否合格 |
| | | | 检测操作步骤 | 判定条件 | |
| 防火墙 | 日志配置 | 配置防火墙规则,记录防火墙拒绝和丢弃报文的日志 | 查看是否配置了对防火墙拒绝和丢弃报文的日志记录 | 应已开启 | |
| 防火墙 | 日志配置 | 配置记录防火墙管理员操作日志,如管理员登录、修改管理员组操作、账号解锁等信息。配置防火墙,将相关的操作日志送往操作日志审计系统或其他相关的安全管控系统 | 1. 查看是否配置了记录防火墙管理员操作日志。<br>2. 查看是否配置,将相关的操作日志送往操作日志审计系统或其他相关的安全管控系统 | 1. 应已开启防火墙管理员操作日志记录功能,如管理员登录、修改管理员组操作、账号解锁等信息。<br>2. 如有操作日志审计系统或其他相关的安全管控系统,应配置发送相关的操作日志 | |

续表

网络安全审计部分测试用例

| 类别 | 子类 | 要求内容 | 检测方法 | | 是否合格 |
|---|---|---|---|---|---|
| | | | 检测操作步骤 | 判定条件 | |
| 防火墙 | 告警配置 | 配置告警功能,报告对防火墙本身的攻击或防火墙的系统内部错误 | 查看是否配置告警功能,报告对防火墙本身的攻击或者防火墙的系统内部错误 | 应已开启 | |
| 防火墙 | 告警配置 | 配置告警功能,报告网络流量中对TCP/IP协议网络层异常报文攻击的相关告警 | 查看设备是否启用报告网络流量中对TCP/IP协议网络层异常报文攻击的相关告警检测 | 应已开启 | |
| 防火墙 | 安全策略配置 | 防火墙在配置访问规则列表时,最后一条必须是拒绝一切流量 | 查看设备策略列表,检查最后一条是否为拒绝一切策略 | 在策略列表最后一项应为拒绝一切流量 | |
| 防火墙 | 安全策略配置 | 配置NAT地址转换,对互联网隐藏内网主机的实际地址 | 从外网使用NAT地址访问内网主机 | 在外网使用NAT地址能正常访问提供服务的内网主机 | |
| 防火墙 | 攻击防护配置 | 配置访问控制规则,拒绝对防火墙保护的系统中常见漏洞所对应端口或者服务的访问 | 检查设备策略设置,检查是否有对常见漏洞端口进行访问控制 | 常见漏洞端口应在策略设置上设置禁止访问 | |
| 防火墙 | 其他 | 对防火墙的管理地址作源地址限制 | 检查设备管理地址设置 | 应已设置 | |

表 7-6  系统运行管理测试矩阵

| 序号 | 控制措施 | 控制目标 | | |
|---|---|---|---|---|
| | | 确保系统正常运行 | 确保系统的文档、日志的安全和完整 | 确认系统的硬件和软件的兼容性和安全性 |
| 1 | 制定了信息系统的上机守则 | √ | | |
| 2 | 操作人员经过培训 | √ | | |
| 3 | 对不同的操作岗位,定期进行轮换 | √ | | |
| 4 | 任何外来的数据源(磁盘、光盘、网络等)必须经过批准才能输入信息系统 | √ | | |
| 5 | 定期发布病毒公告并安装相应的补丁程序 | √ | | |
| 6 | 定期检查信息系统的运行和性能,并向管理部门汇报 | √ | | |
| 7 | 配备有专门的系统维护技术人员 | √ | | |
| 8 | 每天记录系统的运行日志 | √ | √ | |
| 9 | 记录出现故障的情况和相应的维护日志 | | √ | |

续表

| 序号 | 控制措施 | 控制目标 | | |
|---|---|---|---|---|
| | | 确保系统正常运行 | 确保系统的文档、日志的安全和完整 | 确认系统的硬件和软件的兼容性和安全性 |
| 10 | 系统记录了操作人员的操作日志和各程序的运行日志 | | √ | |
| 11 | 信息系统具有以下重要文档：工作计划和日程安排、系统或软件的使用手册和操作指南、系统设计文档、数据库设计文档、软件的概要设计文档、软件的详细设计文档 | | √ | |
| 12 | 技术人员调离岗位时，应收回其拥有的技术文档 | | √ | |
| 13 | 业务人员调离岗位时，应收回其拥有的操作文档 | | √ | |
| 14 | 信息系统中重要的技术文档和业务文档由专人保管 | | √ | |
| 15 | 信息系统中重要的文档只有通过授权才能阅读 | | √ | |
| 16 | 对信息系统中重要的文档进行了备份 | | √ | |
| 17 | 购买硬件设备时应考虑新设备与原设备的兼容性 | | | √ |
| 18 | 记录硬件的升级或更新日志 | | | √ |
| 19 | 记录计算机软件的升级或更新日志 | | | √ |
| 20 | 信息系统中重要软件及其文档资料，应有专人保管 | | | √ |
| 21 | 对信息系统中重要的软件及其文档资料进行了备份 | | | √ |
| 22 | 信息系统中重要的软件，只有经过授权才能复制 | | | √ |

（3）访谈计算机中心技术人员，进一步了解机房设施配置及其性能、网络系统运转等情况，并现场检查机房设施，确认各项机房物理环境控制是否得到有效实施，重点关注是否配备了防火墙、入侵检测、安全审计、漏洞扫描等关键安全设备。

（4）根据测试结果得出初步结论：总的来说，目前基础设施状况良好，整体能力也相对成熟，控制制度较为完善；但多样化的平台给基础设施的整合带来了困难，部分系统的Web服务/应用服务组件产品版本低，甚至面临淘汰的风险。在企业规模成倍扩张的战略下，需要加强基础设施标准化和共享，提高资源利用率和运维效率。

### 7.5.2 数据资源控制测试

测试的目的是通过对数据资源的备份管理、异地容灾、备份数据的存储和使用等方面

进行测试,分析被审计单位数据管理控制措施的有效性,发现其中的问题。测试步骤如下:

(1) 设计数据资源管理测试矩阵如表 7-7 所示,对数据资源管理控制情况进行测试。

表 7-7 数据资源管理测试矩阵

| 序号 | 控制措施 | 控制目标 | |
| --- | --- | --- | --- |
| | | 数据安全性 | 数据完整性 |
| 1 | 定期备份重要的数据 | √ | |
| 2 | 在对数据资源进行重要的处理(入结账)之前,对数据进行备份 | √ | √ |
| 3 | 备份的数据异地存放 | √ | |
| 4 | 备份的数据由非技术人员专人保管 | √ | |
| 5 | 信息技术人员未经批准不能接触备份数据 | √ | √ |
| 6 | 数据库备份和恢复工作需要在有监督的情况下进行 | √ | √ |
| 7 | 系统的维护工作需要在有监督的情况下进行 | √ | √ |
| 8 | 由专人负责重要数据的备份和恢复工作 | √ | √ |
| 9 | 备份数据的存放和领用要有相应的记录 | √ | |
| 10 | 需要授权才能领取备份的数据 | √ | |
| 11 | 对备份或恢复工作日志进行了记录 | √ | |
| 12 | 明文规定了数据备份和恢复工作的规范步骤 | √ | √ |
| 13 | 备份数据的恢复工作需要得到批准 | √ | |
| 14 | 对系统的操作人员实施密码控制,防止无关人员使用系统 | √ | |
| 15 | 业务报告或报表要经过批准才能产生 | √ | |
| 16 | 对系统的操作人员实施权限控制,保证不同权限的人员只能操作权限规定的功能或只能访问权限规定的数据 | √ | √ |
| 17 | 对操作人员的管理建立日志,记录有关操作人员的增加、删除以及对操作人员的口令或权限的更改的详细情况 | √ | √ |
| 18 | 对操作人员的工作建立审计日志,记录进入系统工作的人员、时间、调用的功能模块、访问的数据、所作的操作等情况 | √ | √ |
| 19 | 操作人员未经批准不能擅自复制数据 | √ | |
| 20 | 对高度敏感的数据以加密的方式存储和传输 | √ | |
| 21 | 存放数据的房间能够防潮、恒温、防毒和防止强磁场干扰 | √ | |
| 22 | 定期检查并记录存放数据的介质是否存在故障 | √ | |

(2) 访谈数据库管理员,现场观察数据管理状况,进一步分析了解数据资源控制情况。

(3) 根据测试结果得出初步结论:该单位为加强数据资源管理,制定了较为可行的数据备份策略,构建了异地灾备中心,实现了每日同城实时备份和每月异地备份,并定期按规定进行数据灾难恢复演练。但通过测试也发现,该单位未制订周期性的审计计划,以保证数据与业务规则的一致性,缺少一个提高员工安全意识的数据安全教育计划,同时还存在未经授权人员接触备份数据的问题。

## 思考题

1. 信息安全审计技术的关键指标有哪些?
2. 利用 Nessus 和 MBSA 工具,对你的笔记本电脑进行主机安全评估,并制作评估报告。
3. 请将你个人计算机的防火墙日志导出,并结合防火墙规则进行分析。
4. 试根据所学,设计一个数据库安全审计方案。

## 参考文献

[1] Department of Defense Trusted Computer System Evaluation Criteria [EB/OL]. [2013-09-02]. http://csrc.nist.gov/publications/history/dod85.pdf.

[2] Information Technology Security Evaluation Criteria(ITSEC)[EB/OL]. [2013-09-02]. http://www.ssi.gouv.fr/site_documents/ITSEC/ITSEC-uk.pdf.

[3] Common Criteria for Information Technology Security Evaluation [EB/OL]. [2013-09-02]. http://www.commoncriteriaportal.org/files/ccfiles/CCPART1V3.1R3.pdf.

[4] BS7799[EB/OL]. [2013-09-10]. http://en.wikipedia.org/wiki/BS_7799.

[5] 计算机信息系统安全保护等级划分准则[EB/OL]. [2013-09-02]. www.ga.dl.gov.cn/djbh/GB17859-1999.doc.

# 第8章 计算机审计的技术方法

计算机审计技术伴随着审计工作的发展而不断发展。自审计开始以来,随着审计实践的不断探索和积累,众多有效的技术方法已经形成。例如,询问、访谈、文件评审、检查和观察以及数据分析中常用的测试数据法、平行模拟测试法和受控处理法等,这些方法在财务审计中经常使用,在计算机审计中依然适用,只是使用的对象和手段有所不同。

## 8.1 初步审计的技术方法

对被审单位的信息系统进行审计时,首选要了解被审计单位的基本情况,如IT环境、信息系统及其应用与管理情况。只有采用恰当的方法,才能全面充分地了解对被审计单位的信息系统情况。

### 8.1.1 明确基本信息

**1. 被审计单位的基本情况**

被审计单位的基本情况主要包括行业状况、法律环境与监管环境以及其他外部因素;被审计单位的性质、目标和战略;被审计单位治理层和管理层对内部控制及其重要性的态度、认识和措施;被审计单位信息系统的规划、决策和实施的工作程序和基本情况;被审计单位的信息化水平,信息系统在本单位经营管理中的应用与涵盖程度,对生产、经营、管理和会计核算的影响以及信息系统的总价值。

**2. 被审计单位的IT环境**

被审计单位的IT环境主要包括:①IT部门的治理和管理情况及其有关政策、标准和规程;②IT部门的组织结构与职责分工,是否贯彻了不相容职责分离的原则;③IT部门的物理控制,包括访问控制和环境控制等;④通过自动生成的日志而实现的监控控制;⑤数据中心及网络操作的控制,如备份、监控等;⑥系统软件的购买、更换和维护情况;⑦应用系统的构建、升级及维护控制;⑧目前的IT项目和计划项目,包括自行开发和外包的项目;⑨与IT有关的质量鉴证或IT审计的效果。

**3. 被审计单位信息系统应用的体系结构**

信息系统应用的体系结构主要有主机中心结构、客户/服务器结构和浏览器/服务器结构。不同结构的信息系统,不仅硬软件的配置不同,而且控制与分布情况也有所不同。在了解被审计单位信息系统应用的体系结构时,还要了解该单位有哪些类型的信息系统,其规模与分布情况如何。

**4. 被审计单位计算机硬件和软件的配置情况**

对于硬件部分，信息系统审计人员应对主机型号、CPU厂家、内存容量、输入输出设备及辅助存储设备有一个总体了解，并对本年度设备的变更予以特别关注；对于软件部分，应对当前信息系统所使用的操作系统及其他系统软件，包括通信软件、数据库管理系统和编程语言有一个全面了解。

**5. 被审计单位的信息系统管理与控制情况**

主要了解以下内容：信息系统具体由企业的哪个部门负责，从事信息系统管理有人员有哪些，其主要职责与分工情况；信息系统管理制度的建设情况；信息系统控制一般控制和应用控制的建立与执行情况。

**6. 被审计单位各类应用系统的具体情况**

企业实现信息化后，支持其经营管理的信息系统是由若干个应用子系统组成的，在对信息系统进行初步审查时，需要了解被审计单位的信息系统由哪些应用系统构成，分布在哪些部门，各个应用系统之间的关系如何。审计人员通过对当前应用系统及计划中的应用系统进行了解，可以区分其重要性和复杂程度，以便对重要系统和复杂系统及其控制引起重视。

### 8.1.2 基本信息获取手段

了解信息系统的技术方法主要有面谈询问法、调查问卷法、系统文档审核法、检查流程图法、查阅文件法和实地观察法。

**1. 面谈询问法**

面谈询问法是指审计人员通过个别面谈和召开会议的形式找有关人员谈话，以调查了解信息系统规划、实施、应用与管理控制等情况的方法。执行信息系统审计时，可以向被审计单位的高层管理人员、信息部门主管、系统管理人员、各业务部门的应用系统使用人员和内部审计人员等询问有关信息系统管理、应用和控制方面的问题，根据对方的回答获取某些资料。

采用面谈询问法了解信息系统时，应特别注意：①选择的询问对象应包括管理人员与信息系统的应用人员；②询问的内容应该明确、具体，能让被询问者理解，便于回答；③为了使询问顺利进行，最好能事先拟订出询问提纲；④询问时应注意一定技巧，并对询问内容认真做好记录。

**2. 调查问卷法**

调查问卷法是采用调查问卷的方式了解被审计单位的基本情况、信息系统及其内部控制情况。审计人员所要调查的问题主要针对被审计单位的信息管理情况、信息技术环境下的各类应用系统的处理流程、内部控制及关键控制点等。

一般情况下,设计的调查问卷法都会列出关键性的内容和问题,而且较详尽,要求每一个问题都要回答。因此,通过调查问卷可以初步了解被审计单位的信息系统及其控制情况。但是,调查问卷法只能按项目分别考查,往往不能提供一个完整的看法,对于不同行业、不同规模和信息化水平不同的企业,标准问题的调查问卷会显得不太适用。

### 3. 系统文档审核法

信息系统的文档资料是一个完整的计算机信息系统不可缺少的部分,每一个单位的信息系统都应该有规范完整的文档资料,以增强系统的可维护性和可审性。系统文档主要有可行性分析报告、系统分析报告、系统概要设计说明书、系统详细设计说明书、源程序表、系统测试报告、操作手册、系统评审报告等。系统文档不仅可以为改进和维护系统提供必要的资料,也可以为信息系统审计提供重要线索。通过审核系统文档,审计人员可以了解信息系统的开发、实施、测试和评审等方面的情况。

### 4. 检查流程图法

检查流程图法是审计人员通过检查被审计单位提供的各类流程图来了解被审计单位的信息系统及控制的方法。在信息系统审计中,常见的流程图主要有数据流图、程序流程图、应用系统的处理流程图、控制流程图、应用系统之间的数据传递流程等。

通过检查信息系统的各类流程图,不仅可以了解应用系统的处理逻辑、输入数据流和输出数据流,还可以了解嵌入到应用系统中的控制点和控制措施。

### 5. 查阅文件法

查阅文件法是指审计人员通过查阅有关文件或书面材料来了解被审计单位的信息系统及其内部控制制度的方法。通过对被审计单位文件或资料的审阅,可以获得概括性的整体印象。审计人员可以对被审计单位内部或外部生成的,以纸质、电子或其他介质形式存在的记录或文件进行审查。查阅文件可提供可靠程度不同的审计证据,审计证据的可靠性取决于记录或文件的来源和性质。

执行信息系统审计时,查阅的主要内容包括:①被审计单位的职责说明书或程序手册;②被审计单位的组织结构图,特别是IT部门的组织结构及职责分工;③有关信息系统的管理决策与规划资料;④信息系统的规划、开发、实施、应用与管理文件;⑤与信息系统有关的会议记录;⑥内部控制手册;⑦信息系统操作手册;⑧系统评审会记录与系统维护记录;⑨日志文件;⑩信息系统管理制度与灾难恢复计划;⑪审阅前任审计的工作底稿等。

### 6. 实地观察法

实地观察法是指审计人员对被审计单位有关部门进行实地考察,查看相关人员正在从事的活动或执行的程序。观察有利于审计人员了解被审计单位的基本情况,获取被审计单位的经营环境、信息化环境、业务运转情况及内容控制制度执行情况等方面的第一手资料。实地观察法能够进一步印证审阅与询问了解的内容是否真实可信。为了充分了解被审计单位所运用的控制政策和程序,审计人员可亲自观察信息系统及其内部控制的运行情况,弄清它们是否已经得到执行。

在审计过程中,审计人员可以实地查看被审计单位的经营场所,观察被审计单位计算机环境下的业务活动和内部控制运行情况;实地查看信息系统的物理场所、计算机设施、计算机操作过程、数据备份与存储过程、网络与数据库管理的操作过程等。

观察提供的审计证据仅限于观察发生的时点,相关人员已知被观察时,从事活动或执行程序可能与日常的做法不同,因而会影响审计人员对真实情况的了解。因此,有必要获取其他类型的证据。

### 8.1.3 方法对比

为了更清晰地说明了解信息系统的技术方法的特点,我们将各种技术方法进行比较,如表8-1所示。审计人员在执行信息系统审计业务时,应根据审计内容及各种方法的特点,考虑审计取证的成本效益,综合应用上述技术方法,全面了解被审计单位的情况、信息系统及其控制情况,以获取充分可靠的审计证据。

表8-1  各种技术方法的比较

| 序号 | 技术方法名称 | 特　点 |
| --- | --- | --- |
| 1 | 面谈询问法 | 采用个别面谈和召开会议的形式找有关人员面谈,询问内容要明确、具体,易于理解,询问时应注意技巧,并对询问内容做好记录 |
| 2 | 调查问卷法 | 采用调查问卷的方式,问卷的设计很重要,设计的问卷要列出关键性的内容和问题,通常调查问卷法只能按项目分别考查,往往不能提供一个完整的看法 |
| 3 | 系统文档审核法 | 采用检查方式对信息系统的各项文档资料进行审核,了解信息系统的开发、实施、测试和评审等方面的情况,对审计人员的业务素质要求较高,需要具备信息系统开发、实施、测试等方面的技能 |
| 4 | 检查流程图法 | 采用检查的方式,查阅被审计单位的各类流程图,包括数据流图、程序流程图、应用系统的处理流程图、控制流程图、应用系统之间的数据传递流程等,可以了解应用系统的处理逻辑、输入数据流和输出数据流,还可以了解嵌入到应用系统中的控制点和控制措施 |
| 5 | 查阅文件法 | 采用查看审阅的方式,通过对被审计单位有关文件或资料的审阅,获得概括性的整体印象。查阅文件可提供可靠程度不同的审计证据,审计证据的可靠性取决于记录或文件的来源和性质 |
| 6 | 实地观察法 | 采用实地查看的方式,可获得第一手资料,但是观察提供的审计证据仅限于观察发生的时点,在相关人员已知被观察时,从事活动或执行程序可能与日常的做法不同,从而影响审计人员对真实情况的了解。因此,还需获取其他类型的证据 |

## 8.2 信息系统的描述方法

对于初步审计阶段了解到的被审单位的基本情况、信息系统及其控制情况,审计人员需要通过一定的表述方式对该业务流程进行描述,以供后期针对系统中的控制进行评价,或决定系统及相应应用控制的重要程度。常见的业务流程描述方法有文字描述法、表格描述法、图形描述法及控制矩阵法。

### 8.2.1 文字描述法

文字描述法是通过文字对被审单位基本情况、信息系统及内部控制的健全程度和执行情况进行描述的方法。形成文字描述所依据的资料,一般是通过向有关负责人和员工询问信息系统及内部控制情况,查阅各种规程、组织结构图、流程图和工作手册等来获得,描述过程中多使用步骤及数字编号,对具体业务过程进行区分。使用文字描述法既可以对系统内业务流程进行描述,又可以对整个业务流程中涉及的系统以外的操作步骤进行描述。

使用文字描述法对某保险公司业务信息系统的业务流程进行描述和实例内容如下所示。

---

**信息系统应用情况的文字描述**

某保险公司目前使用的信息系统主要包括综合业务处理系统8版(CBPS8)、团体年金业务处理系统(GAPS)、短期健康险意外险业务处理系统(SLBPS)、投连万能业务处理系统(UBPS)、新一代财务与人力资源管理系统(ERP)、精算系统(ATMS)、农转非系统(CQRBPS)、保险营销员管理信息系统(AMIS5)。各系统的情况简要如下。

(1) 综合业务处理系统8版(CBPS8):支持个人、团体长期寿险业务处理全流程。主要功能包括新契约、保全、理赔、核保、收付费等。系统通过其他系统间接对外提供了互联网自助查询、中介代理网点直接出单等服务;系统也为95519客服、财务部、业务管理部等提供部分查询统计功能。

(2) 团体年金业务处理系统(GAPS):支持团体销售渠道的团体年金型保险的业务处理全流程。主要功能包括新契约、保全、理赔、核保、收付费、投资账户管理等。同时,系统通过大客户服务系统将功能延伸至互联网,提供自助查询等服务;系统也为9500××客服、财务部、精算部、业务管理部等提供部分查询统计功能。

(3) 短期健康险意外险业务处理系统(SLBPS):支持短险、意外险业务处理全流程。主要功能包括新契约、保全、理赔、核保、收付费等。同时,系统还通过其他系统间接对外提供了银保通销售、中介代理网点直接出单等服务;系统也为9500××客服、财务部、业务管理部等提供部分查询统计功能。

(4) 投连万能业务处理系统(UBPS):支持个险、中介两大销售渠道的万能保险和投资连结保险的业务处理全流程。提供的主要功能包括新契约、保全、理赔、核保、收付费、投资账户管理等。同时,系统通过其他系统间接对外提供了互联网自助查询、中介代理网点直接出单等服务;系统也为9500××客服、财务部、业务管理部等提供部分查询统计功能。

(5) 新一代财务与人力资源管理系统(ERP)：在财务方面，一方面通过责任中心的归属关系实现原有的"总—省—地—县"按地区管理的要求，支持公司分地区管理和外部监管的纵向需求；另一方面通过责任中心的类型和汇总关系，实现对渠道、产品等维度的盈利分析绩效考核，支持公司内部展业与管理分离、分渠道考核管理横向需求。在人力资源方面，一方面实现了公司人员分级集中统一管理，并通过人员费用分摊到成本中心，实现了人员成本的精细化管理；另一方面通过共享责任中心的考核分析数据，完善了人力资源分析考核指标，为将来矩阵式管理提供绩效考核依据。

(6) 精算系统(ATMS)：按照中国精算法则进行预定及法定的负债评估工作；提供精算利源分析功能；提供分红险的分红测算及相关处理功能；提供以精算库为基准的死亡率、退保率、失效率、复领率与重疾率的测算工作。

(7) 农转非系统(CQRBPS)：农转非业务全称是XY市征地农转非储蓄式养老保险业务。该业务是根据XY市政府办公厅发〔2000〕6号文批准的《XY市征地农转非退养人员储蓄式养老保险办法》进行办理。系统主要功能包括保单录入、收付费、查询、保全、打印等。

(8) 保险营销员管理信息系统(AMIS5)：系统以营销员管理为核心，实现了营销员档案信息管理和业务信息管理。档案信息管理主要功能包括增加营业单位、增员处理、减员处理、离司审核、人员调配、单位调配、人员信息维护、单位信息维护、违规处理和职级保障等；业务信息管理主要功能包括业务计算、保单处理、职级管理、查询统计和报表处理。

### 8.2.2 表格描述法

表格描述法是将那些与保证信息系统的资产安全、数据完整以及与保证信息系统的有效性和效率有密切相关系统的事项列为调查对象，由审计人员设计成调查表，交由被审计单位有关人员填写或由审计人员根据调查结果自行填写。

接上节的例子，使用表格描述法对该保险公司的核心业务系统电子数据情况和信息系统控制情况进行描述，如表8-2和表8-3所示。

表8-2 核心业务系统电子数据情况描述

| 系统名称 | 数据库版本 | 数据库规模 | 年度数据增长规模/% | 备份策略 | 备份方式 |
|---|---|---|---|---|---|
| 综合业务处理系统8版 CBPS8 | 9.40.FC8XB | 320GB | 8 | 总公司日备，分公司月备 | 带库 |
| 团体年金业务处理系统 GAPS | 9.40.FC9 | 8GB | 3 | 总公司日备，分公司周备 | 带库 |
| 短期健康险意外险业务处理系统 SLBPS | 9.40.FC8XB | 80GB | 10 | 总公司日备，分公司月备 | 带库 |

表 8-3 信息系统控制情况调查表

| 审计事项类别 | 审计事项子类 | 审计情况初步调查结论 | 风险水平 |
|---|---|---|---|
| 信息系统安全 | 安全管理 | 已制定《中国人寿保险股份有限公司信息技术管理制度》，具备较为完善的 IT 组织结构、人员配备，制定了较为详细的部门制度和岗位职责，有较全面的安全管理制度。按安全管理制度要求设立了系统管理员、数据库管理员、网络管理员和安全管理员，分配了相应的管理权限，职责分工较为明确 | 低 |
| | 物理环境安全 | 信息系统运行的机房物理环境符合要求，核心数据库服务器为 IBM 595，核心应用服务器为 IBM 595，操作系统为 AIX 5.3，数据库管理系统为 IBM Informix Dynamic Server Version 9.40.FC8，采取数据集中式存储管理，实现了每日同城实时备份和每月异地备份。硬件设备采购管理符合规范要求，采用较为稳定成熟的硬件设备、操作系统和数据库系统 | 低 |
| | 网络部署及安全保护措施 | 建立了行业专用网络，通过专线与数据中心、总公司及各级支公司连接，其中分公司与北京总公司和上海数据中心之间分别只有 1 条专线连通；分公司与各支公司之间分别有 1 条专线和 1 条通过互联网的 VPN 备用线路连通。核心数据库服务器在上海数据中心物理集中，重庆分公司通过行业专网与数据中心进行实时通信；设立了数据传输管理规定，未采用硬件加密设备对网络传输数据进行加密。因特网与行业专网未实现物理隔离，采用单层防火墙、IDS、身份认证、安全网关等方式设置访问控制策略。利用网络管理软件对网络行为进行管理，未实行网络流量监控；绘制了网络拓扑结构图，安装 Symantec 网络版杀毒软件；网络管理员在每个月末分析网络监控记录，形成《网络运行报告》 | 中 |
| | 信息系统运行维护 | 信息系统为总公司统一下发，已按规定将信息系统安全等级确定为第二级。系统维护人员依据总公司信息技术部的发布通知进行系统软件、数据库等一系列变更，遵照《程序下发流程》进行软件改版升级，做好变更记录 | 低 |
| | 信息系统安全监控 | 建立了信息安全监控管理办法，各类系统管理员根据《安全维护操作手册》，对系统和设备的运行情况、网络运行情况、防火墙、防病毒、安全网关、入侵检测等系统的运行和报警情况进行实时监控 | 低 |
| 信息系统功能 | 业务流程控制 | 业务授权与审批较规范，数据处理逻辑基本合理，部分业务流程缺乏控制 | 中 |
| | 数据控制 | 主数据、业务参数和重要信息基本能够满足机密性、完整性和可用性的要求，部分数据一致性存在不足 | 中 |
| | 接口控制 | 信息系统采用 B/S 结构模式，界面接口、数据接口、应用接口设置较合理 | 低 |

## 8.2.3 图形描述法

图形描述法是用专用的标志和符号绘制图像来描述信息系统及其控制情况的方法。图形描述法能够以清晰明了的方式描述信息系统及其内部控制措施，容易使阅读者理解，特别是对被审单位的电子数据处理系统处理流程及相关内部控制进行描述时，比文字描述法有更好的效果。针对流程图的绘制上，一般一个子流程由一张图表示，流程图上的关键步骤、重要控制可以用不同形状、颜色、标号等形式体现。

接上节例子,该保险公司的核心业务系统运营部署情况和团体年金业务处理系统(GAPS)新契约模块的标准件录入及审批业务流程情况用图形描述法表示,如图 8-1 和图 8-2 所示。

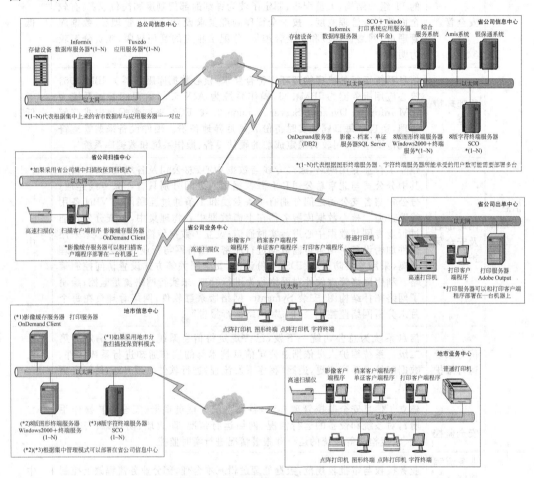

图 8-1 核心业务系统运营部署情况

## 8.2.4 控制矩阵法

控制矩阵法指对业务流程中关键控制进行提取,并以表格形式进行展示的方法。控制矩阵是由控制目标和相关控制措施组成的列表,审计人员通过列表可以全面、透彻地了解和描述某一特定系统的控制情况。一个完整的控制矩阵由以下 3 个基本要素组成:①控制目标。分为经营系统的控制目标和信息系统的控制目标两类;②控制措施。指为了确保系统目标的实现而采取的各种合理、有效的控制措施;③单元内容。在控制矩阵中,位于某项控制措施和控制目标行和列交汇处的矩形方框称为单元。依据某一单元是否打钩,可以清晰地了解每一控制目标有哪些控制措施,已有的控制措施对哪些控制目标

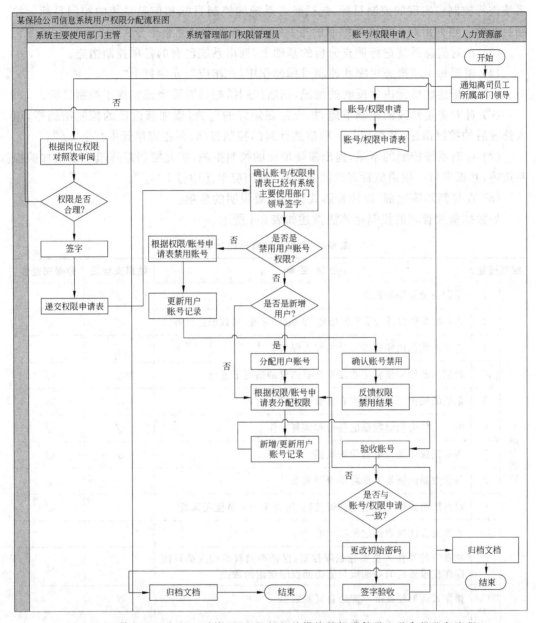

图 8-2 团体年金业务处理系统（GAPS）新契约模块的标准件录入及审批业务流程

是有效的。

对信息系统进行初步审查时，通过控制矩阵可以了解某一应用系统有哪些控制，是否有效、完整。一般来说，控制矩阵可以通过以下步骤进行编制。

（1）对系统进行全面、透彻的分析和深入了解。了解和分析的内容包括系统的功能、目标、处理流程、易发生错误和舞弊的环节。通过分析系统流程图、数据流程图、功能结构图和对系统的有关文字描述，可以了解和分析被审计的信息系统。

（2）确定系统的控制目标。第一步完成后，为了保证系统总目标的实现，列出对特定系统进行控制应实现的控制目标,包括经营系统的控制目标和信息系统的控制目标。控制目标的完整列出对于保证所编制的控制矩阵是否准确和完整十分关键。

(3) 在对信息系统进行调查分析的基础上,列出系统已有的各项控制措施。

(4) 根据每一项措施对哪些控制目标起作用,在相应单元中打上"√"。

(5) 分析这些单元内容反映的情况,判断控制措施是否恰当地实现了控制目标。

(6) 针对需要修改的控制措施,扩充控制矩阵的行数,增加修改后的控制措施栏,填入修改后的控制措施,并根据每一项措施针对的控制目标,在相应单元中打上"√"。

(7) 针对系统控制的不足,提出需要增加的控制措施,扩充控制矩阵填入新增加的控制措施,并根据每一项措施针对的控制目标,在相应单元中打上"√"。

(8) 在控制矩阵底部,以注释形式说明需要说明的事项。

如数据资源管理的控制矩阵法描述如表 8-4 所示。

表 8-4 数据资源管理控制矩阵

| 控制措施 | | 控制目标 | 数据安全性 | 数据完整性 |
|---|---|---|---|---|
| 原有措施 | 1 | 定期备份重要的数据 | √ | |
| | 2 | 在对数据资源进行重要的处理(如结账)之前,对数据进行备份 | √ | √ |
| | 3 | 备份的数据由非技术人员的专人保管 | √ | |
| | 4 | 数据库备份和恢复工作需要在有监管的情况下进行 | √ | √ |
| | 5 | 系统的维护工作需要在有监管的情况下进行 | √ | √ |
| | 6 | 由专人负责重要数据的备份和恢复工作 | √ | √ |
| | 7 | 需要授权才能领取备份的数据 | √ | √ |
| | 8 | 备份数据的恢复工作需要得到批准 | √ | |
| | 9 | 对系统的操作人员实施密码控制,防止无关人员使用系统 | √ | |
| | 10 | 业务报告或报表经过批准才能产生 | | √ |
| | 11 | 对系统的操作人员实施权限控制,保证不同权限的人员只能操作权限规定的功能或只能访问权限规定的数据 | √ | √ |
| | 12 | 操作人员未经批准不能擅自复制数据 | √ | |
| | 13 | 定期检查并记录存放数据的介质是否存在故障 | √ | |

## 8.2.5 描述方法比较

上面 4 种描述方法各有特点,表 8-5 对这 4 种常用的描述方法进行了对比。在审计工作中,审计人员应根据信息系统审查时所了解的具体内容,结合各种描述方法的特点,选择适用方法。特别是要综合应用各种描述方法,才能全面清晰地描述被审单位的经营管理情况和信息系统的控制情况。

表 8-5　4 种描述方法对比

| 描述方法 | 优点与缺点 |
| --- | --- |
| 文字法 | 采用文字形式进行描述,优点是可对调查对象作出较为深入具体的描述;缺点是有时很难用简明易懂的语言来描述,有时文字表述显得比较冗赘 |
| 表格法 | 采用表格形式进行描述,优点是能给所调查的对象提供一个简括的说明,有利于审计人员作分析评价,同时也省时省力,可较快地编制完成;缺点是只能按项目分别考察,往往不能提供一个完整的看法,此外,标准问题的表格对于不同单位会不太适用 |
| 图形法 | 采用符号和图形进行描述,与文字描述相比,图形描述法的优点是便于表达信息处理流程和内部控制的特征,并便于修改;缺点是绘制图形需具备娴熟的技术和花费较多时间,内部控制的弱点有时很难在图上明确表达出来 |
| 控制矩阵法 | 采用矩阵形式进行描述,控制矩阵由控制目标、控制措施和单元内容 3 个基本要素组成,优点是可以清晰地了解每一控制目标有哪些控制措施,已有的控制措施对哪些控制目标是有效的,在信息系统内部控制审计时常常会用到;缺点是编制控制矩阵要对系统进行全面、透彻了解,需要分析系统流程图、数据流程图、功能结构图和系统的有关文字描述,对审计人员素质要求较高 |

## 8.3　常用数据分析方法

### 8.3.1　测试数据法

测试数据法,是一种针对被审程序所进行的测试,它通过审计人员预期处理结果与被审程序处理结果的比较与核对,确定被审程序的控制与处理功能是否达到要求[1]。该方法可被广泛应用于各种系统的测试和验收。

测试数据法的基本特点是,将预期结果与被审程序处理结果逐一比较与核对,简便易行,但对测试数据完整性要求严格,这一处理可与被审单位的实际业务数据处理不同步。

建立测试数据时,审计人员应该准备一组完整的交易,其中既包括有效数据,也包括无效数据。所谓有效数据,是指正常的、无误的业务数据;所谓无效数据,则是有错漏的、不完整的、不合理的或不正常的业务数据。前者用于审查被审程序的业务与数据处理功能是否得当,后者则用于审查被审程序控制功能是否健全有效。

(1) 设计的基本思路

正常的、有效的测试数据来源,可以是被审单位正在准备处理的数据或过去已处理过的历史数据,也可以是审计人员按要求设计出的正常测试数据。设计时,审计人员必须考虑被审程序的功能覆盖问题,尽可能使测试数据能够检查到被审程序的所有输入、处理、输出等控制功能。

不正常的、无效的测试数据的设计,一般可由审计人员根据被审程序的控制功能及具体的测试目标而定。可以根据以下几种类型加以设计:①不合理的业务:业务的有关数值超出了极限;②无效的业务:科目代码或单位代码等为无效代码的业务;③不完整的业务、缺少某些数据项目的业务;④顺序错误的业务:要求顺序编号的字段,如记账凭证编号等出现断号或重号等;⑤溢出业务:输入的数据超出该字段预定的宽度等。以上各类不正常、无效测试数据可用来审查被审程序能否将这些业务测试出来,拒绝接受,并给出错误信息,进而提示用户修改。

为了有利于审计人员做出客观准确的审计判断,在设计不正常的、无效的业务数据时,要注意不能把各种错误点集中于一笔业务交易之内,否则,即使这一测试数据遭到系统拒绝,系统仍然可能难以将控制弱点全面地搜寻出来,进而影响测试的效果。另外,所选择的测试数据要尽量覆盖到被审程序的全部功能模块,否则某些错弊可能难以发现。

(2) 测试数据的来源

选择或设计合适的测试数据是关键,按其来源,测试数据可分为以下几种。

① 被审单位以往设计的测试数据。对于自行开发应用软件的被审计单位而言,通常在计算机信息系统开发时,在软件投入之前进行单独调试和联合调试过程中,总要设计一系列检测数据,以便发现新编写程序的各种错误或控制弱点。所以,审计人员有目的地选择该检测数据作为审计时的测试数据。另外,被审单位在软件版本升级之际,也经常设计一系列检测数据,以确定被升级软件的功能与控制,也可提供审计人员选择采用。

② 由审计人员自行设计的测试数据,可采用两种方式。一是根据被审程序当前的主文件内容,设计若干虚拟的业务,并相应形成测试数据。例如,将被审程序当前主文件的原始凭证的金额、数量修改后作为有效数据,或抽取该主文件中一组常用的记账凭证,经修改后作为测试数据等。二是被审单位以前月份或年度的输入数据,经修改后利用。例如,由于不同年度会计政策的不同而导致会计数据前后不一致,可以相应设计出无效的测试数据。当被审程序是跨越两个不同会计政策的年度时,可将前一年度的会计数据转入当前被审程序处理,以审查其对会计政策更改的反映。

测试流程如图 8-3 所示,步骤如下。

(1) 审计人员准备测试交易数据,并事先得出测试数据运行后的预期结果。
(2) 审计人员将测试交易数据输入(转入)被审程序的主文件之中。
(3) 审计人员运行被审程序的各模块,得到各该模块运行的结果。
(4) 审计人员将预期结果与被审程序运行结果加以比较核对,得到测试结论。

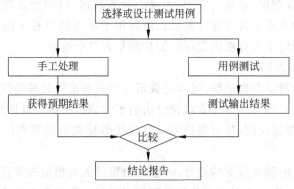

图 8-3 测试数据法流程图

测试数据法的优点是:①适用范围广、应用简单易行。审计人员容易获得被审程序明确和详细的处理结果,进而保证测试结论的科学性;②对审计人员的计算机技术水平要求不高;③由于是针对被审系统的某一应用程序的运行,因而对被审系统干扰一般不会太大;④在审计线索中断或不完整的情况下,使用这种方法也可以对被审程序的功能作出评价。

测试数据法的缺点是:①由于测试对象是被审计系统的应用程序,而这种测试毕竟是一种停留在某一时点上的测试结果,如果被审单位所提供的应用系统并非是其日常在用的系统,测试结果就失去意义,进而也就降低了审计证据的可靠性。很明显,采用这一测试方法难以保证被审计的程序就是被审单位在整个期间实际使用的程序,只能证明在处理测试数据时被审程序的处理和控制功能是否正常。②作为测试数据,无论设计是否完整,也总是有局限性,它不可能对被审程序的每一模块进行全面而又完整的测试。同时,审计人员设计的测试数据量的多寡也直接影响审计结论,因而采用这一方法有可能难以对被审程序作出科学评价。③如果利用被审程序相关的主文件处理模拟测试数据,有可能影响被审程序的正常处理结果。④由于审计人员设计测试数据时要花费相当多的时间了解被审计单位应用系统的内部逻辑,会导致这一方法实施成本过高。

由于测试数据法是在被审计系统非正式运行时进行审查的,故审计人员要防止被审计单位提交审查的不是其日常在用的应用。因此要注意证实被审系统是被审单位现时真正使用的应用系统。此外,为了防止模拟测试数据对被审系统的干扰,可采用备份程序处理法,也就是在审计人员的监督下,要求被审计单位数据处理部门将机内正在运行的程序复制一份。审计人员用此复制的程序对测试数据进行处理,进而将被审单位的处理结果与备份程序的处理结果进行比较。

### 8.3.2 平行模拟法

平行模拟法是指审计人员编写的具有和被审程序相同处理和控制功能的模拟程序,用这种程序处理当期的实际数据,把处理的结果与被审程序的处理结果进行比较,以评价被审程序的处理和控制功能是否可靠。其中模拟程序可以是审计程序,也可以是其他工具软件或与被审计系统功能相当的应用程序。

同时,在运用这种方法时,审计人员不一定要模拟被审程序的全部功能,也可只模拟被审程序的某一处理功能或控制功能。

测试流程如图 8-4 所示,步骤如下。

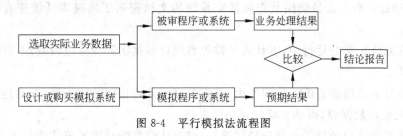

图 8-4 平行模拟法流程图

(1)根据审计的目的和要求确定被审计程序,向有关人员询问及查阅信息系统的有关文档资料,获取数据,了解被审系统的处理和控制功能。

（2）审计人员编制一套经过测试可行的模拟程序，该程序具有与被审系统相同的处理和控制功能。

（3）将被审计单位实际业务数据分别输入模拟程序与被审计程序进行处理，把被审计单位信息系统的实际业务数据分别输入模拟程序与被审计程序进行处理，记录下来处理结果。

（4）把两种处理结果进行对比，进而确定被审程序功能是否存在问题。

采用平行模拟法的优点在于，它能独立地处理实际数据，不依赖于被审单位的人力和设备，审计结果较为准确。主要缺点是开发模拟系统难度较大且成本较高。另外，审计人员首先要证明模拟程序的正确性。

### 8.3.3 受控处理法

受控处理法指审计人员在处理之前对被审计单位的真实业务数据先进行核实，然后在被审计单位的信息系统上监督处理或亲自处理这些数据，并将处理结果和预期结果进行比较分析，来判断被审计单位信息系统的处理与控制功能是否按设计的要求发挥作用。其中的"受控"，则是指测试过程在审计人员监控下进行。该方法适用于那些难以提供单位实际情况而必须设计有效测试数据的审计活动。

测试流程如图 8-5 所示，步骤如下。

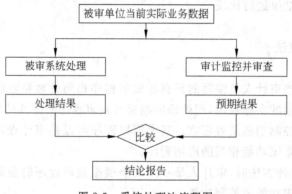

图 8-5 受控处理法流程图

（1）通过向有关人员询问及查阅被审系统的文档资料了解被审系统应有的处理和控制功能。

（2）在系统正常的运行中，审计人员监控系统对各类实际业务进行处理，并取得相应的处理结果。

（3）审计人员根据正确的处理原则，采集与以上处理相同的数据源，并通过计算机或手工正确处理该数据源，得到正确的预期结果。

（4）将系统处理的结果与预期结果进行比较，从而判断被审系统功能是否正确，控制是否有效。

该方法的优点的在于，使用的是被审单位当前的实际数据进行测试，故具有简便易行的特点,同时它对审计人员的计算机水平要求不高。缺点在于:①在某一时间内,当前实际业务数据可能不能覆盖系统的所有功能,故采用这一方法可能难以发现系统存在的重大问题。②要求审计人员对被审系统功能结构操作过程十分熟悉,以便有的放矢地选择被审程序,并对其运行实施有效的控制与监督。③审计人员对实际业务数据的监督、控制及比较分析要占用被审单位的计算机时,可能会影响被审计单位的正常数据处理及工作效率。

由于受控处理法用系统对当前实际业务数据的处理结果来反映系统的功能与控制,是一种以当前处理结果推测过去处理结果的做法,因此测试时间内涉及的实际业务数据的处理有可能难以覆盖系统的各功能,进而难以发现系统某些功能存在的问题。补救的办法是,审计人员应当对被审单位的各类实际业务数据发生和处理的时间有一个清楚的了解,再据以确定测试日期。同时,实际测试应尽可能安排在多个工作日进行,月末和年末需要测试的相关功能应相对全面与完整。

### 8.3.4 受控再处理法

受控再处理法是指将先前经过审查证实功能正确的被审程序所使用的一组测试数据,在审计人员审计时再次交由被审系统处理,并将两个时点运行的结果加以比较,从而确定被审计信息系统的程序是否被修改,处理和控制功能是否恰当有效。该方法更多地用于信息系统的变更控制审计,其测试数据可以是审计人员自行设计的完整的业务数据,也可以是被审单位的实际数据,但比较现实的做法则是采用后者,即采用的是被审单位的实际数据作为测试数据。该方法只适合于该被审单位的第二次及以后的审计测试。

测试流程如图 8-6 所示,步骤如下。

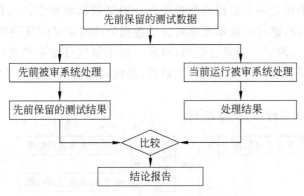

图 8-6 受控再处理法流程图

(1)在先前时间里,审计人员将设计好的一组测试数据送被审程序运行,获取处理的预期结果。

(2)审计人员进行审计时,重新令当前运行的被审程序再行处理先前设计好的测试数据。

(3)比较以上两次的处理结果,以判断被审程序是否被改动,功能是否正确有效。如果两者一致,则可认为被审程序功能与原系统的应用程序相同,是正确有效的;如果不一致,则要检查差异产生的原因,查明系统的维护修改是否经过批准,修改后的功能是否合法正确。

该方法的优点在于,采用被审单位的实际业务数据作为测试数据时,这种方法不用再准备模拟测试数据和预期结果,因为它是根据先前保留的测试数据与测试结果进行测试的,故有简便易行的优点。同时,这种方法还具有不干扰被审单位正常业务的优点。该方法的缺点在于,采用被审单位的实际业务数据作为测试数据,一般是将上一审计期的实际业务数据作为当前审计期测试数据,随着被审计程序更新换代的加快,原先采用的测试数据可能不再适应更新后的被审程序的审计,也就可能影响测试的结果。

受控处理法与受控再处理法均是在审计人员监控之下完成数据测试过程的测试方法。两者主要是采用的测试数据来源不同。受控处理法是将当前被审系统所处理的实际业务数据作为测试数据进行测试,而受控再处理法则是将先前保留并已取得测试结果的测试数据作为当前被审系统的测试数据。在受控处理法不添加虚拟业务数据的情况下,两种方法的测试数据区别是明显的,即一种是采用当前实际业务数据,另一种是采用先前保留的测试数据。

### 8.3.5 综合测试法

综合测试法也称为整体测试法,指在被审计单位的应用系统中建立一个虚拟的实体,然后利用被审计单位的应用系统,在正常的业务处理期间,将这些虚拟实体的虚拟测试数据与真实业务数据一起输入系统进行处理,并把处理结果和预期结果进行比较,来确定被审计单位应用系统的处理功能是否正确,控制是否有效。例如,被审系统是一个存货系统,可在其数据库中建立一个虚拟的存货项目。测试数据和正常产生的业务数据一同输入被审系统进行处理,通过将被审系统对测试数据处理的结果同预期结果进行比较,可确定被审系统的处理和控制功能是否恰当、可靠。由于测试是在系统实际业务处理过程中进行的,需要及时妥当地处理模拟的测试数据,避免测试数据对被审计单位实际业务造成影响。

测试流程如图8-7所示,步骤如下。

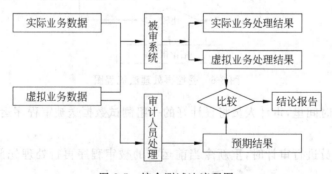

图8-7 综合测试法流程图

(1) 了解被审计系统的处理和控制功能。

(2) 根据审计程序,审计人员在被审计系统中建立一个虚拟实体(或虚拟部门),并针对系统应有的功能,设计与虚拟实体有关的测试业务。审计人员通过手工或计算工具的处理,获取这些业务处理正确的预期结果。

(3) 在被审系统正常运行时,把虚拟实体的测试数据和真实数据一起输入系统处理,获取系统对虚拟实体测试数据的处理结果。

(4) 把被审系统对虚拟实体测试业务的处理结果与预期结果相比较,进而判断被审系统的处理和控制功能的正确性。

(5) 删除虚拟实体的测试数据,并消除各测试数据对被审系统处理、输出等方面的影响。

该方法的优点是:①测试数据与被审单位日常处理的实际业务数据一并输入与处理,比其他审计方法更经济有效。同时,由于它不涉及特殊的过程,对计算机也不存在设置障碍,因此运行费用低。②审计人员可根据需要随时输入测试数据,从而能够对被审计系统进行经常性的直接测试,保证被审系统就是被审计单位的被审对象,从而保证审计结果的可靠性。③综合测试法是一项很普及的方法,其基本原理容易为审计人员所掌握,易于推广。④应用范围广泛。它既适用于在线实时系统,也适用于批处理系统。

该方法的缺点是:①由于测试数据与被审单位的实际业务数据一并输入被审系统,对被审系统的正常运行干扰较大,如果没有及时、完全消除测试数据,可能导致被审单位处理与输出结果的失真。②由于虚拟实体的测试数据是由审计人员设计的,倘若测试数据选择不全面,难以审查出被审程序中的全部错弊。③由于测试数据与真实数据一并处理,也就难以防止被审计单位的数据处理人员从中了解测试数据的详细内容,由此可能使审计工作受到人为干预,从而影响审计结果。

综合测试法与测试数据法相比,共同点是都根据被审系统对测试数据的处理结果来判断系统功能与控制的正确性。所不同的是,综合测试法的测试时间与被审单位实际业务数据运行时间同步,而测试数据法则是选择单独测试时间进行。

比较5种常用的分析方法,主要是在测试数据的来源、对被审系统的影响程度、测试时间、测试的主要目的以及是否需要测试软件的帮助等方面有较大的区别,如表8-6所示。

表8-6 常用审计方法的对比

| 技术方法名称 | 测试的主要目的 | 测试数据的来源 | 测试时间 | 对被审系统的影响程度 | 基本特点 |
| --- | --- | --- | --- | --- | --- |
| 测试数据法 | 测试当前被审程序的功能与控制的正确性和可靠性 | (1) 被审单位以往设计的检测数据 (2) 审计人员自行设计的测试数据 | 单独时间实施测试 | 影响较大。视被审程序的多少与重要性而定 | 测试数据由被审程序与审计人员分别处理,比较两者的结果 |
| 平行模拟法 | 测试被审程序的功能与控制的正确性和可靠性 | 被审单位当期的实际数据 | 单独时间实施测试 | 不受影响 | 能独立地处理实际数据,不依赖被审单位的系统,审计结果较为准确 |

续表

| 技术方法名称 | 测试的主要目的 | 测试数据的来源 | 测试时间 | 对被审系统的影响程度 | 基本特点 |
|---|---|---|---|---|---|
| 受控处理法 | 测试被审程序的功能与控制的正确性和可靠性 | 被审单位实际数据 | 与被审程序的运行同步 | 不受影响 | 审计人员监控被审程序对当前实际业务的运行,得到判断结论 |
| 受控再处理法 | 测试两个不同时间被审程序功能与控制的一致性 | (1) 被审单位先前保留的检测数据及其检测结果<br>(2) 审计人员设计的测试数据 | 与被审程序运行不同步 | (1) 采用被审单位先前保留的检测数据情况下,影响不大<br>(2) 采用审计人员设计的测试数据时影响较大 | 检测或测试数据分别在审计之前和审计之际由被审程序分别处理,比较两者的结果 |
| 综合测试法 | 通过加标记的虚拟实体数据的处理,测试被审程序的功能与控制的正确性与可靠性 | (1) 被审系统某虚拟实体实际业务数据<br>(2) 模拟测试数据与被审系统虚拟实体的实际数据并用 | 与被审程序的日常运行同步 | 影响很大,必须及时消除虚拟测试数据及其运行结果的影响 | 对加标记的被审系统虚拟实体的实际数据或加入的模拟测试数据处理过程及结果进行跟踪审查,取得审查结果 |

## 8.4 常用计算机审计工具

从形式上看,常用计算机审计工具通常分为两类:一类是软件,如现场审计实施系统(AO)、通用审计软件、漏洞扫描软件等,审计人员于审计实施前将其安装在工作计算机中,根据不同审计内容选择使用;另一类是集成了相关软件的硬件,如综合审计工具箱,其中可以集成安装上述软件以及用于电子数据取证的数据恢复、密码分析软件等。综合审计工具箱具有广泛的硬件数据接口,适合审计工作需要的计算性能和图形化显示能力,可以集成安装多个审计软件,为审计人员实施现场审计提供一个综合审计工作平台。

下面介绍几种常用审计工具。

### 8.4.1 常用审计软件

**1. 现场审计实施系统(Auditor Office,AO)**

AO是我国金审工程一期建设的重要成果。自2004年开始向全国审计系统发送以来,已经过了3个版本的不断升级和完善,从 AO 2005、AO 2008 发展到了目前的 AO 2011。AO是审计人员的现场审计办公室,它包含了审计项目管理、数据采集、审计分析、审计抽样、审计底稿、审计证据、审计报告和统计台账汇报等审计作业工具。AO 2011 的功能框架依照审计作业的审计方式、项目实施和辅助管理需要分为3层:审计方式功能,包括单机作业和联机作业；项目实施功能，包括项目管理、采集转换、审计分析、审计抽样、审计底稿和专业审计6个基本功能；辅助管理功能，包括辅助工具和系统管理。

**2. IDEA（Interactive Data Extraction and Analysis）数据审计软件**

IDEA 是加拿大老牌的审计软件提供商 CaseWare 开发的，是基于审计业务的数据分析工具。它是一个由审计员、会计、调查员及 IT 人员使用的、基于计算机的文件查询工具。它有多种数据分析方法和操作方式，例如数据提取、采样及数据查询、搜索等功能，通过这些功能操作，可以分析识别数据的质量、查询审计预警信息、钻取特定的问题及分析数据的趋势。IDEA 的特殊优势在于，给用户提供一个方便的微软界面，并能够支持多项数据导入方式，不需要程式编写的知识，只要使用按钮就可以运用分析功能。它能够协助审计专业人员快捷地完成审计测试，把复杂工作变得简单快捷。使用 IDEA 时，可以阅读、显示、分析、操作、采样或提取文件数据。

IDEA 上可以录取数据分析操作的过程，或编写简单的脚本代码，来实现经常使用的审计过程和方法，方便审计人员以后重复的工作。IDEA 数据分析软件还有服务器版本，它是一种使用网络服务器的数据分析应用程序。在服务器上建立工程项目，导入数据源，使用安装在计算机上的 IDEA 客户端查看数据并执行分析时，所有数据存储和处理都将在服务器上进行。

IDEA 可以用于审计、调查、财务管理及常规的专设查询。主要实例有常规财务审计应用、特定行业测试、欺诈调查、计算机安全性、财务管理。

IDEA 在银行业的很多领域都能发挥作用，包括存款业务、个人及企业贷款、出纳职能及投资账户。使用 IDEA 软件可以对银行的业务数据提供以下操作。

- 计算和分析数据：计算（或汇总）日记账、账户余额和应计利息；执行利息计算；检查银行收费计算；重新证实欠款计算及报告（贷款）；证实利息资产。
- 异常确定：缺失参照数据的账户、无效或异常的参照数据、休眠账户及其中的交易、取消账单的账户、工作人员贷款、大额贷款、负余额、载明日期的期货交易、已过偿还期、超出透支限额或限额已过期的客户、测试适当提高的收费、测试异常利率、提供载明日期的期货交易总计、执行货币转换、提供货币风险详情等其他有用的测试。
- 匹配和比较：基于地址并使用重复测试，对同一地址的加倍贷款；将贷款地址与员工的地址作对比；在不同时段对余额进行比较。

**3. ACL 数据审计软件**

ACL（Audit Command Language）是由加拿大 ACL 公司开发的，ACL 服务有限公司是世界一流的审计分析和业务保障分析技术解决方案提供商，专门服务于审计和内部控制专业人士以及财务管理人员。通过结合领先市场的审计数据分析软件与专业的服务，ACL 解决方案能够帮助各种机构在商业运作日趋复杂的情况下确保交易的准确性、完整性和合规性，侦测舞弊欺诈行为，保障内部控制机制的有效性，提高风险管理和公司治理的水平。

在国际内部审计协会(IIA)组织的年度审计软件调查中,ACL连续数年都被评选为数据分析和提取、舞弊欺诈行为侦测和持续监控领域的首选专业审计软件。ACL提供一整套审计分析和业务保障分析技术软件产品,可从单个最终用户和部门团队扩展到企业级解决方案,以监测业务流程中的控制情况,涉及领域包括数据提取和分析、控制测试、持续监控以及舞弊欺诈行为侦测等。

通过使用一套独特而强大的数据访问、分析和集成报告功能,ACL审计工具可通过一致的用户界面访问任何系统内、任何来源的数据——无论是在主机、服务器、旧有系统还是在PC网络中,比较和分析来自ERP、CRM、SCM或其他企业应用程序的数据,从而深入、全面地了解业务流程和财务报表背后的交易数据。

ACL审计软件解决方案能够全面、独立地测试和监控交易数据,帮助组织机构验证内部控制在整个企业内的有效性,以实现业务目标,并遵从相关法律法规。借助ACL技术的灵活性和可扩展性,组织机构可以采取各种数据分析方法,从专项数据分析、根据既定审计计划开展定期控制审核,一直到嵌入关键业务流程日常运行中的自动连续监控应用程序等。对客户而言,这意味着缩短审计周期、提高审计效率、扩大审计范围、节约内部和外部审计费用——短短数周内便可实现经过验证的投资回报。

### 8.4.2 数据库审计系统

数据库审计工具通常以主流数据库系统为实施对象,通过创建和执行安全策略,审核和查找数据库管理、安全配置及应用系统存在的安全漏洞,提出修复建议,及时填补漏洞,主动防御,同时也成为局域网中数据库管理和应用系统是否安全的检测和评估手段。

数据库安全防护与审计系统有两个经典产品:以色列的Imperva和IBM的Guardium,这两个产品代表了解决数据库数据安全的两种思路。Imperva以数据库应用防火墙为基础,通过串联工作(主体应用)方式,在线阻挡数据库安全威胁;Guardium则通过在数据库服务器上安装引擎或使用数据库代理服务器,结合旁路嗅探器,解决数据库安全威胁。

### 8.4.3 源代码安全审计系统

源代码安全审计工具一般可以划分为静态源代码安全审计和动态源代码安全审计两大类,前者基于对程序代码的直接分析,后者则是在系统运行的过程中发现程序存在的问题或潜在的安全隐患。由于动态源代码安全审计难以定位程序中的安全隐患代码,实施效果不明显,市场化程度较低。目前,主流的源代码安全审计工具以静态源代码安全审计工具为主,国内应用较多的是以色列公司Checkmarx的静态源代码安全审计工具CxSuite和CxEnterprise等。

在使用方式上,静态源代码审计工具直接将程序代码作为输入,通过词法分析和语法分析,寻找和发现源代码中的安全漏洞,并形成代码安全审计报告。

### 8.4.4 日志审计工具

日志安全审计工具通常可以作为一个统一日志监控与审计平台,能够实时不间断地将一个单位中来自不同厂商的安全设备、网络设备、主机、操作系统、数据库系统、用户业务系统的日志、警报等信息汇集到审计中心,实现全网综合安全审计。

日志审计工具可以实现对各种 IT 设备和系统日志的收集、标准化、分类和统一存储;可对各种日志进行实时审计分析,发现违规行为,并能进行报警响应;可对审计信息进行统计分析,提供日志审计报告报表,对网络系统的安全状况进行多角度审计。

## 思考题

1. 请列举 3 种以上常用的计算机审计技术,并简要比较其特点与适用性。
2. 请列举 3 种以上计算机审计工具,并说明其主要功能。
3. 什么是控制矩阵法?请使用该方法描述某高校的缴费收款业务流程。

## 参考文献

庄明来,吴沁红,李俊. 信息系统审计内容与方法[M]. 北京:中国时代经济出版社,2008:137-140.

# 第9章 计算机审计实务

为更好地指导计算机审计的实施,本章从计算机审计真实案例来阐述技术的系统化应用,从不同应用层面分析计算机审计所涉及的技术。通过这些技术的运用,计算机能够为审计工作服务,提高审计工作的质量与效率。最后还总结编写计算机审计报告的要点,并提供一份计算机审计报告参考实例。

## 9.1 审前调查

实施计算机审计前,审计人员首先需要通过细致的审前调查为审计方案的制订奠定基础。通常,计算机审计的审前调查主要跟两个方面密切相关:一是被审计信息系统情况,二是审计资源情况。

### 9.1.1 了解总体控制

总体控制是指被审计信息系统所处内外环境的控制,总体控制审计就是要把信息系统所处的环境放到国家利益、社会利益、企业整体利益的大环境中去分析、去评价,要把信息系统的总体状况及主要风险作为重点去关注,为一般控制审计和应用控制审计提供前提条件。

从全局了解被审计单位的信息系统情况,一般可从以下几个方面进行:信息系统的重要性,如信息系统对审计过程、审计结果的影响程度等;被审计单位业务对信息系统的依赖度,如信息系统在本部门、本单位生产业务和经营管理中的涵盖程度,对公司的生产、管理、财务核算产生的影响等;信息系统的复杂性和专业化程度;信息系统电子数据对审计基础设施的要求等。

审计人员应根据信息系统基本情况及内部控制状况分析信息系统对实现审计工作目标的影响程度,评估开展计算机审计的必要性,界定出需要重点实施审计的信息系统。

例如,在对某银行进行资产负债损益审计中,首先了解被审计单位组织结构情况,通过文字描述、组织结构图等方式进行表述,如表9-1和图9-1所示。

表 9-1 被审计单位组织结构总体情况说明

| 单位组织结构总体情况 |
|---|
| ×××银行成立于19××年×月,目前在全国设有40多家分行和8家代表处,全行职工约8×××人。截至2006年年末,总资产2××××亿元,总负债2××××亿元,总权益1×××亿元。2006年度税前利润总额为2××亿元,税后净利润为1××亿元。<br>该银行总行机关有业务发展局、综合计划局、法律事务局、财会局、资金局、信用管理局、评审管理局、评审一局、评审二局、评审三局、信贷管理局、国际金融局、企业局、投资业务局、稽核评价局、人事局、 |

续表

监察局、教育培训局、行工会、行团委、直属机关党委共 23 个部门,营运中心、机关服务局、离退休干部局 3 个直属单位,以及研发中心、考核评价组办公室两个非常设机构占用事业单位。截至 2006 年年底,总行(含直属单位及非常设机构占用事业单位)共有编制 1×××人,实有人数 1×××人;各分支机构编制 6×××人,实有人数 4×××人;全行实有人数合计 8×××人。

2006 年年末,该银行贷款余额为 2×××亿元,占资产总额的 88%。按贷款余额期限结构划分,该银行 2006 年中长期贷款余额为 1××××亿元,占贷款余额的 95%。金融债券发行是×××银行最主要的资金来源,占全行资金来源总量的 90%以上。截至 2006 年年底,该银行人民币债券累计发行量达到 3×××亿元,债券存量为 1×××亿元。

说明:一般为文字描述

审计人员:　　　　　　　　　　　　日期:2009-6-21
被审计单位提供资料人员:　　　　　所属部门:

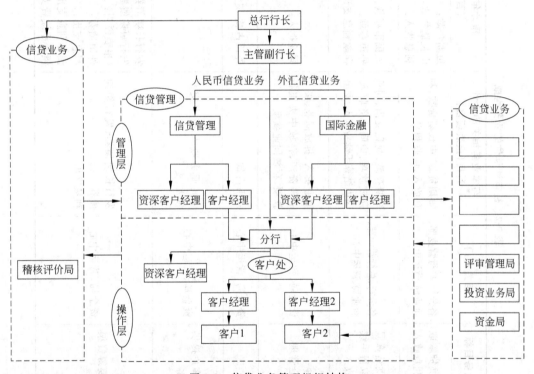

图 9-1　信贷业务管理组织结构

同时,详细了解被审计单位的业务构成,并将其分类汇总,如表 9-2 所示。

### 9.1.2　了解核心业务流程

了解被审单位的核心业务流程,便于审计人员抓住工作重点,确定重要的被审模块,便于识别可能的关键风险点,确定关键审计域。核心业务往往是计算机审计的重点和难点,它需要审计人员了解并结合具体应用系统业务流程和后台数据库数据,根据审计项目的特点、目标与要求,有针对性地实施审查。

表 9-2 被审计单位的业务构成

| 业务类别 | 编号 | 业务名称 | 业务目标 | 相关部门 | 与本业务相关的会计科目(报表项目) | 审计年度主要业务指标(百万元人民币) | 相关信息系统名称 |
|---|---|---|---|---|---|---|---|
| 贷款 | 1 | 信贷 | 提供贷款取得利息收入 | 各分行、总行营业部、企业局、营运中心 | 短期贷款、中长期贷款、利息收入、应收利息 | 短期贷款：9****<br>中长期贷款：1*******<br>利息收入：1****** | 核心业务系统-贷款、总账 |
| | 2 | 对外担保 | | | | | |
| 存款结算 | 3 | 存款 | 提供结算服务取得手续费收入 | 各分行、总行营业部、企业局、营运中心 | 短期存款、利息支出、同业存放款项、中间业务收入-国内结算手续费收入、支出 | 人民币存款：1*****<br>外币存款：2*****<br>存款利息支出：2*** | 核心业务系统-存款、国内支付、总账 |
| | 4 | 结算 | | | | | |
| | 5 | 资金清算 | | | | | |
| 资金交易和资金管理 | 6 | 短期资金拆借 | 资金管理 | 资金局、营运中心 | 同业拆入、拆放同业、买入返售资产、存放中央银行款项、存放同业款项 | 同业拆入：1*** | 核心业务系统-货币市场、总账 |
| | 7 | 短期债券交易 | | | | | |
| | 8 | 头寸资金管理 | | | | | |
| 外汇交易 | 9 | 外汇买卖 | 为客户提供服务 | 资金局、营运中心 | 外币占款 | 外币占款-美元：2**** | 核心业务系统-外汇买卖、总账 |
| 衍生交易 | 10 | 远期交易 | | 资金局、营运中心 | 中间业务收入-衍生交易收入、支出 | | |
| | 11 | 掉期交易 | | | | | |
| | 12 | 期权交易 | | | | | |
| 发行债券 | 13 | 发行金融债券 | 主要筹资渠道 | 资金局、营运中心 | 发行长期债券、发行短期债券、利息支出 | 发行长期债券：1*******<br>发行短期债券：5*****<br>(报表说明：人民币债券：1*******<br>外币债券：5****)<br>利息支出：6****<br>债券利息支出：5*****<br>债券手续费支出：1** | 核心业务系统-债券、总账 |

续表

| 业务类别 | 编号 | 业务名称 | 业务目标 | 相关部门 | 与本业务相关的会计科目(报表项目) | 审计年度主要业务指标(百万元人民币) | 相关信息系统名称 |
|---|---|---|---|---|---|---|---|
| 长期投资 | 14 | 长期债券投资(境内、外) | 取得投资收益 | 资金局、营运中心 | 长期股权投资、长期债权投资 | 长期股权投资：4**** | |
| | 15 | 长期股权投资 | | | | 长期债权投资：1****** | |
| 证券承销 | 16 | 承销企业债券 | 取得承销费收入 | 资金局、营运中心 | 证券承销收入 | 证券承销费收入：8* | |
| 贸易融资 | 17 | 国际结算 | 取得手续费收入 | 资金局、营运中心 | 中间业务收入-国际结算手续费收入 | 国际结算手续费收入：5 | 核心业务系统-国际结算、总账 |
| 其他 | | | | | | | |

审计结论及关注事项说明：
1. 相关会计科目详细情况见资产负债表项目与会计科目对照表，利润及利润分配表项目与会计科目对照表；
2. 与中长期贷款、发行债券相关的系统应作为审计的重点。

一般而言,审计人员可以采用以下 4 个步骤开展核心业务的审计分析:第一步,确定重要的应用系统,获取相关资料或访谈相关人员,充分理解系统中的业务流程;第二步,识别业务流程中的关键风险控制点,设计合适的测试方案和测试数据;第三步,实施相应的审计程序,测试控制的有效性;第四步,分析控制缺陷,形成审计结论。

下面继续以某银行为例,进行核心业务流程的了解,如表 9-3 所示。

表 9-3 信贷业务流程说明

| 业 务 环 节 | 相关部门及岗位 | 形成的文档 |
| --- | --- | --- |
| 项目储备 | 业务发展局 | |
| 信用评级 | 信用管理局、分行信用处 | 信用评审报告 |
| 立项评审 | 评审管理局、评审一二三局 | 贷款评审报告及附件 |
| 信贷合同的谈判签订与执行管理 | 信贷管理局、各分行、总行营业部、企业局客户处、法律事务局 | 借款合同、保证合同、抵(质)押合同 |
| 贷款发放:开立账户→贷前审查→审核提款申请→办理贷转存→登记台账 | 各分行、总行营业部、企业局客户处 | |
| 贷款资金支付:编制用款计划→审核与报批→办理支付结算→登记台账→项目建设动态监控 | 各分行客户处、经营管理处 | |
| 贷后管理 | 信贷管理局、各分行、总行营业部、企业局客户处 | |
| 贷款本息回收 | 各分行、总行营业部、企业局客户处 | |
| | | 详见《信贷管理手册2009》归档范围表 |
| 审计结论及关注事项: | | |

继续对信贷业务进行分解,以了解信贷业务中人民币中长期贷款业务的具体情况,如表 9-4 所示。

表 9-4 信贷业务-人民币中长期贷款

| 业 务 环 节 | 相关部门及岗位 | 形成的文档 |
| --- | --- | --- |
| 项目储备 | 业务发展局 | |
| 信用评级 | 信用管理局、分行信用处 | 信用评审报告 |
| 立项评审 | 评审管理局、评审一二三局 | 贷款评审报告及附件 |
| 信贷合同的谈判签订与执行管理 | 信贷管理局、各分行、总行营业部、企业局客户处、法律事务局 | 借款合同、保证合同、抵(质)押合同 |
| 贷款发放:开立账户→贷前审查→审核提款申请→办理贷转存→登记台账 | 各分行、总行营业部、企业局客户处 | 贷款发放审批表 |
| 贷款资金支付:编制用款计划→审核与报批→办理支付结算→登记台账→项目建设动态监控 | 各分行客户处、经营管理处 | 资金支付审批表、贷款支付与项目建设动态监控表、付款通知书 |

续表

| 业务环节 | 相关部门及岗位 | 形成的文档 |
|---|---|---|
| 贷后管理 | 信贷管理局、各分行、总行营业部、企业局客户处 | 信贷合同变更备案表、提款计划变更方案审批表、表内人民币中长期贷款提前还款核准表、提前还款审批表、利率调整通知书 |
| 贷款本息回收 | 各分行、总行营业部、企业局客户处 | 贷款本息回收难点项目回收方案、贷款到期通知书、应收利息通知书、逾期贷款催收通知书 |
|  |  | 详见《信贷管理手册 2009》归档范围表及附表 |
| 审计结论及关注事项： | | |

## 9.1.3 制订审计工作方案

审计实施方案是国家审计基本准则规定的必要审计程序，其作用是有效控制审计项目实施过程，保证审计人员有条不紊地进行审计查证，完成方案所确定的审计目标任务，保障审计工作质量，达到预期审计目的。

对审前调查了解的被审单位的业务信息、信息系统与业务的关系等内容进行汇总和分析，如表 9-5 和表 9-6 所示，制订合理的审计工作实施方案。

表 9-5 被审单位业务汇总表

| 本次审计相关的重要信息系统名称 | 相关财务报表 | 报表项目 | 系统输入数据来源 | 与报表相关的数据 | 数据量 | 涉及数据金额 | 是否对系统进行进一步审计 | 是否需要专业技术 |
|---|---|---|---|---|---|---|---|---|
| 信贷管理系统 | 资产负债表损益表 | 中长期贷款、短期贷款 | 手工、工作流系统、信用管理系统 | 贷款余额 |  |  | 是 | 否 |
| 核心系统-贷款 | 资产负债表损益表 | 应收利息、利息收入 | 根据工作流系统打印结果手工输入 | 应收利息、利息收入 |  |  | 是 | 否 |
| 财政部报表系统 | 资产负债表损益表 | 所有项目 | Oracle 总账 | 全部报表项目 |  |  | 是 | 否 |
| Oracle 数据库 | 资产负债表损益表 | 所有项目 | — |  |  |  | 是 | 需 Oracle 权限管理知识 |
| UNIX 操作系统 | 资产负债表损益表 | 所有项目 | — |  |  |  |  | 需 UNIX 权限管理知识 |
| 结论及下一阶段审计工作关注事项： | | | | | | | | |

表 9-6 财务审计目标与信息系统相关性分析

| 序号 | 财务审计目标 | 相关信息系统 | 系统对审计目标的支持程度及要点说明 | 是否依赖信息系统得出审计结论 |
|---|---|---|---|---|
| 1 | 核实开行财务报表（主要是资产负债表、损益表）数据的准确性、完整性 | 财政部决算系统、Oracle 总账 | 决算报表由财政部决算系统汇总生成，基础数据来自 Oracle 总账。报表编制是否正确 | 是 |
| 2 | 信贷业务中存在的突出风险和薄弱环节 | 信贷管理系统 | 该项目标较笼统，在第 4,6,12,13,14 中体现 | 否 |
| 3 | 各项贷款利息收入、各项存款利息支出的准确性 | 核心系统 | 系统按设定的利率、期限等自动生成的利息数据的准确性测试（与损益表核对） | 是 |
| 4 | 资产质量分类及时性和准确性 | 信贷管理系统 | 系统中对各类参与质量分类的资产（包括表内、表外、本外币）是否按时评定并及时录入 | 是 |
| 5 | 资金运用的合规性和业务运行过程中的突出风险 | | 与信息系统关系不大 | 否 |
| 6 | 信贷资产的真实性、准确性 | 信贷管理系统、核心系统 | 贷款录入信息是否完整，系统有无对重要信息的真实性和完整性进行验证，账务处理是否正确 | 是 |
| 7 | 短期投资、拆放资金、长期投资非信贷资产 2006 年年末的真实性、完整性和准确性 | 核心系统 | 账务处理 | 否 |
| 8 | 各项收入核算的完整性，真实性和准确性；有无虚增或截留转移中间业务收入和投资收益等问题 | 核心系统 | 账务处理，计息 | 否 |
| 9 | 发行债券手续费支出，抵债资产处置支出是否真实入账 | 债券簿记系统、核心系统 | 债券信息是否真实完整，账务处理是否正确 | 是 |
| 10 | 表外利息清收、抵债资产的提取是否合规，呆账核销是否真实 | 信贷管理系统、核心系统 | 信息是否真实完整，账务处理是否正确 | 是 |
| 11 | 各项准备金的提取是否合规，呆账核销是否真实 | 核心系统 | 账务处理是否正确 | 是 |
| 12 | 业务流程进行内控调查和测试：<br>信用评级<br>贷款管理<br>财务管理<br>资金运营<br>稽核 | 信用管理系统<br>信贷管理系统<br>信贷管理系统<br>核心系统<br>核心系统 | 客户信用信息是否及时准确<br>评审资料信息是否真实完整<br>贷款信息是否真实完整<br>财务信息是否真实完整<br>资金交易信息是否真实完整 | 是<br>是<br>是<br>是<br>否 |
| 13 | 信贷业务合规性 | | 与信息系统关系不大 | 否 |
| 14 | 其他业务的合规性 | | 与信息系统关系不大 | 否 |
| 15 | 损失浪费—电子设备采购 | 信息技术规划管理及采购审批流程 | 电子设备采购与业务需求的一致性 | 是 |

## 9.2 计算机审计实务应用

### 9.2.1 信息安全技术在计算机审计中的应用

信息安全是一个动态过程,随着业务系统的信息化建设、网络应用行为日益频繁,信息安全审计已成为计算机审计中一个重要的环节。公安部国家电子政务等级保护、国家保密局 BMB17—2006 号文件中要求政府、涉密单位必须对与涉密敏感信息、业务系统相关的网络行为进行安全审计。在美国的上市公司,必须遵循萨班斯(SOX)法案中要求的对企业内部网络信息系统进行评估的规定,其中涉及对业务系统操作、数据库访问等业务行为的审计。

审计中经常需要分析如下情况。

(1) 内部系统维护人员对业务应用系统的越权访问、违规操作,损害业务系统的运行安全。

(2) 企业重要业务数据库,被员工或系统维护人员篡改牟利、外泄,导致出现"假账真审",影响审计的真实性。

(3) 员工随意通过网络共享文件夹、文件上传下载、E-mail 等方式发送重要敏感信息、业务数据,导致国家机密信息外泄事件发生。

下例介绍某集团信息安全审计实例。

**1. 背景描述**

某集团 2000 年以来先后实施的信息系统共有 21 个,主要包括 ERP(企业资源计划)系统、CRM(客户关系管理)系统、PLM(产品生命周期管理)系统、LIMS(实验室信息管理)系统、BW(数据仓库)系统、MES(生产制造执行)系统、数据库营销系统、营销信息系统、销售管理系统、产品辅助配方管理系统、人力资源系统、用友软件系统、行业卷烟生产经营决策管理系统、综合统计与经济运行分析系统、某集团卷烟生产经营辅助决策管理系统、报表展现平台系统、品牌运行监控系统、办公自动化 OA 系统、GPS 系统、数据中心系统和 IT 运维平台系统。其中数据库营销系统、营销信息系统、销售管理系统已经停用,MES、用友软件和数据中心系统正在建设中,CRM 系统处于试运行阶段。

(1) ERP 系统及接口

ERP 系统是该集团业务运营管理的核心平台。功能上涵盖了企业的物流管理、销售管理、生产管理、财务管理、质量管理和人力资源管理等业务模块,基本上实现了各业务模块的统一平台管理、统一数据输入和输出控制。信息系统结构如图 9-2 所示。

除 OA 系统和卷烟生产经营辅助决策系统外,该集团 ERP 系统与其他系统之间均有接口。目前,在用的主要接口包括 ERP 与报表展现平台接口,主要用于从 ERP 系统中抓取销售数据和财务数据;ERP 与综合统计和经济运行分析系统接口,主要用于从 ERP 系统中抓取产销存和统计信息;ERP 与行业卷烟生产经营决策管理系统接口,主要用于从 ERP 系统中抓取产销存数据;ERP 与 PLM 系统接口,主要用于传递产品配方数据;ERP

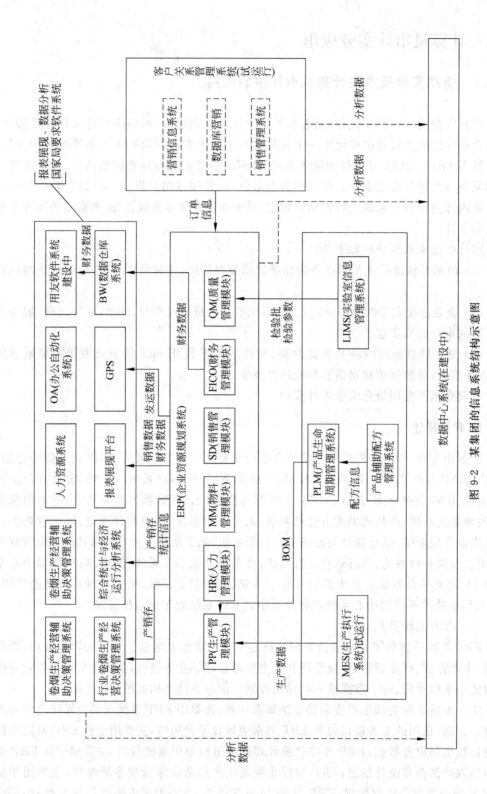

图 9-2 某集团的信息系统结构示意图

与 LIMS 系统接口,主要用于传递辅料和产品的检验数据;ERP 与 BW 系统接口,主要用于传递财务数据;ERP 与 GPS 系统接口,主要运用传递产品发运数据。各接口均是通过 RFC(远程调用)调用 ERP 系统的功能函数,来实现数据在两个系统之间传递。

该集团目前的生产经营管理对 ERP 系统依赖程度极大,承载 ERP 系统运行的网络系统及 ERP 系统一出现停机情况,将对集团生产造成极大影响。

(2) 网络安全控制情况

该集团本部中心机房配备有 1 台 CISCO-6509E 交换机,作为整个集团网络的核心交换。下属公司或部门通过专线远程接入集团核心交换机;集团本部技术中心、行政商务楼、数据中心技术中心区、数据中心商务楼区等通过单条链路与集团核心交换机连接;集团本部还部署无线网络,实现了对整个集团商务楼区的覆盖。具体情况如图 9-3 所示。

该集团通过两条链路接入 Internet,连接 Internet 处部署两台 Juniper NS-500 防火墙,用于防御来自 Internet 的网络攻击;集团内部员工通过代理服务器访问 Internet,并通过代理服务器对需要访问 Internet 的用户做访问控制授权,授权方式为用户名及密码;集团远程移动办公用户通过 SSL-VPN 方式接入公司内部网络,采用用户名及密码的方式进行身份验证;集团商务楼无线网络用户通过用户名与密码的认证方式接入无线网络,并通过无线网络访问内网及 Internet。此外,还安装 McAfee 网络版杀毒软件,对整个网络的病毒状况进行监控及查杀。

上述信息系统的大部分系统是自主引进的,部分是省中烟公司和国家烟草总局安排建设的,由网络信息管理科负责日常运维工作,已实现设备、数据的集中存放,终端用户通过网络远程访问信息系统。

烟用物资采购流程图如图 9-4 所示。

(3) 现有内部控制状况

该集团信息系统的研发、运维、安全管理等工作由层级较低的网络信息管理科负责,目前已经基本实现数据集中管理。集团在内网中部署了所有的信息系统,使用防火墙和交换机相结合的逻辑隔离技术实现内网和互联网之间的隔离,未实施有效的物理隔离,业务信息可以在互联网和内网之间双向传递。该集团仅采用交换机、防火墙等常规技术手段对内网中的信息系统实施访问控制,远程用户通过 SSL-VPN 访问集团内部网络资源,通过"用户名和密码"的认证方式对用户进行身份验证。该集团内部网络划分有多个 VLAN,但各 VLAN 间的互访未做任何限制。对重要 ERP 系统实现了双机热备或本地数据备份,没有建设异地容灾系统,没有制定灾难恢复的应急管理制度。

该集团没有制定灾难恢复的应急管理制度,现有的系统灾难恢复的措施不规范。外部较多系统与 ERP 系统存在接口调用,各接口调用开发缺乏有效的管理与控制。部分实际运作业务流程与 ERP 系统标准业务流程要求不相匹配。

**2. 审计注意事项及审计策略**

确立各具体信息系统审计事项名称及所属审计事项类别如下。

(1)《某集团信息技术组织框架审计》,属于一般控制审计(GC)——总体 IT 控制环境

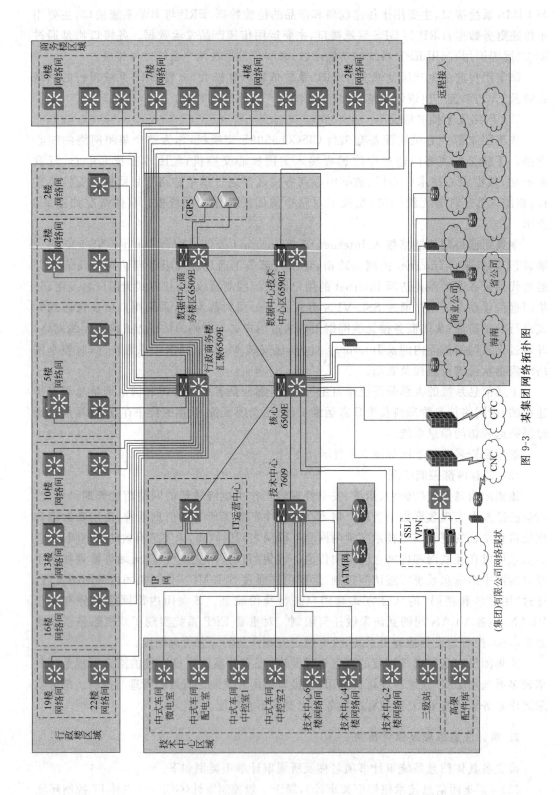

图 9-3 某集团网络拓扑图

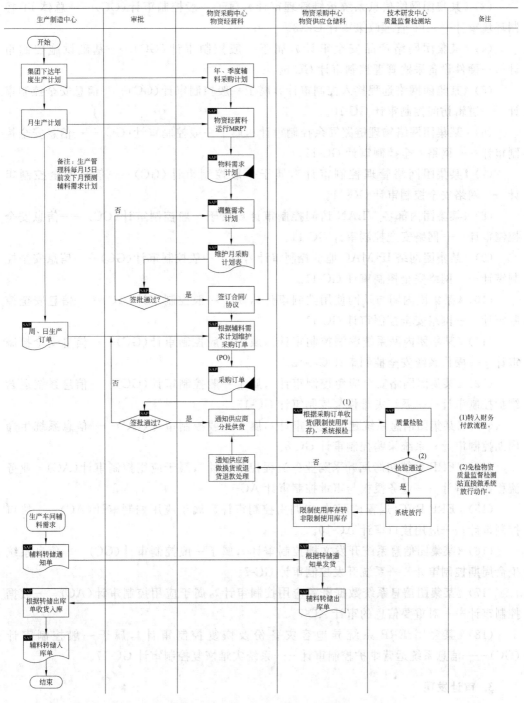

图 9-4 某集团烟用物资采购流程图

审计——IT 组织结构审计 GC-2。

(2)《某集团信息化发展规划、信息化建设管理审计》,属于一般控制审计(GC)——总体 IT 控制环境审计——IT 规划和计划审计 GC-1。

(3)《某集团网络信息系统运维管理审计》,属于一般控制审计(GC)——总体 IT 控制环境审计——IT 管理政策审计 GC-3。

(4)《某集团网络产品安全审计》,属于一般控制审计(GC)——基础设施控制审计——硬件设备采购管理控制审计 GC-5。

(5)《某集团网络远程接入控制审计》,属于一般控制审计(GC)——信息安全控制审计——逻辑访问控制审计 GC-10。

(6)《某集团网络物理链路冗余控制审计》,属于一般控制审计(GC)——信息安全控制审计——网络安全控制审计 GC-11。

(7)《某集团网络管理控制审计》,属于一般控制审计(GC)——信息安全控制审计——网络安全控制审计 GC-11。

(8)《某集团内部各 VLAN 访问控制审计》,属于一般控制审计(GC)——信息安全控制审计——网络安全控制审计 GC-11。

(9)《某集团网络 IP-MAC 地址控制审计》,属于一般控制审计(GC)——信息安全控制审计——网络安全控制审计 GC-11。

(10)《某集团内网与外网使用控制审计》,属于一般控制审计(GC)——信息安全控制审计——网络安全控制审计 GC-11。

(11)《某集团内网系统漏洞控制审计》,属于一般控制审计(GC)——信息安全控制审计——操作系统安全控制审计 GC-12。

(12)《某集团网络安全应急控制审计》,属于一般控制审计(GC)——信息系统运营维护控制审计——系统灾难恢复控制审计 GC-17。

(13)《某集团信息系统建设过程审计》,属于一般控制审计(GC)——信息系统生命周期控制审计——系统采购控制审计 GC-8。

(14)《ERP 系统初烤烟叶采购业务流程控制审计》,属于应用控制审计(AC)—业务流程控制审计——业务授权与审批控制审计 AC-1。

(15)《ERP RFC(远程调用)接口调用控制审计》,属于应用控制审计(AC)——接口控制审计——应用接口审计 AC-10。

(16)《某集团信息系统开发文档控制审计》,属于一般控制审计(GC)——信息系统生命周期控制审计——系统开发控制审计 GC-7。

(17)《某集团信息系统数据资源应用控制审计》,属于应用控制审计(AC)——数据控制审计——对重要信息的审计 AC-7。

(18)《某集团 ERP 系统异地容灾备份及恢复控制审计》,属于一般控制审计(GC)——信息系统运营维护控制审计——系统灾难恢复控制审计 GC-17。

**3. 审计发现**

审计发现的主要问题如下。

(1)某集团目前的信息技术组织框架与集团打造世界领先品牌战略的目标不相适应。

(2)企业信息化发展规划及信息化建设管理有待进一步完善。

（3）某集团对网络信息系统运维管理有待进一步完善。

（4）信息技术产品国产化程度低，部分信息技术安全产品未获得国家强制性产品认证，存在较大安全风险。

（5）某集团远程移动办公用户通过 SSL-VPN 访问集团内部网络资源，在身份认证控制方面存在安全隐患。

（6）某集团核心网络设备和主要网络链路未考虑冗余，存在较大的安全隐患。

（7）某集团网络设备管理方面存在安全隐患。

（8）某集团内部网络划分有多个 VLAN，但各 VLAN 间的互访未做任何限制。

（9）某集团内部网络未使用 IP-MAC 地址绑定技术。

（10）内网和互联网缺乏有效的隔离措施。

（11）某集团网络信息系统存在极高风险漏洞。

（12）某集团未建立网络及信息安全事故应急预案，对网络信息安全应急缺乏统一协调、指挥及调度机制。

（13）某集团信息化项目建设监控力度不够。

（14）初烤烟叶采购业务中未按会计管理岗位设置不相容原则配备岗位人员。

（15）RFC（远程调用）接口调用可能会影响系统稳定运行。

（16）系统开发文档不够规范。

（17）数据资源缺乏有效的整合、管理和利用，不利于为企业领导提供宏观决策支持和服务。

（18）某集团 ERP 系统未建立异地容灾备份及恢复系统。

**4. 审计过程**

（1）事项一：某集团信息技术组织框架审计

① 具体审计目标。

评价该集团目前的信息技术组织框架是否满足企业发展战略的需要，是否利于集团信息化工作的开展，是否利于信息资源的有效利用和管理，是否利于企业信息化核心价值的提升。

② 审计测试过程。

查阅了该集团组织机构图，查阅了网络信息管理科组织图和人员编制及分工情况，与组织与网络信息管理科主要负责人进行了访谈。对该集团信息化建设管理各项规章制度的执行情况进行评价。

③ 审计发现问题和建议。

- 发现的问题。该集团目前的信息技术组织框架与集团打造世界领先品牌的战略目标不相适应。集团未建立集团 CIO（总信息师）机制和企业 IT 治理机制，也未设立集团部门级的信息中心，而是靠层级较低的网络信息管理科负责集团的信息化工作，不利于集团信息化工作的开展，不利于信息资源的有效利用和管理，不利于企业信息化核心价值的提升。

- 审计建议。建议该集团重新定位和调整 IT 组织管理结构。审计提供参考的组织机构如图 9-5 所示。

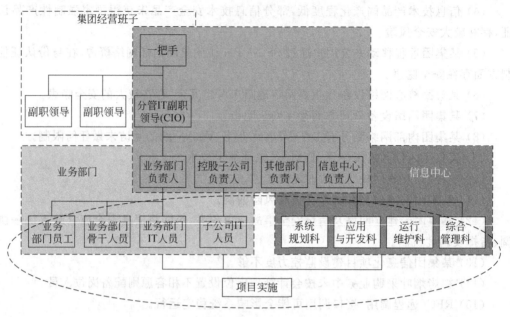

图 9-5　某集团 IT 组织管理结构图

(2) 事项二：某集团信息化发展规划、信息化建设管理审计

① 具体审计目标。

评价该集团是否根据企业发展战略和规划制定了信息化中长期发展规划,制定的规划是否具有可操作性,是否与企业信息化发展现状相吻合。

② 审计测试过程。

查阅了该集团提供的分散网络规划、信息系统规划及数据中心规划等文档,并组织对网络信息管理科访谈。

③ 审计发现问题和建议。

- 发现的问题。企业信息化发展规划及信息化建设管理有待进一步完善。与某烟草(集团)公司等同行业企业相比,该集团所制定的企业信息化规划不够完整,缺乏统筹安排。信息化规章制度不够全面,且各项制度的执行没有纳入企业绩效考核;另外,对下属机构、控股及联营公司的信息化建设缺乏统一管理。

- 审计建议。该集团应根据企业的发展战略和业务目标制订发展中长期规划,确保企业信息化建设可持续发展;同时健全和完善信息化规章制度,加强对所属机构的管理,强化对信息化工作的考核。

(3) 事项三：某集团网络信息系统运维管理审计

① 具体审计目标。

评价该集团网络信息系统的运行维护管理是否可控。

② 审计测试过程。

查阅了该集团提供的网络及信息系统的运行维护管理规章制度,查阅机房运维日志,外包服务合同,并组织对网络信息管理科访谈。

③ 审计发现问题和建议。
- 发现的问题。该集团对网络信息系统的运维管理有待进一步完善。目前,该集团尚未建立标准化、体系化、流程化的一体化运维管理体系;对服务外包企业依赖性较大,没有建立对服务外包企业的准入、退出及运维服务监控与绩效评价机制。对服务外包企业缺乏严格的资质要求,特别是 ERP 外包服务商——ASD 科技有限公司没有国家信息系统集成资质和信息安全服务资质,这对集团信息化建设是一个不利因素。另外,缺乏对外包服务导致的网络信息安全和重大事故处置机制,以及出现事故后的技术和管理责任判定制度。
- 审计建议。该集团应健全和完善运维管理体系,加强对信息技术人才的培养,强化对服务外包企业的监管和考核,逐步减少对服务外包企业的依赖,降低 ERP 系统运维成本和信息资产安全风险。

(4) 事项四:某集团网络产品安全审计

① 具体审计目标。

评价该集团所使用的网络安全产品是否满足企业信息安全运行要求,是否满足国家信息安全产品使用管理相关要求。

② 审计测试过程。

查阅各中心机房竣工文档,查阅网络安全产品设备配置清单,查阅相关合同,与相关人员座谈,到两个中心机房实地察看。

③ 审计发现问题和建议。
- 发现的问题。该集团使用的大部分安全产品均为国外品牌,其核心技术、关键部件掌握在外商手中,存在较大的技术依赖风险和信息安全风险;部分网络安全产品未取得公安部门颁发的《计算机信息系统安全专用产品销售许可证》。
- 审计建议。该集团应严格执行信息安全管理的有关规定,对不符合国家信息安全管理规定的安全设备,应当要求安全设施供货商按国家信息安全产品管理规定补办《计算机信息系统安全专用产品销售许可证》,或者进行更换,以切实加强网络安全产品的使用管理,有效防范信息安全事故的发生。

(5) 事项五:某集团网络远程接入控制审计

① 具体审计目标。

评价该集团营销人员或其他人员通过 VPN 远程接入内网的安全控制是否有效。

② 审计测试过程。

查阅该集团远程接入设计方案,与一线用户进行座谈,模拟远程用户通过互联网登录测试,审查远程访问安全控制策略。

③ 审计发现问题和建议。
- 发现的问题。该集团远程移动办公用户通过 SSL-VPN 访问集团内部网络资源,在身份认证控制方面存在安全隐患。目前,远程用户通过 SSL-VPN 访问集团内部网络资源,仅是通过"用户名和密码"的认证方式来对用户进行身份验证,该方法安全度较低,一旦外部未授权人员取得相应的用户名及密码,即可访问集团授

权该用户可访问的内部网络资源。
- 审计建议。该集团应尽快建立 CA 认证机制,不同用户划分不同的安全级别,并发放相应的安全证书,特别是远程 SSL-VPN 用户访问内网资源,应该采用电子证书或 USB 电子密钥方式进行访问,有效控制远程 SSL-VPN 访问带来的潜在的网络安全威胁。

(6) 事项六:某集团网络物理链路冗余控制审计
① 具体审计目标。
检查网络核心设备是否有冗余,是否存在单点故障,主要网络链路是否进行了冗余设计。
② 审计测试过程。
查阅网络拓扑图,到中心机房实地勘察。
③ 审计发现问题和建议。
- 发现的问题。该集团核心网络设备和主要网络链路未考虑冗余,存在较大的安全隐患。该中心机房仅配备了 1 台 6509E 核心交换机,承担着整个集团的数据交换任务,一旦设备出现单点故障,将会导致整个集团网络通信中断;技术中心、行政商务楼也只配备了 1 台汇聚交换机,一旦设备出现单点故障,也会影响网络通信;另外,网络主干均采用单条链路与核心交换机相连,一旦链路中断,将会导致部分网络功能瘫痪,进而影响正常的生产经营。
- 审计建议。该集团应尽快优化网络结构,核心网络设备使用双机热备,并把网络主干单链路改造为双链路,切实增强网络的健壮性和扩展性,有效防范因网络设备和网络链路出现单点故障而引起的网络中断风险。

(7) 事项七:某集团网络管理控制审计
① 具体审计目标。
评价网络管理控制是否安全,是否对 SNMP 简单网络管理协议的使用进行控制。
② 审计测试过程。
查阅网络管理方案,与网络管理员访谈,登录到部分网络设备(路由器、交换机、防火墙等)的配置系统中,查看 SNMP 协议的授权。
③ 审计发现问题和建议。
- 发现的问题。该集团网络设备管理方面存在安全隐患。集团本部内网中的网络设备均启用了 SNMP 协议,但部分网络设备采用了公共团体名称 PUBLIC,网络攻击者可以利用 SNMP 协议取得相关网络设备的可用信息,甚至窃取网络的拓扑图,进而对网络发起攻击。
- 审计建议。该集团应尽快更改内网中使用 SNMP 协议网络设备的默认团体名,切实加强对网络设备的安全管理。

(8) 事项八:某集团内部各 VLAN 访问控制审计
① 具体审计目标。
评价该集团内网中不同业务、不同部门间各子网是否进行有效的访问控制。
② 审计测试过程。
采用现场测试法。审计组所在该集团办公的会议室 IP 为自动获取的,如 10.96.49.

49，技术中心机房营销系统数据库服务 IP 为 10.96.35.5，在 10.96.49.49 上直接 PING 通 10.96.35.5，并且通过 SQL Server 2000 客户端配置工具直接进入 10.96.35.5 数据库服务器上的 SQL Server 2005 数据库进行操纵。进一步测试，除技术中心机房外，自动获取的 IP 地址可直接访问 ERP 系统服务器 VLAN。与网络管理员访谈，了解该集团虽然对内外按办公区域划分了 VLAN，但各 VLAN 的互相访问未做任何控制。

③ 审计发现问题和建议。

- 发现的问题。该集团内部网络划分有多个 VLAN，但各 VLAN 间的互访未做任何限制，即普通内部 VLAN 可访问核心业务的 VLAN。内网各网段间未做相应的访问控制，一旦获得高级用户的用户名及口令，即可跨网段访问核心业务数据，对核心业务数据构成威胁。
- 审计建议。该集团应尽快完善 VLAN 互访控制策略，限制普通 VLAN 对核心业务网段 VLAN 的访问，特别是应尽快加强对中心机房应用服务器、数据库服务器、数据中心及工业控制以太网等 VLAN 的访问控制，以阻断来自内部的网络安全威胁隐患。

(9) 事项九：某集团网络 IP-MAC 地址控制审计

① 具体审计目标。

是否对网络 IP 资源进行有效规划和物理地址绑定，以有效控制网络接入访问。

② 审计测试过程。

现场测试法。在审计组所在楼层区域不同办公室进行网络接入，IP 地址均能自动获取。到另外办公室进行 IP 获取测试，也能自动获取有效 IP 地址。

③ 审计发现问题和建议。

- 发现的问题。该集团内部网络未使用 IP-MAC 地址绑定技术，不能有效管理和控制集团内部客户端的 IP 地址资源，信息安全事故的防范能力偏低，且发生信息安全事故后难以追查事故源头。
- 审计建议。该集团应尽快在内部网络中使用 IP-MAC 地址绑定技术，切实加强对客户端 IP 地址资源的管理及控制，有效防范信息安全事故的发生。

(10) 事项十：某集团内网与外网使用控制审计

① 具体审计目标。

审查内网和外网是否进行有效隔离。

② 审计测试过程。

查看网络拓扑结构图，与网络管理员访谈，并进行实际使用测试，到终端用户现场抽查等。发现大部分人员都使用同一台计算机访问内外和互联网，在使用 ERP 系统进行业务操作时，可访问互联网。内外通过代理服务器可直接访问外网，硬盘没有进行物理隔离。

③ 审计发现问题和建议。

- 发现的问题。内网和互联网缺乏有效的隔离措施。该集团仅使用防火墙和交换机相结合的逻辑隔离技术来实现内网和互联网之间的隔离，未实施有效的物理隔离，业务信息可以在内网和互联网之间双向传递，存在较大的信息安全隐患；对内网中重要的信息系统，未采用防火墙等技术手段实施访问控制，同样存在信息安全隐患。
- 审计建议。该集团应根据各信息系统安全等级要求,对访问互联网和内网的网段进行物理隔离,切实加强重要信息系统访问控制,有效提高内部网络的安全性。

(11) 事项十一:某集团内网系统漏洞控制审计

① 具体审计目标。

审计网络中各信息系统运行的操作系统环境和数据库管理系统环境的系统安全漏洞情况。

② 审计测试过程。

- 审计准备阶段

审计组采用调阅资料、与网络信息管理科主要人员访谈、调查问卷、现场查看等方法了解了该集团网络系统及信息系统技术架构。该集团 ERP 系统等重要信息系统后台服务器均为 IBM 小型机,操作系统为 AIX。前台各客户端操作系统均为 Windows 2000 及以上版本。

重点对 BCD 信息技术有限公司于 2009 年 1 月对该集团进行的信息安全检查评估报告进行分析研究,该检查报告反映,外网网站和外网邮件系统存在极高风险漏洞,容易被恶意攻击者完全控制,参与检查的网络设备、主机、数据库、终端设备、应用系统均存在安全漏洞,而且漏洞种类和数量较多。在 44 条风险汇总列表中,危险程度为极高的有两个,占检测总数的 4.5%;危险程度为高的有 17 个,占检测总数的 38.63%;危险程度为中的有 11 个,占检测总数的 25%。

审计组确定了使用 BCD 信息技术有限公司的×××网络漏洞扫描器,对部分网段进行扫描测试。

- 审计实施阶段

在该集团正常工作时间,使用×××网络漏洞扫描器对集团网络中部分网段在线的 11 台服务器和 25 台终端客户机进行了扫描检测。具体情况如下。

网段中在线的 11 台服务器共有 149 个系统漏洞,其中高危险漏洞 42 个、中危险漏洞 32 个、低危险漏洞 75 个。服务器扫描情况如表 9-7 所示。

表 9-7 服务器扫描情况

| 序号 | IP 地址 | 漏洞总数 | 高危险漏洞 | 中危险漏洞 | 低危险漏洞 | 服务总数 | 风险分值 | 安全状态 |
|---|---|---|---|---|---|---|---|---|
| 1 | 10.96.45.1 | 13 | 2 | 1 | 10 | 1 | 884 | 极度危险 |
| 2 | 10.96.45.2 | 12 | 2 | 2 | 8 | 5 | 892 | 极度危险 |
| 3 | 10.96.45.3 | 21 | 4 | 8 | 9 | 10 | 1008 | 极度危险 |
| 4 | 10.96.45.4 | 11 | 2 | 2 | 7 | 5 | 890 | 极度危险 |
| 5 | 10.96.45.9 | 3 | 2 | 0 | 1 | 45 | 242 | 高度危险 |
| 6 | 10.96.45.10 | 3 | 2 | 0 | 1 | 38 | 242 | 高度危险 |
| 7 | 10.96.45.13 | 51 | 19 | 17 | 15 | 39 | 1023 | 极度危险 |
| 8 | 10.96.45.15 | 13 | 2 | 0 | 11 | 35 | 873 | 极度危险 |

续表

| 序号 | IP 地址 | 漏洞总数 | 高危险漏洞 | 中危险漏洞 | 低危险漏洞 | 服务总数 | 风险分值 | 安全状态 |
|---|---|---|---|---|---|---|---|---|
| 9 | 10.96.45.18 | 22 | 7 | 2 | 13 | 10 | 855 | 极度危险 |
| 10 | 10.96.45.19 | 0 | 0 | 0 | 0 | 0 | 0 | 比较安全 |
| 11 | 10.96.45.20 | 0 | 0 | 0 | 0 | 0 | 0 | 比较安全 |

服务器存在的各级别漏洞所占比例如图 9-6 所示。

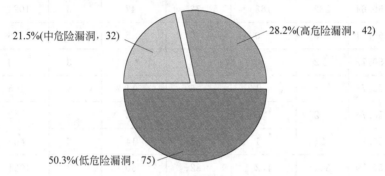

图 9-6 服务器存在各级别漏洞所占比例图

网络中在线的 25 台终端客户机共有 775 个系统漏洞,其中高危险漏洞 354 个、中危险漏洞 189 个、低危险漏洞 232 个。

终端客户机扫描情况如表 9-8 所示。

表 9-8 终端客户机扫描情况

| 序号 | IP 地址 | 漏洞总数 | 高危险漏洞 | 中危险漏洞 | 低危险漏洞 | 服务总数 | 风险分值 | 安全状态 |
|---|---|---|---|---|---|---|---|---|
| 1 | 10.96.50.1 | 15 | 2 | 1 | 12 | 2 | 884 | 极度危险 |
| 2 | 10.96.50.2 | 8 | 2 | 1 | 5 | 4 | 880 | 极度危险 |
| 3 | 10.96.50.3 | 21 | 7 | 1 | 13 | 10 | 1023 | 极度危险 |
| 4 | 10.96.50.33 | 0 | 0 | 0 | 0 | 0 | 0 | 比较安全 |
| 5 | 10.96.50.36 | 0 | 0 | 0 | 0 | 2 | 0 | 比较安全 |
| 6 | 10.96.50.38 | 17 | 0 | 3 | 14 | 4 | 116 | 高度危险 |
| 7 | 10.96.50.41 | 0 | 0 | 0 | 0 | 0 | 0 | 比较安全 |
| 8 | 10.96.50.42 | 4 | 0 | 0 | 4 | 4 | 5 | 低度危险 |
| 9 | 10.96.50.43 | 22 | 3 | 5 | 14 | 3 | 605 | 极度危险 |
| 10 | 10.96.50.44 | 0 | 0 | 0 | 0 | 1 | 0 | 比较安全 |
| 11 | 10.96.50.46 | 3 | 0 | 0 | 3 | 3 | 4 | 低度危险 |
| 12 | 10.96.50.52 | 20 | 1 | 5 | 14 | 3 | 279 | 极度危险 |
| 13 | 10.96.50.54 | 4 | 0 | 2 | 2 | 4 | 66 | 高度危险 |

续表

| 序号 | IP 地址 | 漏洞总数 | 高危险漏洞 | 中危险漏洞 | 低危险漏洞 | 服务总数 | 风险分值 | 安全状态 |
|---|---|---|---|---|---|---|---|---|
| 14 | 10.96.50.55 | 0 | 0 | 0 | 0 | 0 | 0 | 比较安全 |
| 15 | 10.96.50.56 | 22 | 2 | 5 | 15 | 2 | 875 | 极度危险 |
| 16 | 10.96.50.61 | 0 | 0 | 0 | 0 | 0 | 0 | 比较安全 |
| 17 | 10.96.50.63 | 2 | 0 | 0 | 2 | 1 | 2 | 比较安全 |
| 18 | 10.96.50.64 | 282 | 163 | 72 | 47 | 3 | 1024 | 极度危险 |
| 19 | 10.96.50.71 | 5 | 0 | 0 | 5 | 4 | 6 | 低度危险 |
| 20 | 10.96.50.72 | 2 | 0 | 0 | 2 | 3 | 3 | 比较安全 |
| 21 | 10.96.50.73 | 21 | 1 | 6 | 14 | 4 | 405 | 极度危险 |
| 22 | 10.96.50.76 | 2 | 0 | 0 | 2 | 3 | 3 | 比较安全 |
| 23 | 10.96.50.78 | 21 | 1 | 6 | 14 | 4 | 405 | 极度危险 |
| 24 | 10.96.50.79 | 304 | 172 | 82 | 50 | 3 | 1024 | 极度危险 |
| 25 | 10.96.50.87 | 0 | 0 | 0 | 0 | 0 | 0 | 比较安全 |

终端客户机存在的各级别漏洞所占比例如图 9-7 所示。

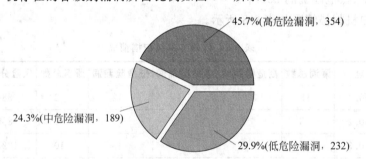

图 9-7 终端存在各级别漏洞所占比例图

③ 审计发现问题和建议。

- 发现的问题。该集团在主机操作层面的安全性较低,弱口令情况较为严重,且由于主机数量庞大,缺乏完善的补丁修复机制。
  服务器及终端客户机系统存在的漏洞包括 Windows 系统补丁漏洞、Oracle 漏洞、Web 漏洞、RPC 漏洞、SQL Server 漏洞以及管理员账号为空口令等。该集团服务器及终端客户机系统存在较大的安全隐患。
- 审计建议。该集团应尽快修补服务器及终端客户机系统存在的安全漏洞,抓紧建立网络信息安全系统,同时建立网络安全应急预案,并开展演练,特别应尽快对工业以太网存在的安全隐患进行整改,确保工业生产有序开展,尽快消除系统中存在的安全隐患。

(12) 事项十二：某集团网络安全应急控制审计
① 具体审计目标。
是否建立网络安全应急预案。
② 审计测试过程。
与网络信息管理科负责人面谈。目前只建立了春节期间的网络安全应急预案，没有制定全面的网络安全事故应急预案。
③ 审计发现问题和建议。
- 发现的问题。该集团未建立网络及信息安全事故应急预案，对网络信息安全应急缺乏统一协调、指挥及调度机制。
- 审计建议。该集团应尽快制定网络及信息安全事故应急预案，建立有效应对网络信息安全事故的统一协调、指挥及调度机制。

(13) 事项十三：某集团信息系统建设过程审计
① 具体审计目标。
信息系统建设项目是否得到有效监管。
② 审计测试过程。
查阅 ERP 所有实施合同，查阅金额大于 300 万元的信息化建设项目合同和项目管理文档。与相关负责人面谈。
③ 审计发现问题和建议。
- 发现的问题。该集团信息化项目建设监控力度不够。目前该集团《工程项目管理规定》中没有专门的信息化建设项目管理要求，在信息化项目建设开展初期，部分项目未编制详细的项目可行性研究报告，未引入第三方有资质的机构或聘请业界专家对信息系统建设进行可行性分析论证，项目的可行性、投资预算及效益未能得到有效控制；在信息化项目的实施阶段，ERP 项目采购基本未进行招投标，未引入第三方监理，项目实施进度及质量未得到有效监督；在部分信息化项目的验收阶段，未引入第三方机构或聘请业界专家对项目的实施结果进行评估和测试。
- 审计建议。该集团应在《工程项目管理规定》中增加对信息化建设项目管理的规定，或单独制定信息化建设项目管理办法，进一步完善信息化项目在立项、采购、实施及验收等方面的建设程序和审批手续，主动引入第三方(具有资质的机构或聘请业界专家)，对项目实施的整个过程进行外部监督，确保信息化项目建设的可行性、合法性、经济性和有效性。

(14) 事项十四：ERP 系统初烤烟叶采购业务流程控制审计
① 具体审计目标。
评价 ERP 系统业务流程设计是否满足和遵循实际生产运营业务规范，实际生产运营业务操作是否按 ERP 系统设定的标准流程组织开展。
② 审计测试过程。
- 审计准备阶段

在 ERP 系统的实施过程中，企业有较大的自主性，不同的流程设计和参数配置往往会对企业以后的生产经营和会计核算产生较大影响，企业甚至有可能在系统实施阶段就为作弊埋下伏笔,使不规范业务脱离系统监控和记录。烟用物资采购流程如图 9-8 所示,本次重点对初烤烟叶采购流程控制进行审计。

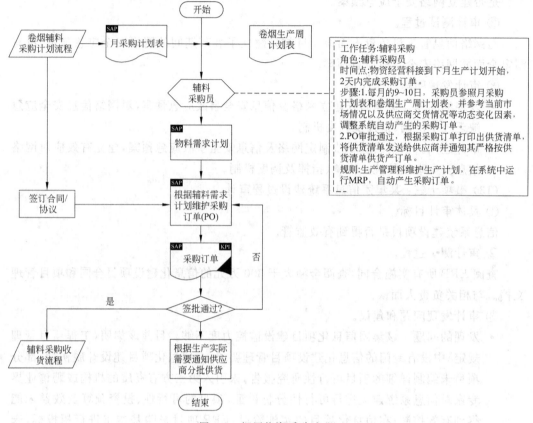

图 9-8　烟用物资采购流程

烟用物资采购流程:由辅料采购员岗位完成采购订单的编制。

烟用物资采购收货流程:在收货环节,由辅料仓库记账员岗位完成采购订单的审核,由辅料仓库管理员完成对收货入库,烟用物质入库流程如图 9-9 所示。

- 审计实施阶段

根据对 ERP 业务流程的分析,SAP ERP 标准采购流程中的采购订单创建、审核、收货记账环节应该由 3 个不同岗位来完成。在 ERP 系统中查阅 2008 年的物料凭证,发现大部分针对烟草公司的初烤烟叶采购业务中的上述三个环节均由仓库记账员一个角色完成。到烟叶物资公司访谈具体的仓库记账员得知,在系统外,该不同岗位确实由一个人操作。

③ 审计发现问题和建议。

- 发现的问题。该集团公司对下属烟草公司的初烤烟叶采购业务中,未按会计管理岗位设置不相容原则配备岗位人员。SAP ERP 标准采购流程中的采购订单创建、审核、收货记账环节应该由 3 个不同岗位来完成,但该集团公司在针对下属烟草公司目前的初烤烟采购流程中,上述 3 个岗位均由仓库记账员一人来完成,实际运作流程与ERP系统标准流程不匹配；在该流程中，烟叶收货系统记账操作一般会滞后实物入库3天，这个间隔如果有实物发出，系统由于没有反映入库情况，会出现"打白条"现象，导致账实不符。

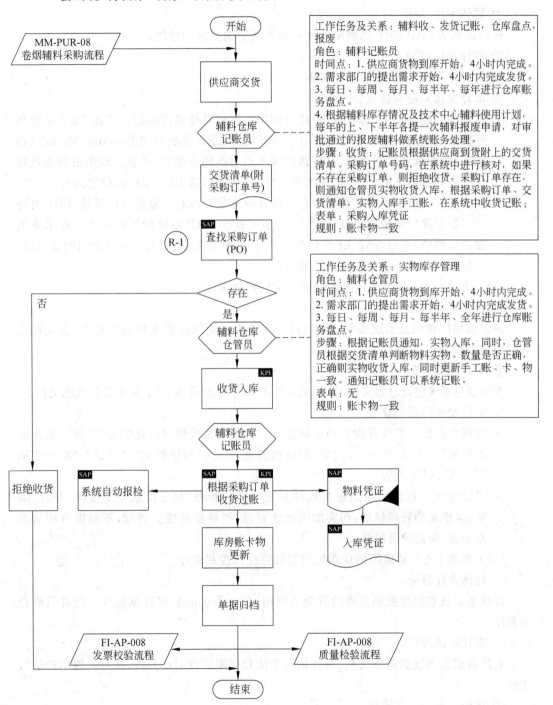

图9-9 烟用物资入库流程

- 审计建议。该集团实际业务流程运作应严格按 ERP 系统设定的标准业务流程执行，以确保 ERP 系统数据的真实性、完整性和及时性。

(15) 事项十五：ERP RFC(远程调用)接口调用控制审计

① 具体审计目标。

评价该集团 SAP ERP 远程接口调用是否会影响系统的性能。

② 审计测试过程。

查看 SAP ERP 接口调用设计文档。

③ 审计发现问题和建议。

- 发现的问题。RFC(远程调用)接口调用会影响系统稳定运行。集团 ERP 系统与外围系统之间的接口，均采用 RFC 方式调用 ERP 系统中的 Function Module(功能函数)抓取和传递数据，这种接口属于点对点同步模式，其数据调用机制和数据封装方式会给 ERP 的内存调度带来风险，从而影响 ERP 系统的稳定运行。
- 审计建议。该集团应在数据中心的设计中充分考虑对外数据接口问题，ERP 对外输出数据接口尽量移植到数据中心，切实减少 ERP 系统的运行压力。在未来的接口规划中，应以 SAP XI 平台架构为基础，整合 ERP 与其他系统之间的接口，以尽量减少点对点同步接口模式的使用。

(16) 事项十六：某集团信息系统开发文档控制审计

① 具体审计目标。

评价该集团在信息系统项目建设过程中系统生命周期过程文档是否建立，各文档是否得到有效管理和控制。

② 审计测试过程。

查阅信息系统建设过程文档，重点查阅 SAP ERP 系统开发文档，系统变更控制文档。

③ 审计发现问题和建议。

- 发现的问题。系统开发文档不够规范。集团的文档管理信息中无"更新历史及版本控制"、"审核、签字"等内容，程序功能说明中无"权限控制"、"测试"、"功能逻辑图"、"输入"等内容。
- 审计建议。该集团应加强对软件开发文档的管理，制定信息系统设计、开发、测试、运维文档管理标准，切实加强配置管理，严格控制变更管理，不断提升项目开发质量，降低项目风险。

(17) 事项十七：某集团信息系统数据资源应用控制审计

① 具体审计目标。

评价各系统数据库数据资源的管理及利用，多个系统的数据资源是否进行有效整合和利用。

② 审计测试过程。

查阅各信息系统的需求文档，对各信息系统数据库进行对比分析，并与关键用户进行访谈。

③ 审计发现问题和建议。

- 发现的问题。该集团的企业运营已经构建在信息化系统上，积累了多年的数据资源,但数据库资源分散在各个应用系统中,缺乏有效的整合、管理和利用,不利于为企业领导提供宏观决策支持和服务。
- 审计建议。该集团应加快数据中心建设,充分分析现有各信息系统的应用情况,对信息资源进行有效整合与利用。

(18) 事项十八:某集团 ERP 系统异地容灾备份及恢复控制审计

① 具体审计目标。

是否建立了 ERP 等重要信息系统异地容灾备份及恢复系统,评价 ERP 系统备份与恢复策略是否有效。

② 审计测试过程。

查阅 ERP 系统架构图,实地察看中心机房备份实施。ERP 生产系统数据库和 BW 数据仓库共用一个存储,生产数据库系统和 BW 间做双机热备。与数据库管理员访谈,还没有建设异地灾备系统。

③ 审计发现问题和建议。
- 发现的问题。该集团 ERP 系统未建立异地容灾备份及恢复系统。
- 审计建议。该集团应尽快规划并建立远程容灾备份与恢复系统,建立健全系统运行维护流程及相关制度,确保企业信息资产的安全。

**5. 初步审计成果**

本次信息系统审计的主要做法:一是厅领导深入一线,指明了审计范围和重点;二是审计组边学边干,编制了翔实的审计实施方案,并引进网络安全、ERP(企业资源计划)系统专家进行可行性论证和业务指导;三是在审计实施过程中采用了座谈、调查问卷、查阅资料、现场查看、平行模拟以及穿行测试等多种技术方法,确保了审计质量;四是争取到被审计单位信息技术管理人员的积极支持,确保了审计顺利进行。

## 9.2.2 地理信息系统在计算机审计中的应用

**1. 地理信息系统概述**

地理信息(Geographic Information)是指与空间地理分布有关的信息,它是表示地表物体和环境固有的数据、质量、分布特征、联系和规律的数字、文字、图形、图像等的总称。地理信息属于空间信息,与一般信息相比,它具有区域性、多维性和动态性特征。区域性是指地理信息的定位特征,这种定位特征是通过公共的地理基础来体现的,如用经纬网或公里网坐标来识别空间位置,并指定特定的区域。多维性是指在一个坐标位置上具有多个专题和属性信息,如在一个地面点上可取得高程、污染、交通等多种信息。动态性是指地理信息的动态变化特征,即时序特性,使地理信息常以时间尺度划分成不同时间段信息,这就要求及时采集和更新地理信息,并根据多时相的数据和信息来寻找时间分布规律,进而对未来做出预测和预报。

地理信息系统是一种特定而又十分重要的空间信息系统,在计算机硬件与软件支持下，运用系统工程和信息科学理论，科学管理和综合分析具有空间内涵的地理数据，以提供规划、管理、决策和研究所需信息。它是一门多技术交叉的空间信息科学，依赖于地理学、测绘学、统计学等基础性学科，又取决于计算机硬件与软件技术、航天技术、遥感技术和人工智能与专家系统技术的进步与成就。此外，地理信息系统又是一门以应用为目的的信息产业，它的应用可深入到各行各业如在我国土地、海洋、林业审计中都有广泛应用。

**2. 地理信息系统在耕地保护审计中的应用**

我国实行严格的耕地保护制度，目的是把基本农田保护好，确保基本农田总量不减少、质量不下降、用途不改变，它也是国家保证粮食安全最重要的举措。国家通过下达耕地和基本农田保有量的任务、考核的方法以及其他多种措施，确保各地保证耕地和基本农田的数量和质量。但由于农业对地方经济的贡献远不如其他产业，地方政府往往缺乏内生动力保护耕地和基本农田，在"一张图"管理还未全面推行的情况下，部分地方为完成考核任务，甚至弄虚作假，将不符合要求的地块也划为基本农田。即便是农民，由于种植经济作物的收益往往优于粮食作物，也常常会在优质耕地中种植果树、茶树甚至挖塘养鱼等，影响了耕地保护的大局。

在地理信息系统环境下，可以通过对土地利用现状和规划数据进行比较，并借助外部数据，分析发现地方政府基本农田保护责任落实的整体情况和存在问题。审计思路分3个层次：一是通过耕地和基本农田现状数据与上级下达指标和规划指标比对，分析某地方有无突破土地利用总体规划确定的耕地及基本农田约束性指标；二是比较基本农田数据和土地利用现状数据，统计其中可调整地类、坡度大于25°的耕地以及建设用地的情况，全面分析某地方基本农田的总体结构与质量；三是引入林业等外部数据，借助遥感影像图、Google Earth 地图等地理信息数据和技术手段，将重点抽查地方的基本农田数据与对应影像图进行对比分析，快速有效地确定疑点图斑；最后采用全球定位技术（GPS），对疑点图斑进行实地核实，以甄别重点抽查地方的基本农田现状的真实性，核实虚假划定及违法占用基本农田的情况。上述步骤为评价区域基本农田保护责任落实情况提供数据支撑。

要落实上述审计思路，需要从被审计单位获取以下4类原始数据，包括土地利用现状数据库（包括所有地类图斑和基本农田保护现状数据）；土地利用规划数据库（包括基本农田规划数据、土地规划指标数据）；遥感影像图（相关年份带坐标信息遥感影像数据）；其他数据，如林业资源数据库（包括所有林地分布数据）。需要的分析软件可以为 SuperMap Deskpro6、ArcGIS 等常规地理信息系统软件或审计署与某特派办合作开发的地理信息辅助审计系统。

（1）耕地及基本农田约束性指标总体评价审计过程

围绕审计目标，主要通过对耕地和基本农田现状数据进行统计，将统计结果与上级下达指标和规划指标比对，分析地方有无突破土地利用总体规划确定的耕地及基本农田约束性指标的情况。主要操作过程如下。

① 获取电子数据并进行整理。

地方国土部门的基本农田保护现状和规划数据通常使用相关的地理信息系统和数据

库进行管理,上述数据通过一到两次转换,均可以导入审计人员所用的地理信息系统软件中。如在某次审计中使用 SuperMap 软件,建立"A 市国土审计分析"工作空间,并新建"GIS 数据分析"数据源,将 A 市相关数据导入后,形成如下基础分析数据:首先是从土地利用规划数据库导出的数据,分别命名为 A 市规划基本农田保护数据库、A 市土地规划指标数据库;然后是从土地利用现状数据库导出的数据,分别命名为 A 市土地利用现状图斑数据库、A 市现状基本农田数据库。数据导入界面如图 9-10 所示。

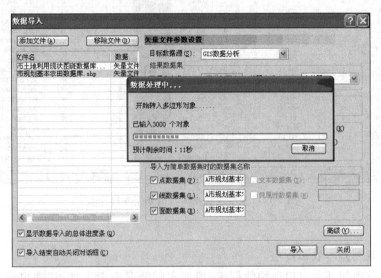

图 9-10 SuperMap 数据导入界面

② 计算耕地保有量和基本农田保护现状面积。

打开 A 市土地利用现状图斑数据库数据表,根据 DLMC(地类名称)和 DLBZ(地类标志)字段筛选出水田、水浇地、旱地及可调整地类等符合耕地定义的地块,形成"A 市耕地数据"新图层,通过其属性表直接读取 TBDLMJ(图斑地类面积)字段,并统计出实际保有的耕地面积。在"A 市现状基本农田数据库"图层中直接读取 TBDLMJ(图斑地类面积)字段,并汇总出现状基本农田保护面积。属性表如图 9-11 所示。

③ 获取或计算土地利用总体规划下达的耕地和基本农田约束性指标数。

可以从两个渠道获得上述指标,一是直接取得规划审批文件,从文件中得到上述指标;二是仿照上一步的操作,在 A 市规划指标数据库中汇总计算出耕地和基本农田指标数。

④ 比较分析,得出结论。

最后将前两步计算得出的耕地保有量和基本农田保护现状面积分别与指标数进行比较,检查该地方是否完成约束性指标任务。

(2) 基本农田的总体结构与质量审计过程

通过将基本农田数据和土地利用现状数据进行比较,可以统计出其中的可调整地类、坡度大于 25 度耕地等情况,通过将基本农田数据和林业等外部矢量数据进行比较,可以统计出其中种植对土壤层破坏大的树种的情况,从而全面分析某地方基本农田的总体结

| 编号 | KCDLBM | TKXS | XZDWMJ | LXDWMJ | TKMJ | TBMJ | TBDLMJ | SFBH | DLBZ | OBJECTID | shape_Leng |
|---|---|---|---|---|---|---|---|---|---|---|---|
| 1 | | 0 | 0 | 0 | 0 | 3844.7 | 3844.7 | Y | K | 1 | 248.803476753 |
| 2 | | 0 | 0 | 0 | 0 | 43026.98 | 43026.98 | Y | K | 2 | 1148.1304575 |
| 3 | | 0 | 452.52 | 0 | 0 | 10779.42 | 10326.9 | N | | 3 | 903.410397215 |
| 4 | 123 | 0 | 0 | 0 | 0 | 894.06 | 894.06 | N | | 4 | 163.249605261 |
| 5 | | 0 | 340.92 | 0 | 0 | 17044.34 | 16703.42 | Y | K | 5 | 549.957070573 |
| 6 | | 0 | 563.4 | 0 | 0 | 3595.15 | 3031.75 | N | | 6 | 329.345956775 |
| 7 | | 0 | 0 | 0 | 0 | 5671.59 | 5671.59 | N | | 7 | 372.18938309 |
| 8 | 123 | 0 | 0 | 0 | 0 | 19045.78 | 19045.78 | N | | 8 | 1114.46748863 |
| 9 | | 0 | 229.48 | 0 | 0 | 1501.34 | 1271.86 | N | | 9 | 292.032591722 |
| 10 | | 0 | 229.47 | 0 | 0 | 466.64 | 237.17 | N | | 10 | 158.735313018 |
| 11 | | 0 | 0 | 0 | 0 | 41338.92 | 41338.92 | Y | K | 11 | 1374.46738843 |
| 12 | | 0 | 821.76 | 0 | 0 | 41652.3 | 40830.54 | Y | K | 12 | 1029.77152701 |
| 13 | | 0 | 0 | 0 | 0 | 12929.25 | 12929.25 | Y | K | 13 | 635.426264414 |
| 14 | 123 | 0 | 755.82 | 0 | 0 | 43582.23 | 42826.41 | N | | 14 | 1392.17423407 |
| 15 | 123 | 0 | 516.29 | 0 | 0 | 3343.2 | 2826.91 | N | | 15 | 368.345876902 |
| 16 | | 0 | 0 | 0 | 0 | 7537.5 | 7537.5 | Y | K | 16 | 363.20967811 |
| 17 | 123 | 0 | 217.19 | 0 | 0 | 8487.94 | 8270.75 | N | | 17 | 390.318958537 |
| 18 | 123 | 0 | 424.5 | 0 | 0 | 3555.73 | 3131.23 | N | | 18 | 461.752762633 |
| 19 | | 0 | 664.03 | 0 | 0 | 6149.35 | 5485.32 | N | | 19 | 551.789210114 |
| 20 | | 0 | 217.2 | 0 | 0 | 3533.31 | 3316.11 | N | | 20 | 284.984854791 |
| 21 | | 0 | 1221.75 | 0 | 0 | 5723.13 | 4501.38 | N | | 21 | 770.537927641 |
| 22 | 123 | 0 | 771.94 | 0 | 0 | 5820.82 | 5048.88 | N | | 22 | 645.83622883 |
| 23 | 123 | 0 | 1888.25 | 0 | 0 | 34483.27 | 32595.02 | N | | 23 | 808.685010892 |
| 24 | | 0 | 4590.37 | 0 | 0 | 103768.94 | 99178.57 | N | | 24 | 2490.53798117 |

图 9-11 A 市现状基本农田数据库属性表

构与质量。

① 建立规划基本农田图层。

打开 A 市规划基本农田保护数据库,根据实际情况设定条件,筛选出新一轮规划期需保护的基本农田地块数据,如设定 NTTZZT(农田调整状态)等于"1"(现状基本农田)或"2"(规划新调入基本农田)为条件,命名为"A 市规划基本农田分布"图层。

② 统计基本农田中可调整地类的情况。

仿照上一步做法,打开 A 市土地利用现状图斑数据库,根据实际情况设定条件,筛选出可调整地类(原有耕地因农业结构调整而改为非耕地且未破坏耕作层的土地)数据。如设定 DLBZ(地类标志)为"K"(可调整地类),命名为"A 市现状可调整地类分布"图层。

利用地理信息系统软件的功能,将"A 市现状可调整地类分布"图层与"A 市规划基本农田分布"图层进行叠加分析,执行"裁剪"操作,即可得到规划基本农田为可调整地类的情况。打开分析结果图层的属性数据表,即可进行面积汇总、占比等计算。在 SuperMap 软件中实现叠加分析的界面如图 9-12 所示。

③ 统计基本农田中坡度大于 25 度的耕地的情况。

与上一步类似,打开 A 市土地利用现状图斑数据库,根据实际情况设定条件,筛选出耕地中坡度大于 25 度的数据。如设定 GDPDDJ(耕地坡度级)为"5",并将结果图层命名为"A 市现状坡度大于 25 度耕地分布"。

利用地理信息系统软件的功能,将"A 市现状坡度大于 25 度耕地分布"图层与"A 市规划基本农田分布"图层进行叠加分析,执行"裁剪"操作,即可得到规划基本农田中耕地坡度大于 25 度的情况。打开分析结果图层的属性数据表,即可进行面积汇总、占比等计算。

图 9-12　SuperMap 软件叠加分析界面

④ 建立可用于比较的外部矢量数据图层。

打开 A 市林业资源数据库，以"林种分布"等于"水土保持林"、"水源涵养林"等，或"优势树种"等于"桉树"为条件，筛选出经林业部门认定的目前种植生态公益林、优势树种等不宜划作基本农田保护或对土壤层破坏大的树种的地块，分别命名为"A 市生态公益林"、"A 市桉树分布"图层。

⑤ 计算并统计基本农田中种植生态公益林、桉树的情况。

利用地理信息系统软件的功能，将"A 市生态公益林"图层、"A 市桉树分布"图层分别与"A 市规划基本农田分布"图层进行叠加分析，执行"裁剪"操作，即可得到规划基本农田实际种植生态公益林、桉树的情况。打开分析结果图层的属性数据表，即可进行面积汇总、占比等计算。

根据上述计算统计的结果，就可以全面评价 A 市基本农田的总体结构与质量。

(3) 虚假划定及违法占用基本农田审计过程

借助国土部门提供的遥感影像图、Google Earth 地图等数据，将某地方的基本农田数据与影像图进行对比分析，以快速有效地确定虚假划定及违法占用基本农田疑点图斑。主要操作过程如下。

① 步骤一：地理信息叠加及分属性渲染。首先，通过坐标转换、几何校正、影像配准技术，叠加二调图和遥感正射影像图；其次，分属性渲染二调图，仅显示地类名称为耕地的图斑。

- 首先利用 ArcGIS 软件加载土地调查成果图，通过坐标转换、几何校正、影像配准技术，叠加二调图和遥感正射影像图，如图 9-13 所示。
- 通过坐标转换、几何校正、影像配准等步骤，叠加规划基本农田分布图和遥感正射影像图；按地类属性设置渲染方案，使规划基本农田分布图成为灰色背景、耕地类图斑镂空的状态，以便于查看。设置后的状态如图 9-14 所示。

② 步骤二：目视解释与图层绘制。首先，通过目视解释，解译重叠区域的大小、形

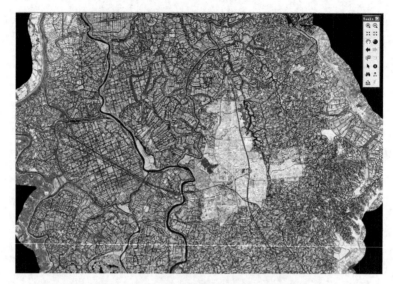

图 9-13　ArcGIS 转换与叠加后的图像

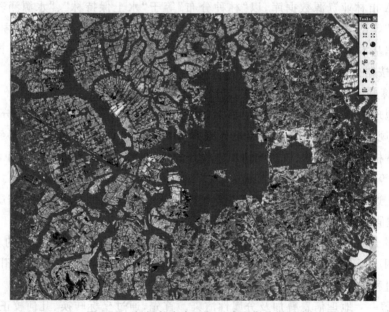

图 9-14　规划基本农田与遥感影像叠加图

状、阴影、颜色、纹理、图案、位置及与周围的关系 8 个要素，判别耕地是否已改变性质甚至被建设占用；其次，利用软件的编辑(EDIT)工具，对发现的疑点绘制疑点图层。绘制出的疑点图斑如图 9-15 所示。

③ 步骤三：拓扑求交与 AO 应用。首先，将疑点图层分别与二调图和基本农田图层拓扑求交，得到耕地疑点图层和基本农田疑点图层；其次，使用软件准确计算出上述重叠区域面积；最后，将以上地理信息数据导入 AO，进行进一步分析与计算。

- 利用软件中 ArcToolbox 下的 Intersect 功能，将疑点图层分别与二调图和基本农

图 9-15  虚假划定及违法占用基本农田疑点图

田图层拓扑求交,并分别计算两者重叠区域面积,如图 9-16 所示。

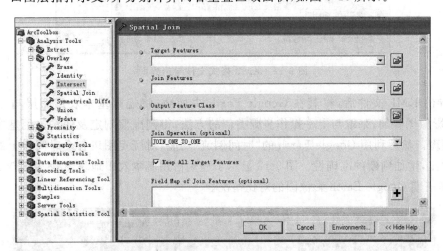

图 9-16  图层拓扑求交

- 将地理信息数据导出到 TXT 文本文件,再使用 AO 的业务数据采集功能,将 TXT 文本数据导入,利用 AO 的数据分析功能分别统计已改变利用性质甚至被建设占用的耕地和基本农田的面积等。

④ 步骤四:核实被审计单位反馈意见的真实性。被审计单位反馈部分疑点地块已办理农转用相关征收手续,并提供了相应批复文件及土地勘测定界图。审计需要核实被审计单位反馈的已办理相关手续的地块是否为疑点地块。

- 取得土地勘测定界图上的界址点坐标表,并将其数字化;
- 将界址点坐标表引入 ArcGIS 软件内建立的地理信息数据库,将点转为线,查看生成的地块与疑点图层的地块是否重叠。

国土部门提供的遥感影像图虽然精确,但更新较慢,且其时点并非审计人员所能控制,而 Google Earth 影像图版本较新,而且还具备多个时间点数据,因此还可利用 Google Earth 软件及其影像数据进行辅助核实。

基于 Google Earth 开展进一步分析,首先将"规划基本农田分布"图层进行坐标变换、几何校正,导出为 KML 格式图层。在 SuperMap 软件中,上述操作可通过"导出数据集"功能实现。导出界面如图 9-17 所示。

图 9-17　KML 格式文件导出界面

导出 KML 文件后,将其在 Google Earth 中加载,将规划基本农田图层与 Google Earth 影像图叠加,采取与上一操作步骤类似的方法,得到虚假划定及违法占用基本农田疑点图斑。然后利用 Google Earth 的"时间倒流"功能,对疑点图斑各个时间点上的图像进行对比,增加判断的准确性。图 9-18 显示了违规占用基本农田地块 2008 年、2009 年和 2010 年三期 Google Earth 影像图的对比情况。

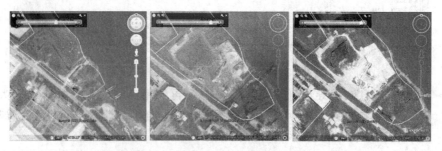

图 9-18　Google Earth 按年份对比核实图

上述过程得到的疑点图斑,都需要进行进一步核实才能确认为问题。根据软件分析出来的疑点图斑示意图、属性表以及地块坐标,结合 GPS 全球定位系统定位仪实地查勘,审计人员可以迅速准确地核实国土部门是否存在将不属耕地的土地虚假上报为可调整地类,将建设用地、水域、未利用地等虚假上报为基本农田,导致基本农田被违法占用、撂荒,而国土部门查处不力等问题。还可以利用 GPS 技术对虚假划定及违法占用部分进行测绘,最后在软件中导出相关地块详细信息。

(4) 耕地保护审计中的典型审计问题

某特派办审计组在某省开展国土资源审计时,采用上述方法查实的典型问题如下。

① 地方将大量非耕地划为基本农田。

大量非耕地(可调整地类)划为基本农田。2010 年,某县的基本农田保护面积为 696 944.40 亩,其中有 265 104.38 亩为非耕地(属可调整地类),占比 38.04%,包括园地 129 428.63 亩、林地 80 830.81 亩、坑塘水面 54 826.32 亩、牧草地 18.62 亩等。

虚假上报可调整地类,并上报为基本农田。在 2010 年某县 265 104.38 亩基本农田(可调整地类)中,审计重点抽查了 11 222.40 亩林地,发现有 7 443.17 亩从未属于耕地,而是一直为未利用地和山林地等(其中园地 150 亩、林地 1 712.37 亩、牧草地 1 305.15 亩、未利用地 4 275.65 亩),该地块在 1999 年之后才定为可调整地类,占抽查总面积的 66.32%。目前,这些非耕地既没有排灌设施,也没有合理的田间道路布局,部分地形坡度达 28 度,不符合农业耕种要求。

② 地方将一些不符合耕地标准的地块划为基本农田。

某地 5 区县将 2308 宗坡度超过 25 度共 325 公顷的耕地或园地违规划定为基本农田;某县规划基本农田中坡度大于 25 度的地块总面积为 311 公顷(4 665 亩)。

《某地土地利用总体规划(2006—2020 年)》中规划的基本农田中有 800.47 公顷共 529 个地块在林业局林业资源数据库中认定为林地,且其优势树种为桉树;有 1 551.96 公顷共 554 个地块在林业局林业资源数据库中认定为林地,且林种分布为水土保持、水源涵养、沿海防护、自然保护小区林等生态公益林。

③ 地方虚假划定基本农田或基本农田被违法占用。

2010 年,某地将建设用地及以前年度已取得用地批文的 1 140 亩土地违规划定为基本农田,占该区当年基本农田总面积的 0.44%。

某地将在洪水期经常处于被淹没状态,不符合农业耕种要求的地块 763.80 亩上报补充为基本农田。

某地基本农田已被非法建设占用 1 603.05 亩,包括已被非法占用堆沙、被河涌整治项目建设为水利堤围、被非法圈占用于堆放处理设备和原材料等。

## 9.2.3 数据挖掘在计算机审计中的应用

数据挖掘是一个多学科交叉研究领域,它融合了数据库技术、人工智能、机器学习、统计学、知识工程、面向对象方法、信息检索、高性能计算以及数字可视化等最新技术的研究成果。数据挖掘被称为未来信息处理的骨干技术之一,因为它以一种全新的概念改变着人类利用数据的方式。

审计人员通过数据分析获得审计线索,确定疑点并排除、落实的过程,实质是发现问题并对其进行检测的过程。运用数据挖掘技术可以获得蕴涵在数据内部的模式、规律,从而发现经济业务的异常。在审计业务工作中,可利用离群点挖掘、孤立点检测、异常点检测、聚类分析、关联规则发现、分类和预测、序列模式挖掘等方法获取有效的审计证据。

下面以某医疗系统的审计过程为例,展示利用数据挖掘技术发现大量审计问题的情况。

基本医疗保险管理信息系统(以下简称医保信息系统)是社保信息系统的重要组成部分,该系统由某知名软件有限公司开发,后台服务器为 IBM X345,数据库为 Oracle 8.0,系统由参保管理子系统、IC 卡、医保证管理系统、医疗管理子系统、报表管理子系统、政策管理子系统、传输管理子系统、基金管理子系统、财务管理子系统 9 个子系统组成。

医保信息系统软件和应用系统的集成,总投资 400 万元。医保信息系统于 2004 年正式投入使用,至今已安全、稳定运行 5 年,主要包括参保管理、实时交易、统筹管理、零星报销、费用审核、结算支付、财务结算等几大功能模块。

审计数据分析如下。

(1) 运用统计分析技术发现偏差数据

统计分析技术是指利用统计学原理对数据库字段项之间的函数关系或相关关系进行科学分析的方法。在对医院门诊收入审查的过程中,通过采用统计分析技术,对该院 2007 年、2008 年度各月的门诊收入进行趋势分析,发现 2008 年的 1 月、2 月、12 月和 2007 年的 1 月、6 月、10 月的数据明显偏离线性方差曲线,为异常偏差数据。主要运用 Excel 的图表工具,查询结果如图 9-19 所示。

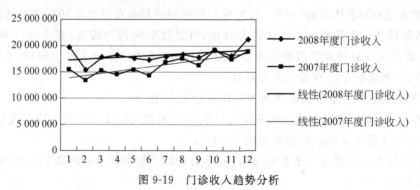

图 9-19 门诊收入趋势分析

(2) 运用运用聚类分析技术确定审计重点

在对该院门诊处方开药合规性审查的过程中,运用了聚类分析技术,对单张处方单种药品开药数量建立模型,分析出哪类药品违规开药情况居多。主要运用的是 SQL 2005 商业智能分析工具,查询结果如图 9-20 和图 9-21 所示。

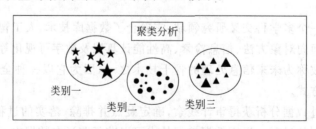

图 9-20 聚类分析结果

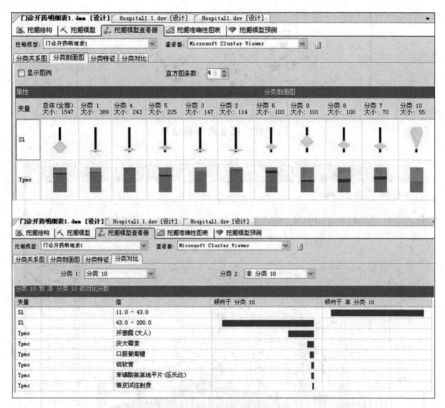

图 9-21　聚类分析分类结果

（3）运用孤立点分析技术挖掘审计疑点

为查明该院是否存在在相邻较短的时间内向同一病人重复开药的情况,审计人员运用孤立点分析技术,对重复开药处方所间隔的天数建立模型,挖掘孤立点。主要运用了 AO2008 "数值分析"→"分类分析"功能。分析结果如图 9-22 所示,孤立点分析图如图 9-23 所示。

通过对孤立点进行审查,查出该院确实存在大处方开药情况,特别是在年底向急于用完公务员补助额度的病人大处方开药。

（4）运用关联分析技术揭示关键属性

在对住院病人费用审计的过程中,审计人员运用关联分析技术寻找影响其费用形成的关键因素。主要运用的是 SQL Server 商业分析工具,通过拉动强链接得出挖掘结果,如图 9-24 所示。

挖掘结果显示是药品费用和住院天数决定了病人的住院总费用,如图 9-24 所示。于是审计人员下一步重点审查上述两项关键属性,通过平行模拟法来分析验证,如图 9-25 所示。

经过计算后比对,发现 151 笔记录存在支付差异,金额总计 96 459.6 元。出现的问题如下。

① 经过审计落实后,发现其中 59 笔共计 51 242.36 元是由于跨医保年度零星报销造成的,具体情况是由于 2009 医保年度的零星报销程序发生改变,软件开发商在 2009 年 4 月对医保信息系统进行升级,将 2009 医保年度零星报销程序升级后,又错误地将原有

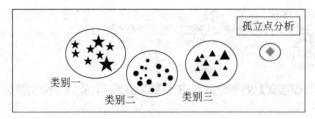

图 9-22 孤立点分析结果

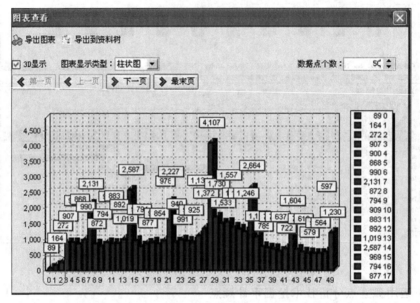

图 9-23 孤立点分析图表

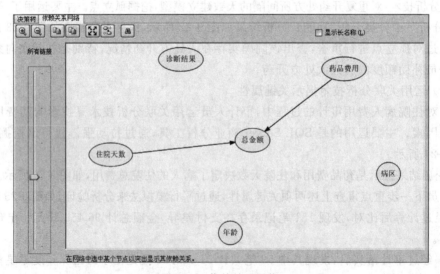

图 9-24 依赖关系网络

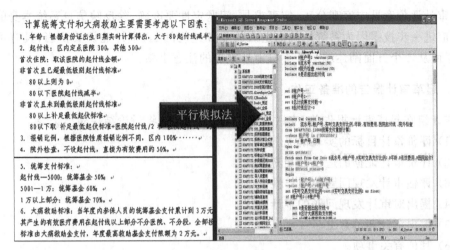

图 9-25 基于挖掘结果的平行模拟

2008 医保年度零星报销程序也同时升级为 2009 医保年度零星报销程序,这就导致参保人员来报销 2008 医保年度的费用时,使用了 2009 的医保政策,造成了基金多付的情况,后来这种情况持续半个月后被前台人员发现。

② 经过审计落实后,发现其中 44 笔共计 4 935.85 元是由于起付线计算出错造成的,造成起付线出错的原因是,医院发送两笔结算记录,在医保中心这两条记录的起付线分别是 500 元、250 元,当医院将第一条记录进行退款时,医保中心信息系统并没有将第二条记录的起付线变更为 500 元,这样就导致病人首次付款就享受起付线减半的待遇,违背基金支付规定。

③ 经过审计落实后,发现其中 18 笔共计 7 281.39 元是由于市外非定点医院报销比例不同造成的,审计人员计经算时用的是目前的非定点医院报销比例 0.8,而零星报销的非定点医院报销比例是 0.7。但是审计人员了解到,在涉及报销比例、人员出生年月等与基金支付密切相关的信息修改上,医保中心没有严格的制度要求,还存在通过后台直接修改的情况。

④ 系统新增加参保人员,无须缴纳医保费用,无须进行其他事项审核,在次月即可享受医保待遇;提交社保部门审查 5 个缴纳医疗保险基金未满 6 个月而享受住院费用报销人员(报销住院医药费 31 796.60 元),补充相关材料,充实信息系统数据资料;提交社保部门审查 83 个男未达到 60 周岁,女未达到 50 周岁而被设定为退休不缴费,享受退休人员待遇报销医疗费用人员,其中在系统退休后法定退休前有住院费用支出人员 19 人,报销住院费用 228 600 元。

## 9.3 计算机审计报告编写实务

### 9.3.1 编写审计报告注意事项

计算机审计报告的语言应简明扼要、逻辑性强、通俗易懂,尽量避免使用计算机专业术语;审计评价意见应客观公正、实事求是;问题定性要准确,除反映信息系统本身的问题外,还应进一步披露因为系统缺陷而造成的业务违规问题;审计建议要恰当,具有可操作性。下面从4个方面阐述编写计算机审计报告的注意事项。

**1. 起草审计报告的准备工作**

审计组在起草审计报告前,应讨论确定下列事项,并将讨论结果做出记录。
(1) 评价审计目标的实现情况。
(2) 评价审计证据的适当性和充分性。
(3) 评估审计发现问题的重要性。
(4) 提出对审计发现问题的审计建议。
(5) 提出审计评价意见。
(6) 其他有关事项。

**2. 审计评价**

审计组应根据不同的审计目标,以审计结果为基础,考虑可接受的审计风险、审计发现问题的重要性等因素,从被审系统安全性、有效性(可靠性)和经济性方面提出审计评价意见。

(1) 具体可以考虑的评价内容:一是系统的开发、管理、运营是否符合法律、法规、规章;二是系统的硬件、软件、网络和数据资源是否得到妥善保护,不因自然和人为的因素而遭到破坏、更改或泄露,相关安全制度是否齐全,执行是否到位等;三是硬件、软件、网络是否能够准确、稳定运行,是否有效保证业务的正确运行;四是系统的功能是否满足业务目标的需要,是否达到了系统建设的设计目标;五是系统的内部控制是否完善,是否能确保业务数据和财务数据的真实性和准确性;六是系统是否通过较低的资源投入获取合理的预期收益或达到预期目标,也就是投资是否合理,是否充分发挥了系统的作用。

(2) 审计评价标准应选择被审计单位遵循的国家法律、法规、部门规章、国家标准、行业标准、内部制度以及项目设计方案、合同等。注意与被审计单位进行充分的沟通,取得对审计评价标准以及其衡量指标含义的共识。

(3) 审计组应当只对所审计的事项发表审计评价意见。对审计过程中未涉及、审计证据不适当或不充分、评价依据或标准不明确以及超越审计职责范围的事项,不得发表审计评价意见。

**3. 评估审计发现问题的重要性**

(1) 审计组应当评估审计发现问题的重要性,对重要的问题,应当在计算机审计报告中予以反映;对不重要的问题,可以采取其他书面方式或口头方式提出,并要求被审计单位自行纠正。对审计发现的重要问题,在审计报告出具前被审计单位已采取纠正措施的,审计组应当在审计报告中反映纠正情况。

(2) 对于计算机审计发现问题的重要性,可以尝试从以下角度评估:①参照审计实施方案中对重要性的判断；②所属的子系统在被审计信息系统中的地位；③国家有关法律法规的要求；④对被审计单位依赖的财务数据和业务数据真实性的影响；⑤对被审计单位内部控制有效性的影响；⑥对被审计单位效益、效率的影响；⑦对被审计单位战略目标实现的影响；⑧对国家安全和社会经济生活的影响。

**4. 提出处理处罚意见**

（1）审计组对审计发现的问题提出处理处罚意见时，应当考虑法律法规的规定，审计职权范围，问题的性质、金额、情节、原因和影响，同类问题处理处罚的一致性等因素。

（2）审计发现被审计单位信息系统存在舞弊功能、系统漏洞，应当责成被审计单位限期整改。

（3）审计发现被审计单位会计核算软件不符合数据接口国家标准的，应当要求被审计单位限期更换。

### 9.3.2 审计报告编写实例

目前，对计算机审计报告还没有专门的规范和要求，所以应以现有规定为标准设计审计报告的框架。下文提供某省 2009—2010 年土地出让收入及土地整治相关资金审计情况的审计报告（有删减及数值调整），供参考。

**审计署×××特派办关于**
**H 省 2009—2010 年土地出让收入**
**及土地整治相关资金审计情况的报告**
（征求意见稿）

根据《中华人民共和国审计法》第二十五条的规定和《审计署 2011 年土地出让收入和土地整治相关资金审计工作方案》的要求，我办派出审计组，自 2011 年 5 月 20 日至 9 月 20 日，对 H 省本级及 W 市等市、W 县等县（市、区）2009 年至 2010 年土地出让收入及土地整治相关资金进行了审计。本次审计的单位主要包括 H 省人民政府及相关地方各级人民政府，国土、财政、规划等相关主管部门，并延伸调查了部分用地单位和土地整治实施单位，对重要事项延伸和追溯到了其他年度。审计得到了 H 省各级人民政府及所属部门和相关单位的积极支持与配合，工作进展顺利。审计涉及单位和个人对其提供的与审计相关的会计资料、其他证明材料（包括电子数据）的真实性和完整性负责，我办的责任是依法实施审计并出具审计报告。

**1. 基本情况**

（1）2010 年年底 H 省土地利用现状

根据 H 省 2010 年土地利用变更调查结果（至审计时已通过国土资源部初步审查），2010 年年底 H 省全省土地总面积为 1×××.×万公顷，其中农用地面积为 1×××.××万公顷，占全省土地总面积的 80.12%（其中耕地面积为 5××.××万公顷，占全省土地总面积的 42.06%）；建设用地面积为 1××.××万公顷，占全省土地总面积的 13.48%；

未利用地面积为8×.×万公顷，占全省土地总面积的6.40%。

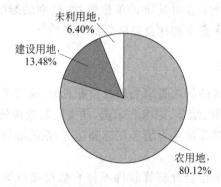

2010年年底H省土地利用现状图

（2）2009—2010年H省建设用地审批及土地征收情况

2009—2010年，国土资源部下达H省新增建设用地指标共计2××××.××公顷，其中占用农用地指标1××××.××公顷（其中耕地1××××.××公顷）。国务院、H省人民政府两年共批准H省批次新增建设用地（含城市实施方案）1××××.××公顷，其中占用农用地1××××.××公顷（其中耕地8×××.××公顷），独立选址项目（含重点工程）新增建设用地1××××.××公顷，其中占用农用地1××××.××公顷（其中耕地7×××.××公顷）。此外，H省人民政府还审批不占用当年度土地利用计划指标的"百日行动"，补办新增建设用地3×××.××公顷，其中占用农用地3×××.××公顷（其中耕地2×××.××公顷），专项行动新增建设用地3×××.××公顷，其中占用农用地3×××.××公顷（其中耕地2×××.××公顷）。

2009—2010年，国土资源部下达H省城乡建设用地增减挂钩周转指标2×××.××公顷。H省国土资源厅两年共批准全省城乡建设用地增减挂钩项目84个，使用周转指标2×××.××公顷，其中占用农用地2×××.××公顷（其中耕地2×××.××公顷）。此外，H省国土资源厅以建设用地置换名义批准新增建设用地1××××.××公顷，其中占用农用地1××××.××公顷（其中耕地1××××.××公顷）。

2009—2010年H省建设用地审批统计表　　　　单位：公顷

| 审批方式 | 新增建设用地 | 农转用 | 占用耕地 |
| --- | --- | --- | --- |
| 批次用地 | 1××××.×× | 1××××.×× | 8×××.×× |
| 独立选址 | 1××××.×× | 1××××.×× | 7×××.×× |
| 百日行动 | 3×××.×× | 3×××.×× | 2×××.×× |
| 专项行动 | 3×××.×× | 3×××.×× | 2×××.×× |
| 增减挂钩 | 2×××.×× | 2×××.×× | 2×××.×× |
| 建设用地置换 | 1××××.×× | 1××××.×× | 1××××.×× |
| 合计 | 4××××.×× | 4××××.×× | 3××××.×× |

2009—2010年，H省人民政府批准征收土地5××××.××公顷，其中农用地3××××.××公顷（其中耕地3××××.××公顷）。

（3）2009—2010年H省土地整治资金收支情况

根据H省财政厅提供数据，2009—2010年，H省共收到和提取土地整治资金8×.××亿元（其中新增建设用地土地有偿使用费7×.××亿元、农业土地开发资金1×.××亿元，耕地开垦费无全省数据，未征收土地复垦费），支出6×.××亿元，截至2010年年底，结存3×.××亿元。

（4）2009—2010年H省土地整治实施情况

2009—2010年，H省本级共投资土地整治项目92个，计划总投资2×.××亿元，建设总规模8××××.××公顷，计划新增耕地3×××.××公顷，两年实际已下达资金1×.××亿元。2010年，H省本级还为中央下达的61个整体推进农村土地整治示范建设项目安排配套资金，计划总投资2×.××亿元，建设总规模9××××.××公顷，计划新增耕地3×××.××公顷，H省实际下达省级配套资金4.××亿元。

2009—2010年，H省各市、县（市、区）共投资土地整治项目4×××个，计划总投资1×.××亿元，建设总规模3××××.××公顷，计划新增耕地2××××.××公顷。H省国土资源厅两年审核确认产生新增耕地的土地整治项目4×××个，项目总投资1×.××亿元，建设总规模5××××.××公顷，新增耕地3××××.××公顷，其中3×××个项目为两年内各市、县(市、区)投资的土地整治项目，建设总规模2××××.××公顷，新增耕地2××××.××公顷。

（5）2009—2010年，W市本级及W县土地供应情况

2009—2010年，W市本级及W县供应土地2×××.××公顷。按供地结构划分，其中工矿仓储用地1××.××公顷、住宅用地8××.××公顷、商服用地2××.××公顷、交通运输用地1××.××公顷、公共管理与公共服务用地8×.××公顷；按供地方式划分，其中以出让方式供应土地2×××.××公顷，土地价款2×.××亿元（其中招拍挂出让2×××.××公顷，土地价款2×.××亿元；协议出让1××.××公顷，土地价款2×.××亿元），以划拨方式供应土地5××.××公顷，土地价款为0。

（6）2009—2010年W市本级及W县土地出让收入收支情况

2009—2010年，W市本级及W县应收土地出让收入2××.××亿元，实收2××.××亿元，上缴财政2××.××亿元。

2009—2010年，W市本级及W县土地出让收入支出2××.××亿元，其中征地和拆迁补偿支出1××.××亿元、城市建设支出2.××亿元、支农支出4.××亿元、土地开发支出1.××亿元、其他支出8.××亿元，2010年年底结存1××.××亿元。

**2. 审计评价意见**

审计结果表明，H省各级政府重视土地管理工作，积极采取措施，较好实现了经济社会发展与保护耕地资源的统一。

一是努力保障地方经济社会发展用地需求。2010年，国务院和H省人民政府批准全省新增建设用地2××××.××公顷，较上年2××××.××公顷增长了21.34%；2010年全省供应土地1××××.××公顷，较上年1××××.××公顷增长了

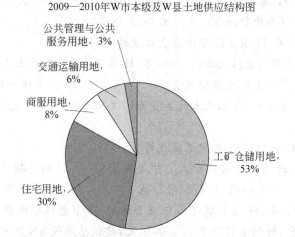

2009—2010年W市本级及W县土地供应结构图

12.36%，为经济社会发展提供了有力保障。

二是注意平衡"保发展"与"保红线"的关系，加强土地整治工作，确保耕地占补平衡。H省出台多个规范性文件，对土地整治项目立项、实施和验收的相关程序、标准及土地整治资金的安排和使用都做出了较明确的规定，为土地整治和耕地占补平衡工作的有序开展提供了保障。2009—2010年，H省验收确认新增耕地3××××.××公顷，超出国家年度计划任务2××××公顷的52.16%。

三是注重节约集约利用土地。2010年，H省开展闲置土地清理工作，全省清理闲置土地7×××亩。W市和W县严把建设项目关、供地规模关、投资强度关，选择性地引进土地利用效率高、符合地区产业发展方向的投资项目；通过产业扶持政策，鼓励企业建设多层厂房提高土地利用效率；加大考核力度，建立健全节约集约用地考核评价体系。

审计同时也发现，H省在耕地保护、建设用地审批、土地出让等环节还存在一些不规范甚至违法违规做法，部分政策制度、管理体制有待进一步完善，需要引起重视。

**3. 审计发现的主要问题和情况**

（1）耕地保护责任未完全履行到位

① 部分地市实际耕地保有量和基本农田面积低于土地利用总体规划确定的耕地保有量和基本农田保护面积。根据土地利用总体规划的要求，实际耕地保有量和基本农田面积必须不低于土地利用总体规划确定的耕地保有量和基本农田保护面积。根据H省2010年土地利用变更调查结果，W、Y等7个市的耕地面积比土地利用总体规划确定的2010年耕地保有量指标少1×××××.××公顷，其中W市的耕地面积比土地利用总体规划确定的2010年耕地保有量指标少4××××.××公顷；N、H等4个市基本农田面积比土地利用总体规划确定的2010年基本农田保护面积少1××××.××公顷，其中Y市基本农田面积比土地利用总体规划确定的2010年基本农田保护面积少1××××.××公顷。

② 8×××.××公顷可调整地类作为基本农田反映。根据W市2010年度土地利用变更调查结果，W市2010年年底基本农田面积为1××××.××公顷，其中8×××.××

公顷基本农田土地利用现状为可调整地类,占基本农田总面积的6.99%,其中林地7×××.××公顷。

上述做法不符合《基本农田保护条例》(1998年国务院令第257号)第十七条"禁止任何单位和个人占用基本农田发展林果业和挖塘养鱼"和国土资源部、农业部《关于搞好农用地管理促进农业生产结构调整工作的通知》(国土资发〔1999〕511号)第二条"基本农田保护区划定后,确需占用基本农田挖鱼塘、种果树或进行其他对土壤耕作层造成破坏的农业生产结构调整,需经省级人民政府土地和农业行政主管部门批准,并补划基本农田,以满足农业生产结构调整需要,并保证基本农田面积不减少"的规定。

(2) 土地审批中的主要问题和情况

① 城乡建设用地增减挂钩拆旧工作完成率极低。

2008—2009年,H省国土资源厅共批准全省城乡建设用地增减挂钩项目1××个,批准周转指标3×××.××公顷,根据指标归还计划,上述项目应于2010年年底前归还周转指标2×××.××公顷。截至2010年年底,H省尚未开始归还周转指标。直至2011年6月底,全省仅有18个项目通过H省国土资源厅验收,归还周转指标2××.××公顷,占2010年年底前应归还计划数的10.71%。

上述做法不符合国土资源部《城乡建设用地增减挂钩试点管理办法》(国土资发〔2008〕138号)第六条"挂钩周转指标应在规定时间内用拆旧地块整理复垦的耕地面积归还,面积不得少于下达的挂钩周转指标"。

② 在挂钩试点范围外以建设用地置换的名义开展城乡建设用地增减挂钩工作。

2006年8月,H省效仿城乡建设用地增减挂钩试点政策,出台《H省建设用地置换暂行办法》,进行建设用地置换,且没有任何计划限制,突破了国家对城乡建设用地增减挂钩试点规模和范围的限制。2009—2010年,H省国土资源厅以建设用地置换的名义审批新增建设用地1××××.××公顷,相当于两年度国家下达H省城乡建设用地增减挂钩周转指标2×××.××公顷的5.33倍,相当于两年度国家下达H省新增建设用地指标2××××.××公顷的63.93%。其中,在2010年9月国土资源部下达城乡建设用地增减挂钩指标时,明确要求各地停止以"建设用地置换"等方式开展增减挂钩工作后,H省国土资源厅仍继续批准建设用地置换项目,批准新增建设用地面积达6×××.××公顷。

此外,2009年年底,H省国土资源厅发布《H省先行复垦置换建设用地的规定》,批准实施先行复垦,复垦产生的新增耕地指标准备将来用于建设用地审批,再次突破国家对城乡建设用地增减挂钩试点规模和范围的限制。2010年,H省国土资源厅已批准先行复垦用地1××××.××公顷。

上述做法不符合《国务院办公厅关于严格执行有关农村集体建设用地法律和政策的通知》(国办发〔2007〕71号)第三条"城乡建设用地增减挂钩试点,必须严格控制在国家已经批准的试点范围内"和国土资源部《城乡建设用地增减挂钩试点管理办法》(国土资发〔2008〕138号)第六条"挂钩试点通过下达城乡建设用地增减挂钩周转指标进行。挂钩周转指标专项用于控制项目区内新建地块的规模,同时作为拆旧地块整理复垦耕地面积的标准。不得作为年度新增建设用地计划指标使用"的规定。

③ 超计划审批建设用地。

截至2007年年底，国土部门在土地执法"百日行动"中发现H省未批先用违法违规用地，需补办用地审批手续的耕地面积约3×××公顷。经H省国土资源厅申请，国土资源部2008年2月批复同意H省违法违规用地的处理意见，1×××公顷新增建设占用耕地计划指标由H省分别在2008—2010年计划指标中每年安排1/3，其余2×××公顷新增建设占用耕地计划指标在国家结余计划指标中调剂解决。

2009—2010年，H省补办"百日行动"违法违规用地审批手续项目共1××个，新增建设占用耕地2×××.××公顷。H省在补办违法违规用地审批手续过程中，未按照国土资源部批复要求部分使用本省的年度计划指标，而是全部使用国土资源部追加的计划指标，且比国土资源部追加的新增建设占用耕地计划指标的公顷数超出7××.××公顷。

上述做法不符合《土地利用年度计划管理办法》(2006年国土资源部令第37号)第十二条"新增建设用地计划指标实行指令性管理，不得突破"的规定。

④ H省违反产业政策审批建设用地。

- 2011年5月，H省人民政府批准W县NMD产业基地项目用地6×.××公顷，其中占用耕地3×.××公顷。该项目用地计划包括游乐场主题公园占地1×.××公顷，水上世界主题公园占地9.××公顷等。
- 2008年11月，H省人民政府批准W的HAW游戏世界乐园工程和WWHAW动漫产业基地工程用地6×.××公顷，其中占用耕地5×.××公顷。根据项目整体规划建筑方案，该项目建设内容包括"KKKK"主题公园，占地约3×.××公顷。

上述做法不符合《限制用地项目目录(2006年本)》第十四条"下列项目禁止占用耕地，亦不得通过先行办理城市分批次农用地转用等形式变相占用耕地：……2.大型游乐设施、主题公园(影视城)、仿古城项目"的规定。

⑤ 开发区违规扩区。

- 地方政府越权审批，扩大国家级开发区的面积。1993年4月，国务院批准设立W经济技术开发区，规划面积为10平方公里。2001年，H省人民政府批准同意W经济技术开发区规划面积扩大到5×.××平方公里。2006年2月，W市人民政府将W市JK区大桥街道划归W经济技术开发区管辖，使W经济技术开发区面积扩大到7×.××平方公里。
- W机械工业园违规扩区。W机械工业园于2001年2月经W市人民政府批准成立，初始规划面积为1×.×平方公里。2006年2月，H省人民政府批准W机械工业园为省级开发区(W机械工业园管理委员会未提供H省人民政府批准的规划面积)。截至2010年年底，W机械工业园的建设范围已经突破W市人民政府批准的1×.×平方公里规划范围，主要是在规划范围以东新设立东区。W机械工业园管理委员会未提供东区规划面积及实际征收土地面积、使用土地面积等资料，也未提供任何省、市、县人民政府批准同意东区建设的文件。

上述做法不符合《开发区规划管理办法》(1995年建设部令第43号)第八条"修改开

发区总体规划,必须报原审批机关批准"和国务院办公厅《关于清理整顿各类开发区加强建设用地管理的通知》(国办发〔2003〕70号)第五条"现有各类开发区扩区、改变区位、升级的审批,都要由地方人民政府提出申请,开发区主管部门提出意见,经国土资源和建设行政主管部门审核后,按批准权限报国务院或省级人民政府批准"的规定。

⑥ 国土部门执法不严,违法用地项目继续建设。

2002年9月,Z市B生态林业发展有限责任公司(以下简称B公司)租用Z市A区B镇B村所属3×××亩林场用于生态林业发展、森林旅游开发、林业产品经营和基础设施建设。2006年10月起,B公司在其租用的林场内动工建设高尔夫球场等设施,实际占地5××.××亩,其中球道面积5××.××亩、道路面积2×.××亩。2008年4月,Z市国土资源局对B公司做出行政处罚,要求拆除高尔夫球场等设施,并处以罚款3××.××万元。在B公司缴纳罚款后,Z市国土资源局以当事人已经履行处罚,整改方案已落实、罚款已全部到位为依据,于2008年6月办理了结案手续。2011年9月1日,审计现场察看发现,B公司所建高尔夫球场实际并未拆除,球洞、草坪、沙洼地、道路保持完好。

上述做法不符合《国务院办公厅关于暂停新建高尔夫球场的通知》(国办发〔2004〕1号)第一条"自本通知印发之日起至有关新的政策规定出台前,地方各级人民政府、国务院各部门一律不得批准建设新的高尔夫球场项目。在此之前未按规定履行规划、立项、用地和环境影响评价等建设审批手续而擅自开工的高尔夫球场项目,一律停止建设,尚未开工的项目一律不许动工建设。已按规定批准项目建议书和可行性研究报告,尚未办理用地或开工批准手续的高尔夫球场项目,一律暂停办理供地和开工批准手续;对虽已办理规划、用地和开工批准手续,但尚未动工建设的项目,一律停止开工"的规定。

(3) 土地征收储备中的主要问题和情况

① 被征地农民社会保障政策执行中的主要问题和情况。

- 被征地农民基本生活保障覆盖面不足。截至2011年4月底,W市市辖区中仅有CA区为被征地农民发放了基本生活补贴,享受基本生活保障的被征地农民数仅占市区被征地农民总数的15.58%,基本生活保障覆盖面不足。

- ……

- 部分被征地农民社会保障资金未专户存储、专款专用。截至审计时,W市C区、经济技术开发区未对被征地农民社会保障资金实行专户存储。W市CB区、CA区将2000万元被征地农民保障资金用于借给企业归还贷款和征地拆迁补偿。

上述做法不符合劳动和社会保障部、国土资源部《关于切实做好被征地农民社会保障工作有关问题的通知》(劳社部发〔2007〕14号)第五条"被征地农民社会保障资金要专款专用,独立核算,任何部门、单位和个人都不得挤占、截留、挪用、转借或擅自将资金用于任何形式的直接投资"的规定。

- 被征地农民社会保障资金4×××.××万元未能及时到位。截至审计时,W经济技术开发区2008—2010年应由财政负担的4×××.××万元被征地农民养老补贴仍未到位。

上述做法不符合《国务院关于加强土地调控有关问题的通知》(国发〔2006〕31号)第二条"社会保障费用不落实的不得批准征地"的规定。

② 土地储备中的主要问题和情况。
- W市土地储备机构管理体制不顺。2004年2月,W市成立W市国有土地收购储备中心,负责W市区范围内的经营性用地储备。该中心实际与政府融资平台公司W市建设投资有限公司为一套人马、两块牌子,自身无独立的事业经费和财产责任,依附W市建设投资有限公司运作。2009—2010年,W市财政局采取"以拨代支"的方式,将经营性用地出让收入1××.××亿元拨入W市建设投资有限公司,用于土地储备等。W市建设投资有限公司将土地储备资金与公司其他资金混存混用,未单独设立账户核算土地储备资金,也未实行土地储备资金预决算管理制度。

在实际土地储备过程中,W市国有土地收购储备中心仅负责部分经营性用地的储备工作,未将工业用地纳入储备管理范围。2009—2010年,W市出让经营性用地6××.××公顷,其中利用W市国有土地收购储备中心储备的土地供应4××.××公顷,占比61.79%,其余土地为征收后直接上市出让,未纳入W市国有土地收购储备中心储备。

上述做法不符合《土地储备管理办法》(国土资发〔2007〕277号)第三条"土地储备机构应为市、县人民政府批准成立、具有独立的法人资格、隶属于国土资源管理部门、统一承担本行政辖区内土地储备工作的事业单位"和《土地储备资金财务管理暂行办法》(财综〔2007〕17号)第四条"土地储备资金实行专款专用、分账核算,并实行预决算管理"的规定。

- 土地储备规模大,储备土地抵押贷款成为地方政府一大融资渠道。2010年年底,W市国有土地收购储备中心储备的经营性用地面积为1×××.××公顷,按2009—2010年该中心平均土地供应量计算,其储备的存量土地将可持续供应6年半。经查,该中心储备的大量土地被用于抵押贷款。截至2011年5月底,W市国有土地收购储备中心将1×××.××公顷土地转入W市建设投资有限公司名下,占该中心同期土地储备面积的89.19%。W市建设投资有限公司在两年已收到财政拨入的1××.××亿元土地储备资金的情况下,将其中9××.××公顷土地抵押给银行获取城市基础设施建设项目贷款7××.××亿元,2011年5月底贷款余额为5×.××亿元,已抵押土地占W市国有土地收购储备中心2011年5月底储备土地存量1×××.××公顷的78.26%。

审计还发现,为了提高土地价值,获取更多银行贷款,W市规划局虚假变更土地性质、W市国土资源局违规办理土地出让和登记。2008—2011年5月,W市规划局根据W市人民政府批示,将W市国有土地收购储备中心收储的3××.××公顷土地的土地用途由非商住用地变更为商住用地,而土地用途实际并未改变。2008—2011年5月,W市国有土地收购储备中心将50宗经营性用地(面积5××.××公顷)转入W市建设投资有限公司名下,按基准地价计算,W市建设投资有限公司应缴纳土地出让收入8×.××亿元。截至2011年5月底,W市国土资源局在W市建设投资有限公司仅缴纳土地出让收入4×.××亿元的情况下,按"出让"性质为W市建设投资有限公司办理了50宗土地国有土地使用权证。W市建设投资有限公司使用其中的31宗土地获取项目建设贷款4×.××亿元,2011年5月底贷款余额为3×.××万元。

上述做法不符合《招标拍卖挂牌出让国有土地使用权规定》(2002年国土资源部令第11号)第四条"商业、旅游、娱乐和商品住宅等各类经营性用地，必须以招标、拍卖和挂牌方式出让"和《国有土地使用权出让收支管理办法》(财综〔2006〕68号)第九条"市、县国土资源管理部门和财政部门应当督促国有土地使用权受让人严格履行国有土地出让合同，确保将应缴国库的土地出让收入及时足额缴入地方国库。对未按照缴款通知书规定及时足额缴纳土地出让收入，并提供有效缴款凭证的，国土资源管理部门不予核发国有土地使用证"的规定。

③ 未批先征土地。

2009年11月—2010年12月，DS市山NL区土地储备中心在未获得建设用地批复的情况下，为实施光伏科技有限公司地面应用高倍聚光太阳能发电系统及组件项目，征收集体土地1×××.××亩(其中农用地1×××.××亩、耕地8××.××亩)。

上述做法不符合《中华人民共和国土地管理法》第四十四条"建设占用土地，涉及农用地转为建设用地的，应当办理农用地转用审批手续"和第四十五条"征收农用地的，应当依照本法第四十四条的规定先行办理农用地转用审批"的规定。

(4) 土地出让中的主要问题和情况

① 设置限制性条件出让土地。

2009—2010年，W市在出让4宗经营性用地的过程中，均对竞买人资格设置了限制性条件。土地出让期间均只有1家单位报价，土地最终分别被PO集团有限公司、WWPP文化科技产业集团有限公司(竞得2宗土地)、PL投资发展有限责任公司以起始价竞得。

2010—2011年，W县在出让2宗经营性用地的过程中，均对竞买人资格设置了限制性条件，土地最终分别被W县PH商贸城有限公司、WWPK有限公司竞得。

上述做法不符合《招标拍卖挂牌出让国有建设用地使用权规定》(2007年国土资源部令第39号)第三条"招标拍卖挂牌出让国有建设用地使用权应当遵循公开公平公正的原则"和第十一条"中华人民共和国境内外的自然人、法人和其他组织，除法律、法规另有规定外，均可申请参加国有建设用地使用权招标拍卖挂牌出让活动。出让人在招标拍卖挂牌出让公告中不得设定影响公平、公正竞争的限制条件"的规定。

2006年，W县在出让1宗经营性用地的过程中，对竞买人资格设置了限制性条件。土地出让期间只有1人报价，土地最终被×××以起始价竞得。

上述做法不符合《招标拍卖挂牌出让国有土地使用权规定》(2002年国土资源部令第11号)第三条"招标、拍卖或者挂牌出让国有土地使用权应当遵循公开、公平、公正和诚实信用的原则"的规定。

② 执行土地出让程序不规范。

2009年6月29日，W市国土资源局公告出让1宗土地，挂牌时间为7月21日—8月3日。在该宗土地出让公告发布之后正式挂牌之前，W经济技术开发区管理委员会于7月14日向W市人民政府领导请示对该宗土地的部分使用条件进行调整，W市人民政府领导批示国土等部门研究并完善相关手续。此后，W市国土资源局未及时发布补充公告或暂停出让活动，继续按原使用条件出让该宗土地。8月3日，W市国土资源局向XYGFH产业控股有限公司发出挂牌成交确认书。直到12月15日，W市国土资源局才与XYGFH产业控股有限公司正式签订《国有建设用地使用权出让合同》，部分土地使用条件已与公告时的条件不同，如土地用途由"专家公寓及配套商业用地"调整为"专家公寓及配套设施用地"，土地出让年限由"40年"调整为"50年"。

上述做法不符合《招标拍卖挂牌出让国有土地使用权规范（试行）》（国土资发〔2006〕114号）第九条第三款"公告期间，出让公告内容发生变化的，市、县国土资源管理部门应当按原公告发布渠道及时发布补充公告。涉及土地使用条件变更等影响土地价格的重大变动，补充公告发布时间距招标拍卖挂牌活动开始时间少于20日的，招标拍卖挂牌活动相应顺延"的规定。

③ 毛地出让土地。

2009年，W市以毛地出让的方式出让2宗经营性用地，分别被PO集团有限公司和WWPH房地产开发公司竞得。

上述做法不符合国土资源部《关于加大闲置土地处置力度的通知》（国土资电发〔2007〕36号）第二条"实行建设用地使用权'净地'出让，出让前，应处理好土地的产权、补偿安置等经济法律关系，完成必要的通水、通电、通路、土地平整等前期开发"的规定。

④ 向未缴清土地出让收入的企业发放土地使用权证。

- 2006年2月，WWPF房地产开发有限公司以5×××万元竞得1宗土地。2006年5月，W县国土资源局在仅收到土地出让收入3×××万元的情况下，发放了该宗土地的国有土地使用权证，发证依据为W工业园管理委员会出具的H省ZK集团（WWPF房地产开发有限公司的关联企业）垫资代建W工业园基础设施的说明。

- 2007年1月，WWPF房地产开发有限公司以1××××万元竞得1宗土地。2007年4月，W县国土资源局在仅收到土地出让收入1×××万元的情况下，发放了该宗土地的国有土地使用权证，发证依据为W工业园区管委会和W县财政局出具的H省ZK集团垫资代建WW工业园基础设施及安置房的说明。

上述做法不符合《国土资源部关于进一步规范土地登记工作的通知》（国土资发〔2003〕383号）第五条"要严把土地登记关口，对于出让土地没有支付全部土地使用权出让金的，不得登记"的规定。

(5) 土地利用中的主要问题和情况

……

(6) 土地出让收入收支中的问题和情况

……

(7) 土地整治中的问题

……

(8) 需要反映的其他问题和情况

① 同一项目分散供地。W县PLOK房地产开发项目规划总用地面积1××公顷。截至2010年年底，H省人民政府已批准SYGBD项目范围内用地8×.××公顷，W县已供应土地7×.××公顷。在PLOK项目用地报批和土地供应过程中，W县未按照项目整体用地范围进行用地报批和土地供应，在已报批和供应的地块之间有部分土地未办理

用地报批和土地供应手续,主要是建筑物之间的道路、绿化用地及景观水面不在用地报批和土地供应范围内,采取土地流转方式租用集体土地,用于 PLOK 项目建设。截至 2010 年 2 月,WWPF 房地产开发有限公司已经违法占用 1×.×× 公顷集体土地,用于房地产配套设施建设,W 县国土资源局按于 2010 年 6 月对 WWPF 房地产开发有限公司处以罚款 3××.×× 万元。

② 出借财政资金给企业,用于缴纳土地出让收入。2004—2007 年,W 市国土资源局向 W 市 HKJ 投资开发有限公司出让土地 3××.×× 公顷,应收土地出让收入 1×.×× 亿元,2010 年,W 市 HKJ 投资开发有限公司退还土地 2×.×× 公顷,相应退回出让收入为 1.×× 亿元。土地退还后,W 市国土资源局实际向 W 市 HKJ 投资开发有限公司出让土地 3××.×× 公顷,应收土地出让收入 1×.×× 亿元。到 2008 年 8 月底,W 市 HAW 旅游城投资开发有限公司已全部缴清土地出让收入 1×.×× 亿元,其中 6.×× 亿元为向 W 市 DQZH 开发区管委会借款。截至审计时,W 市 HKJ 投资开发有限公司尚有 1.×× 亿元借款未归还。

③ 代企业支付土地违法行为罚没款。2010 年,W 工业园管理委员会缴纳土地违法行为罚款 4×××.×× 万元,除因工业园违法用地需缴纳的罚款 3×××.×× 万元外,W 工业园管理委员会代园区内 10 家企业缴纳罚款 1×××.×× 万元,其中代房地产开发企业 WWPF 房地产开发有限公司缴纳罚款 3××.×× 万元。

④ 地方投资主管部门越权审批应由国务院审批的项目。2005 年 10 月,W 市发展和改革委员会批准 W 市 HK HAP 城项目立项,建设内容包括"KKKK"主题公园。2009 年 11 月,H 省发展和改革委员会核准 WWHK 文化科技产业园建设项目立项,建设工程分两期,其中一期工程包括"KKKK"主题公园,二期工程包括"KKKX"主题公园。

上述做法不符合《政府核准的投资项目目录(2004 年本)》第十条"社会事业……娱乐:大型主题公园由国务院核准"的规定。

**4. 审计建议**

(1) 进一步加大耕地保护力度。H 省应根据实际情况对各地市土地利用总体规划中的耕地保有量和基本农田保护面积规划指标进行必要的调整,确保土地利用总体规划确定的耕地保有量和基本农田保护面积规划指标具有可行性,对于改变用途的基本农田,应采取措施尽快恢复耕种或进行调整补划。

(2) 严格执行城乡建设用地增减挂钩政策。H 省应对自行出台的建设用地置换和先行复垦政策进行清理,废止建设用地置换政策,明确规定先行复垦产生的新增耕地指标只能用于占补平衡,并加大土地复垦工作力度,尽快归还已使用的挂钩周转指标。

(3) 进一步加强土地整治项目立项管理,严格按照相关法律法规要求审批土地整治项目,处理好耕地保护与生态保护的关系,防止围湖造田和河道滩涂开发行为的发生,并根据相关法律要求,对已开垦、围垦的土地,有计划有步骤地退耕。

(4) W 市应尽快理顺土地储备管理体制,按照《土地储备管理办法》的规定,由土地储备中心独立开展土地储备工作,并按照《土地储备资金财务管理暂行办法》的规定,对土地储备资金进行独立核算。

(5) W 市及 W 县应严格按照国家规定出让土地,加大保障性住房等三类用地的供应力度,并加强土地出让后的后续监管,督促项目及时开工建设;加强土地出让收入管理,改变"以拨代支"的做法,根据资金实际用途核算土地出让收入支出,不得以任何名义返还减免土地出让收入。

审计署×××特派办赴 H 省<br>
土地出让收入及土地整治相关资金审计组<br>
二〇一一年一月一日

## 思考题

1. 如何评估计算机审计的可行性?
2. 如何界定计算机审计关键领域和重要事项?
3. 如何综合运用各类技术方法实施计算机审计?
4. 如何进行信息系统控制关键点设计与测评?
5. 如何撰写计算机审计报告?

# 附录 A　计算机审计实务公告第 34 号通知

## 审计署关于印发信息系统审计指南
——计算机审计实务公告第 34 号的通知

各省、自治区、直辖市和计划单列市、新疆生产建设兵团审计厅（局）、署机关各单位、各特派员办事处、各派出审计局：

信息系统审计指南——计算机审计实务公告第 34 号，经署领导同意，现予印发，供审计机关实施信息系统审计参考。

二〇一二年二月一日

## 信息系统审计指南——计算机审计实务公告第 34 号

目　录

第一章　总则
第二章　信息系统审计的组织
第三章　应用控制审计
　　第一节　信息系统业务流程控制审计
　　第二节　数据输入、处理和输出控制审计
　　第三节　信息共享和业务协同审计
第四章　一般控制审计
　　第一节　信息系统总体控制审计
　　第二节　信息安全技术控制审计
　　第三节　信息安全管理控制审计
第五章　项目管理审计
　　第一节　信息系统建设经济性评价
　　第二节　信息系统建设管理评价
　　第三节　信息系统绩效评价
第六章　信息系统审计方法
第七章　附则

第一章　总　则

第一条　为进一步指导和规范国家审计机关组织开展的信息系统审计活动，提高审计效率，保证审计质量，制定本指南。

第二条 本指南所称信息系统,是指被审计单位利用现代信息技术实现财政收支、财务收支及其相关经济业务活动的信息处理的系统。

第三条 本指南所称信息系统审计,是指国家审计机关依法对被审计单位信息系统的真实性、合法性、效益性和安全性进行检查监督的活动。

第四条 本指南所称审计指标,是指对审计事项的测评指标或者评价指标。

第五条 信息系统审计可以作为财政收支、财务收支及其相关经济业务活动(以下简称经济业务活动)审计项目的审计内容组织开展,也可以作为独立组织的信息系统审计项目实施。

## 第二章 信息系统审计的组织

第六条 信息系统审计的主要目标是通过检查和评价被审计单位信息系统的安全性、可靠性和经济性,揭示信息系统存在的问题,提出完善信息系统控制的审计意见和建议,促进被审计单位信息系统实现组织目标;同时,通过检查和评价信息系统产生数据的真实性、完整性和正确性,防范和控制审计风险。

第七条 信息系统审计内容,包括对应用控制、一般控制和项目管理的审计。

应用控制包括:信息系统业务流程,数据输入、处理和输出的控制,信息共享和业务协同。

一般控制包括:信息系统总体控制,信息安全技术控制,信息安全管理控制。

项目管理包括:信息系统建设的经济性,信息系统建设管理,信息系统绩效。

第八条 审计人员可以根据审计实施方案要求,选择应用控制、一般控制和项目管理中的相关内容组织实施。

结合经济业务活动审计项目开展的信息系统审计,可以按照审计实施方案要求,重点选择信息系统中容易产生数据风险的内容(见附录B),也可以根据需要选择其他内容组织实施。

独立组织开展的信息系统审计项目,可以按照审计实施方案要求,选择本指南所述的全部或者部分内容组织实施。

第九条 信息系统审计步骤。

审计机关在开展初选审计项目可行性研究和编制审计实施方案时,要调查了解被审计单位相关经济业务活动及其所依赖的信息系统;

调查了解信息系统的需求与设计、研发与集成、使用与控制、运维与保障等,以及相关的组织架构、责任机制和控制制度;

调查了解系统承载业务的业务流、资金流和信息流,重点分析系统结构和数据结构,标识信息系统审计的关键控制环节和控制点;

研究并确定信息系统应用控制、一般控制和项目管理的审计内容、审计事项和审计指标;

开展应用控制、一般控制和项目管理的审计测试和评价,获取审计证据,记录相关指标的测评情况,分析系统控制水平以及数据风险,评价系统建设的经济性及信息化投资的有效性;

编写信息系统审计报告。按照审计实施方案要求,依据审计记录和审计证据,评价信息系统的真实性、合法性、效益性和安全性,分析信息系统的控制缺失程度、风险水平、成因和责任,形成审计结论,提出改进信息系统控制、防范系统控制缺失产生审计风险的审计意见和建议。

第十条 结合经济业务活动审计项目组织开展的信息系统审计,可以先实施信息系统控制测评,以便向数据审计提供系统控制缺失产生数据风险的测评结果和审计建议。信息系统审计报告是项目审计报告的重要组成部分。

第十一条 审计人员应当按照审计实施方案确定的审计事项获取相应的审计证据。

获取审计证据的法定权限、程序和方法,以及审计证据的适当性和充分性等,依照审计机关相关规定执行。

第十二条 审计人员应当对能够支持编制审计实施方案和审计报告的相关内容进行审计记录。

审计记录中的调查了解记录、审计工作底稿和重要管理事项记录,以及与审计证据的关系等,依照审计机关相关规定执行。

第十三条 信息系统审计应当加强审计质量控制。

审计质量控制依照审计机关相关规定执行。

第十四条 信息系统审计中,应当区分各方责任:

在信息系统建设和运维中,遵守国家和行业的相关法律法规和业务规范,建立并实施内部控制,以保障经济业务活动的有效运行和组织目标的实现;提供审计机关所需的各类资料和电子数据,并承诺其真实性和完整性,必要时配合审计人员实施系统测试和数据测试,是被审计单位的责任。

信息系统审计中,保守国家秘密和商业秘密,避免对被审计单位信息系统造成损害,以及向审计组提出信息系统控制缺失及其产生数据风险的意见,是审计人员的责任;向审计机关提出审计结果意见,是审计组的责任;向被审计单位提出审计结论、审计意见及建议,是审计机关的责任。

信息系统审计中,审计机关如需利用或者委托具有相关资质的第三方专业机构开展测评的,测评结果的真实性和专业性是第三方专业机构的责任。

第十五条 审计机关依法组织信息系统审计时,有权要求被审计单位对其信息系统配置符合国家或者行业标准的数据接口;在无法配置符合标准的数据接口时,有权要求被审计单位将数据转换成审计机关能够读取的格式并输出;在对电子数据的真实性产生疑问时,有权要求被审计单位按照审计机关提供的方案实施信息系统的系统测试和数据测试;对被审计单位信息系统不符合法律、法规和政府有关主管部门有关规定的,有权责令限期整改;对故意开发或者使用舞弊功能的单位和个人,有权依法追究其责任。

第十六条 审计机关依法对信息系统的审批、建设、验收、运维等特定事项,向有关部门或者单位进行专项审计调查。

专项审计调查依照审计机关相关规定执行。

第十七条 审计机关在依法实施的信息系统审计中发现影响国家信息安全的重大问题,应当向相关主管部门专题报告或者移送。

专题报告或者移送依照审计机关的相关规定执行。

第十八条　审计人员应当具备信息系统审计的基本知识和技能。实施信息系统审计的审计组成员中,应当配备具有信息系统审计专业知识和技能的审计人员。必要时可聘请外部专家或者委托专业机构开展专项检查和评价。

聘请外部专家或者委托专业机构开展工作,依照审计机关相关规定执行。

## 第三章　应用控制审计

### 第一节　信息系统业务流程控制审计

第十九条　信息系统业务流程控制审计的目的是通过检查被审计单位信息系统承载的经济业务活动的发生、处理、记录和报告的业务流程和业务循环过程,评价系统业务流程控制的合理性和有效性,揭示系统业务流程设计缺陷、控制缺失等问题,形成审计结论,提出审计意见和建议;为防范和控制数据审计风险,以及审计项目对信息系统业务流程控制的审计评价提供支持。

第二十条　信息系统业务流程控制审计事项测评指标:

(一)业务流程设计测评。检查业务流程设计的完备性,是否满足经济业务活动的需求,是否实施了业务流程整合、还原或者再造,是否避免了重复操作,关键环节、关键节点和关键岗位是否具备不相容职责分离等必要的控制。

(二)业务流程处理测评。检查系统业务处理的正确性和控制的有效性,各流程节点的操作是否反映了经济业务活动的审批及处理过程要求,是否设置了相同业务处理的自动批量操作,是否对重要的业务流程处理实施了有效的控制和校验,接口处理是否正确,控制是否有效等。

(三)业务流程功能测评。检查系统业务流程实现功能的合理性,各类功能操作是否能够满足经济业务活动的需要,问题管理、应急处理和系统控制等功能是否有效。

### 第二节　数据输入、处理和输出控制审计

第二十一条　数据输入、处理和输出控制审计的目的是通过检查被审计单位信息系统数据输入、处理和输出控制的有效性,发现因系统控制缺失产生的数据风险,形成数据控制水平的审计评价和结论,提出审计意见和建议;为数据审计防范和控制审计风险,以及审计项目对信息系统数据风险控制的审计评价提供支持。

第二十二条　审计人员应当在调查了解被审计单位信息系统所承载的经济业务活动的业务流、资金流和信息流基础上,按照不同经济业务活动的数据输入、处理和输出功能,分类建立测评指标,开展测评和审计分析。

第二十三条　数据输入控制审计事项测评指标:

(四)数据录入和导入控制测评。检查系统有无设置不符合国家、行业或者单位规范的数据录入、导入接口等数据采集功能,数据采集的身份与权限控制是否合理、有效。

(五)数据修改和删除控制测评。检查系统有无设置不符合国家、行业或者单位规范的数据修改或者删除功能,用户数据修改和删除等身份与权限控制是否合理、有效。

(六)数据校验控制测评。检查数据录入、导入接口等数据采集功能的校验控制是否

符合国家、行业或者单位的规定,校验控制是否有效。

（七）数据入库控制测评。检查录入、导入接口等采集的数据、缓冲区数据与进入数据库的最终数据是否一致。

（八）数据共享与交换控制测评。检查系统有无设置不符合国家、行业或者单位规范的数据共享与交换功能,用户或者系统的数据共享与交换的身份与权限控制是否合理、有效。

（九）备份与恢复数据接收控制测评。检查数据备份与恢复的数据接收功能的身份与权限控制是否合理、有效,接收数据与输出数据是否一致。

第二十四条　数据处理控制审计事项测评指标：

（十）数据转换控制测评。检查系统采集外部数据和转换过程中的各项控制是否符合国家、行业或者单位的数据转换标准和格式规范。

（十一）数据整理控制测评。检查采集数据的分类入库、数据库中相关数据的清洗、数据库间和数据表间的数据抽取与合并、数据库或者数据表的生成与废除等功能的控制,是否符合系统需求和设计要求。

（十二）数据计算控制测评。检查系统中经济业务活动的计量、计费、核算、分析,以及数据钩稽、数据平衡、断号重号等计算功能的控制是否符合国家、行业或者单位的相关规定和规范。

（十三）数据汇总控制测评。检查系统中经济业务活动的财政财务科目汇总、报表汇总和相关业务汇总等功能实现的控制是否符合国家、行业或者单位的相关规定和规范。

第二十五条　数据输出控制审计事项测评指标：

（十四）数据外设输出控制测评。检查计算机显示、打印和介质拷贝等数据输出功能的身份与权限控制。

（十五）数据检索输出控制测评。检查利用单项检索、组合检索等检索工具对系统中部分数据或者全部数据的检索输出功能的身份与权限控制。

（十六）数据共享输出控制测评。检查系统内部相关子系统之间、系统与外部系统之间通过信息交换或者信息共享方式数据输出功能的身份与权限控制。

（十七）备份与恢复输出控制测评。检查运行系统向备份系统、备份系统向恢复系统数据输出的身份与权限控制是否合理、有效。

## 第三节　信息共享和业务协同审计

第二十六条　信息共享与业务协同审计的目的是通过检查被审计单位信息系统内外部信息共享与业务协同,揭示共享与协同控制的缺失,分析并评价风险程度,形成被审计单位信息共享与业务协同水平的审计评价和结论,提出审计意见和建议；为数据审计获取真实、完整和正确的审计数据,以及审计项目对被审计单位信息共享与业务协同的审计评价提供支持。

第二十七条　信息共享与业务协同审计事项测评指标：

（十八）信息资源目录体系测评。检查信息资源目录体系是否符合国家或者行业的相关规范,是否较好地满足各类业务和管理的需要。

（十九）信息资源交换体系测评。检查信息资源交换体系是否符合国家或者行业的相关规范，是否较好地满足信息交换的需要。

（二十）元数据和主数据测评。检查系统中的元数据和主数据是否符合国家、行业或者单位的相关规范，是否较好地满足信息系统建设、应用和共享的需要。

（二十一）数据元素和数据库表测评。检查系统中的数据元素（数据库表中的数据字段）和数据库表，是否符合行业或者单位的相关规范，是否较好地满足信息系统建设、应用和共享的需要。

（二十二）内部数据和外部数据测评。检查信息系统内部产生的包括预算管理、会计核算和相关业务的数据，以及为履行职能或者实现经济业务活动需要从其他单位获取的外部数据，形成的各类数据是否具有真实性、完整性和正确性，是否较好地满足经济业务活动的需要。

（二十三）信息资源标准化测评。检查信息系统是否建立了满足信息共享和业务协同的信息资源标准和规范，是否执行了国家或者行业的标准化要求，是否为推进经济业务活动的共享协同提供了有效支撑。

第二十八条  共享信息建设审计事项测评指标：

（二十四）公共基础信息建设测评。检查被审计单位按照国家或者行业确定的人口、法人、空间地理等满足公共需要的公共基础信息的建设任务，是否按照国家或者行业关于公共基础信息的标准规范组织建设，是否建立了公共基础信息共享的管理制度和机制，是否具有较为完备的信息系统实现功能，是否支持了公共基础信息的信息共享与业务协同。

（二十五）其他共享信息建设测评。检查被审计单位按照国家或者行业确定，或者与其他部门协定的满足其他部门经济业务活动需要的共享信息的建设任务，是否按照国家、行业或者协定的共享信息标准规范组织建设，是否建立了共享信息的管理制度和机制，是否具有较为完备的信息系统实现功能，是否支持了其他部门的信息共享与业务协同。

（二十六）信息共享平台建设测评。检查被审计单位按照国家或者行业确定的信息共享平台建设任务，是否按照国家或者行业关于共享平台建设的标准规范组织建设和运维，是否建立了信息共享和信息安全的技术控制和管理机制，是否具有较为完备的信息系统实现功能，是否支持了相关部门的信息共享和业务协同。

第二十九条  共享外部数据审计事项测评指标：

（二十七）共享外部数据测评。检查被审计单位职能需要的公共基础信息和其他共享信息，以及与系统内部数据的业务关联度，是否具有较为明确的共享外部数据信息目录和格式规范。

（二十八）共享外部数据有效性评估。检查被审计单位是否建立了获取外部数据的相关制度和机制，系统是否具有获取外部数据的接口功能，分析外部数据缺失对被审计单位经济业务活动有效性的影响，分析研究缺失外部数据的原因和解决途径。

第三十条  供给外部数据审计事项测评指标：

（二十九）供给外部数据测评。检查系统是否具有外部所需的公共基础信息和其他共享信息，是否建立了供给外部数据和信息资源共建共享的相关制度和机制，是否能够满足外部政务职能、社会管理职能等组织机构的信息需求。

（三十）供给外部数据有效性评估。检查被审计单位是否建立了供给外部数据的相关制度和机制，系统是否具有符合国家或者行业数据接口标准的数据输出接口功能，是否按照国家或者行业相关规定实现了有效的信息交换与共享机制，是否较好地支持了外部系统相关业务的协同发展。

## 第四章 一般控制审计

### 第一节 信息系统总体控制审计

第三十一条 信息系统总体控制审计的目的是通过检查被审计单位信息系统总体控制的战略规划、组织架构、制度机制、岗位职责、内部监督等，分析信息系统在内部环境、风险评估、控制活动、信息与沟通、内部监督方面的有效性及其风险，形成信息系统总体控制的审计评价和结论，提出审计意见和建议，促进信息系统总体控制的完善，并为审计项目对信息系统总体控制的审计评价提供支持。

第三十二条 信息系统总体控制审计事项评价指标：

（三十一）战略规划评价。检查被审计单位是否建立了信息系统战略发展规划，是否明确了战略目标、整体规划、实现指标和相应的实施机制，以及规划的业务和管理的覆盖面、所辖行业的覆盖面，是否能够指导和推进信息化环境下经济业务活动的战略发展。

（三十二）组织架构评价。检查被审计单位是否建立了与信息系统战略发展规划相匹配的决策与管理层领导机构、项目实施层工作机构，以及行业内各层级的信息化工作机构，是否建立了各类机构的权力责任和制约机制，是否有效地发挥了各类机构的作用。

（三十三）制度体系评价。检查被审计单位是否建立了与信息系统战略规划和组织架构相匹配的项目管理制度、项目建设制度、质量检查制度等，是否建立了重大问题的决策机制，是否形成了领导机构对项目实施机构和行业工作机构的统一领导，项目实施机构是否形成了对项目建设进度、项目质量、投资效果和风险防范的有效控制。

（三十四）岗位职责评价。检查被审计单位信息系统规划、建设、运维等方面的岗位设置、人员配置、岗位职责，是否建立了各类岗位职责的检查考核机制，是否建立了信息系统建设和经济业务活动之间、信息系统建设的相关岗位之间有效的信息沟通与交互机制。

（三十五）内部监督评价。检查被审计单位是否建立健全了信息系统建设和运维全过程的内部监督机构和监督机制，是否形成了对信息系统的风险评估、控制活动和信息交互等方面的有效控制和监督，是否较好地发挥了促进信息系统健康运行的监督保障作用。

### 第二节 信息安全技术控制审计

第三十三条 信息安全技术控制审计的目的是通过检查被审计单位信息系统的信息安全技术及其控制的整体方案，检查安全计算环境、区域边界、通讯网络等方面的安全策略和技术设计，检查信息系统的安全技术配置和防护措施，发现并揭示信息系统安全技术控制的缺失，分析并评价风险程度，形成信息安全技术控制的审计结论，提出审计意见和建议，促进信息系统安全技术及其相关控制的落实；为数据审计防范和控制审计风险，以及审计项目对信息安全技术控制的审计评价提供支持。

**第三十四条** 信息安全技术控制审计事项测评指标：

（三十六）物理安全控制测评。检查系统机房及其重要工作房间的物理位置选择、物理访问控制、防盗窃和防破坏、防雷击、防火、防水和防潮、防静电、温湿度控制、电力供应、电磁防护等方面的安全策略和防护措施。

（三十七）网络安全控制测评。检查网络结构安全、网络设备访问控制、网络设备安全审计、网络边界完整性、网络入侵防范、网络恶意代码防范、网络设备防护的安全策略和防护措施。

（三十八）主机安全控制测评。检查主要服务器操作系统、重要终端操作系统和主要数据库管理系统的身份鉴别、访问控制、安全审计和剩余信息保护方面的安全策略和防护措施，检查主要服务器的入侵防范、恶意代码防范和资源控制措施。

（三十九）应用安全控制测评。检查主要应用系统的身份鉴别、访问控制、安全审计、剩余信息保护、通信完整性、通信保密性、抗抵赖、软件容错和资源控制等方面的安全策略和防护措施。

（四十）数据安全控制测评。检查主要系统管理数据、鉴别信息和重要业务数据的完整性、保密性、备份和恢复方面的安全策略和防护措施。

（四十一）信息化装备自主可控测评。检查信息系统在网络、主机、安全、系统软件和应用软件等信息化装备的自主可控情况，检查是否能够促进信息系统内外结合的安全防护，保障信息系统运行安全。

## 第三节 信息安全管理控制审计

**第三十五条** 信息安全管理控制审计的目的是通过检查被审计单位信息系统的信息安全管理，评价信息安全管理的完整性和有效性，揭示信息安全管理缺失的问题，形成信息安全管理控制的审计评价和结论，提出审计意见和建议，促进信息系统安全管理的有效性；为数据审计防范和控制审计风险，以及审计项目对系统安全管理的审计评价提供支持。

**第三十六条** 信息安全管理控制审计事项评价指标：

（四十二）安全管理机构评价。检查安全管理机构是否健全，检查岗位设置、人员配备、授权和审批、沟通和合作、审核和检查等情况。

（四十三）安全管理制度评价。检查安全管理制度体系是否包含总体方针、安全策略、管理制度、操作规程等文件，是否覆盖物理、网络、主机、应用和数据的建设及管理等内容，检查安全管理制度的制定、评审、发布、修订和实施等情况。

（四十四）人员安全管理评价。检查人员录用、人员离岗、人员考核、安全意识教育和培训、外部人员访问管理等情况。

（四十五）系统建设安全管理评价。检查信息系统的安全定级、安全方案设计、产品采购和使用、软件的自行开发与外包开发、工程实施、测试验收、系统交付、系统安全备案和安全服务商选择等情况。

（四十六）系统运维安全管理评价。检查环境管理、资产管理、介质管理、设备管理、监控管理、网络安全管理、系统安全管理、恶意代码防范管理、密码管理、变更管理、备份与恢复管理、安全事件处置、应急预案管理等情况。系统运维采用第三方外包方式的，要重点检查第三方运维管理是否有利于系统运维安全,是否存在影响信息系统安全性方面的问题。

## 第五章 项目管理审计

### 第一节 信息系统建设经济性评价

**第三十七条** 信息系统建设经济性审计的目的是通过检查被审计单位信息系统规划、建设、应用和运维的经济性,发现系统建设不经济的问题,形成审计结论,提出审计意见和建议,促进信息化建设投资的有效性,并为审计项目对信息系统建设经济性的审计评价提供支持。

**第三十八条** 信息系统规划经济性审计事项评价指标:

(四十七)总体规划经济性评价。检查信息系统是否进行了总体规划,是否按照职能需求实施了总体目标、分期建设目标和考核指标的整体设计,顶层设计总体框架是否具备业务发展的可扩展性、信息系统的可持续性、系统应用对经济社会发展的效益性。重点检查信息系统及其各子系统的生命周期,评价总体规划的经济性。

(四十八)业务整合规划经济性评价。检查信息系统是否按照组织目标和职能业务特征要求进行了业务和管理的流程再造、信息共享、系统功能整合与复用等方面的整合规划,避免信息孤岛和投资浪费。

(四十九)行业整合规划经济性评价。检查信息系统是否按照行业信息化特征要求进行了统一规划、统一建设、推广应用、信息共享和业务协同,是否有效避免本行业同类业务的重复建设和重复投资。

(五十)技术特征规划经济性评价。检查被审计单位按照经济业务活动对信息系统运行的不可间断性、并发性和系统响应速度,以及数据存储量、传输量和处理量等方面的技术特征需求,进行的主机、网络、安全、应用等技术架构和技术装备性能配置方面的规划设计,是否具有合理性、经济性和有效性,避免技术装备性能过度冗余和投资浪费。

**第三十九条** 信息系统建设经济性审计事项评价指标:

(五十一)建设规划经济性评价。检查分期建设的信息系统是否按照总体规划要求较好地实施了业务整合、管理整合及其行业应用整合,技术架构和技术性能装备配置是否具有合理性、经济性和有效性,系统建设投资是否合理。

(五十二)招标采购经济性评价。检查是否按照建设规划进行了利用原有信息资产和新购技术装备的整体规划,是否较好地实施了招标采购项目的业务需求和技术方案论证,招标采购的工程、设备和服务是否体现了满足业务需求、支持自主可控、技术先进适用和合理性价比的要求。

(五十三)应用开发经济性评价。检查应用系统开发是否结合单位职能、业务和管理特征,采用适合的应用系统开发方法,采取功能复用、标准化、可扩展、可移植等设计与开发策略,增强应用系统效用性,延长应用系统生命周期,提高投资效果。

(五十四)应用推广经济性评价。检查是否结合本行业业务和管理的信息化特征,采取相适应的应用系统推广和集约化部署策略,增强部门系统建设拉动行业应用的经济性。

**第四十条** 信息系统应用经济性审计事项评价指标:

(五十五)业务管理对信息系统的依赖度评价。检查分析现有业务和管理尤其是核心业务对信息系统的依赖程度,评价信息系统建设投资的必要性。

(五十六)信息系统对业务管理的支持度评价。检查分析信息系统对现有业务和管理的运行,以及对业务和管理预期发展的技术支持等方面的作用,评价信息系统建设投资的必要性。

(五十七)系统应用对提升效能的贡献率评价。检查分析信息系统应用对提升业务和管理的运行效率和效能,促进业务和管理的组织方式实现,促进信息化环境下履职能力的提高,从而促进职能对象状况的改变,以及对其他行业信息化建设和应用的影响等。

第四十一条　信息系统运维经济性审计事项评价指标:

(五十八)信息系统运维经济性评价。检查分析信息系统运维总投资与信息系统建设总投资的占比,评价信息系统运维的经济性。

(五十九)信息资产运行经济性评价。检查分析系统建设形成的信息资产总价值与信息系统建设总投资的占比、在线运行信息资产价值与信息资产总价值的占比,评价信息资产运行的经济性。

(六十)信息资产运维经济性评价。检查分析信息资产运维投资与信息资产总价值的占比,评价信息资产运维的经济性。

## 第二节　信息系统建设管理评价

第四十二条　信息系统建设管理审计的目的是通过检查被审计单位信息系统建设的立项申报、建设管理、资金管理、监督管理、验收管理、运行管理、等保管理和风险评估管理,揭示系统建设管理控制缺失的问题,提出审计意见和建议,促进项目建设管理的规范性,为审计项目对信息系统建设管理的审计评价提供支持。

第四十三条　项目审批管理审计事项评价指标:

(六十一)项目立项规划评价。检查立项申请是否符合国家或者行业有关规定和规划要求。

(六十二)项目建议书评价。检查项目建设单位编制的需求分析报告和项目建议书,是否通过了有相应资质专业机构的评估,并获得审批部门批复。

(六十三)项目可行性研究报告评价。检查可行性研究报告是否招标选定或者委托具有相关资质的工程咨询机构或者设计单位编制,是否通过了有相应资质机构的评估,并获得审批部门批复。

(六十四)项目初步设计评价。检查初步设计方案和投资概算报告是否招标选定或者委托具有相关资质的设计单位编制,是否通过了有相应资质机构的评估,并获得审批部门批复。

(六十五)项目调整审查评价。检查项目建设过程中的建设内容和投资概算有较大变动时,是否按照规定程序向项目审批部门报送调整报告并经批准;项目建设过程中出现工程严重逾期、投资重大损失等问题时,是否及时向项目审批部门报告。

第四十四条　项目建设管理审计事项评价指标:

(六十六)项目管理评价。检查项目建设单位是否确定实施机构和责任人,是否建立健全管理制度,是否按规定向项目审批部门报告有关实施情况。

(六十七)项目招标采购评价。检查项目是否按国家规定组织了招标投标和政府采购,项目设计、施工、研发、集成等单位是否符合规定的资质,采购的各类软硬件、产品厂商和供应商是否符合相关规定,是否较好地实施了自主可控信息化装备优先采购的策略,有无发生招标纠纷,纠纷解决措施是否得当。

(六十八)项目合同内容与执行情况评价。检查项目合同建设内容、合同价格、软件版权归属、不可抗力因素和法律纠纷对策等方面的合法性,项目建设内容的交付是否符合合同约定,资金支付进度、程序和方式是否符合合同约定和国家有关规定。

(六十九)项目监理情况评价。检查项目是否执行了国家规定的项目监理制度,是否实行了项目方、设计方、施工方、集成方和监理方的制约机制,是否监督了监理方严格履行职责,是否保障了项目确定的质量、进度和投资。

(七十)项目建设方式评价。检查项目实行外包建设和自行建设等不同方式的合理性和有效性,重点检查自行建设的合法性。

第四十五条 项目资金管理审计事项评价指标:

(七十一)项目支出预算评价。检查项目建设单位是否按项目实施进度和相关规定向项目审批部门和财政部门提出年度资金使用计划、政府采购预算等申请。

(七十二)项目支出核算评价。检查项目建设单位的资金使用、会计核算、项目决算等是否符合项目批复和国家有关规定。

(七十三)项目审计情况评价。检查项目的审计情况,审计报告提出的问题是否得到有效整改。

第四十六条 项目监督管理审计事项评价指标:

(七十四)项目监督审查配合评价。检查项目建设单位在接受项目审批部门及其财政、审计等有关部门的监督检查时是否如实提供建设项目有关的资料和情况,有无拒绝、隐匿、瞒报等情况。

(七十五)项目监督审查整改评价。检查项目建设单位对有关部门监督检查提出的问题和处理意见是否进行了积极整改,整改后的情况是否符合相关规定。

第四十七条 项目验收管理审计事项评价指标:

(七十六)项目单项验收和初步验收评价。检查项目建设单位是否按规定及时组织单项验收,是否在项目建设完成后的规定时间内组织初步验收,各项验收是否符合相关规定。

(七十七)项目竣工验收评价。检查项目建设单位是否按照有关规定向项目审批部门提出竣工验收申请,未按期完成的是否提出延期竣工验收申请,项目是否通过竣工验收和批复。

(七十八)项目后评估整改评价。检查项目建设单位是否接受了项目主管部门组织的后评估,对后评估中提出的系统运行效率、使用效果等问题是否进行了及时有效整改,有无拒不整改或者整改后仍不符合要求的情况。

第四十八条 项目运行管理审计事项评价指标:

(七十九)项目运行管理评价。检查项目建设单位是否落实了项目运行管理机构和管理人员,是否实行了运行管理责任制,是否制定和完善了管理制度。

(八十)项目运维服务评价。检查项目建设单位是否建立了有效的运维服务队伍和机制,落实了运维服务资金,加强了日常运行和维护管理,保障了信息系统运行的可靠性。

第四十九条 涉密信息系统分级保护审计事项评价指标:

(八十一)涉密信息系统定级审批评价。检查涉密信息系统是否在建设前通过了主管部门的分级保护定级的审核批准。

(八十二)涉密信息系统使用审批评价。检查涉密信息系统是否在建成后通过了主管部门的安全保密测评和投入使用的审核批准。

(八十三)涉密信息系统整改与备案评价。检查已投入使用的信息系统是否完成系统整改后向主管部门备案。

第五十条 非涉密信息系统等级保护审计事项评价指标:

(八十四)等级保护备案审批评价。检查非涉密信息系统是否在建设前向主管部门备案定级情况并得到审核批准。

(八十五)等级保护测评情况评价。检查非涉密信息系统是否在建成后通过了主管部门组织的等级保护测评。

(八十六)等级保护自查整改评价。检查非涉密信息系统是否在投入使用后按规定组织自查,并依据主管部门检查意见进行整改。

第五十一条 信息安全风险评估审计事项评价指标:

(八十七)风险评估委托测评评价。检查项目是否按规定委托有资质的测评机构进行了风险评估。

(八十八)风险评估整改落实评价。检查是否对信息安全风险评估报告提出的整改意见予以落实。

(八十九)残余风险评估与防范评价。检查对残余风险是否采取了相应的防范措施。

## 第三节 信息系统绩效评价

第五十二条 信息系统绩效评价的目的是通过检查被审计单位信息系统顶层设计及建设实现的管理决策支持能力、经济业务协同能力、系统建设发展能力和信息系统贡献能力的提升,以及经济业务活动的效率、效果和效能的改善,揭示信息系统顶层设计和建设方面的不足,提出审计意见和建议,进一步促进信息系统的实际效能提升,为审计项目对系统建设绩效的审计评价提供支持。

第五十三条 信息系统绩效审计事项评价指标:

(九十)信息系统总体绩效评价。检查信息系统的规划目标、发展战略、创新策略、分期建设方案和考核指标等,评价总体规划和分期建设方案对信息系统实际建设和应用的指导性效能的影响程度。

(九十一)管理决策支持能力的绩效评价。检查信息系统对支持和提升组织管理、业务管理、行政管理等方面的情况,评价信息系统对提升管理决策能力,改善经济业务发展方面的效率、效果与效能的影响程度。

(九十二)信息资源共享能力的绩效评价。检查信息系统中的管理资源、业务资源、人力资源、财力资源、技术资源、市场资源等各类信息资源的共享程度和利用状况,评价信息系统的共享协同对改善经济业务发展的效率、效果与效能的影响程度。

（九十三）经济业务协同能力的绩效评价。检查信息系统对提升单位内部不同业务之间、行业内部不同单位之间、与外部相关经济业务之间的业务协同情况，评价信息系统对提升经济业务协同能力，改善经济业务发展的效率、效果与效能的影响程度。

（九十四）系统建设发展能力的绩效评价。检查信息系统的整体架构、技术路线、开发策略、应用模式和运维模式，以及应对职能业务发展、信息技术发展、环境风险防范等方面的适应能力，评价信息系统对职能业务发展可持续支持的影响程度。

（九十五）信息系统贡献能力的绩效评价。检查信息系统运行对单位经济业务活动和国家经济社会健康发展的经济效益、社会效益的影响，信息系统的规划模式、建设模式等对其他行业信息化的可借鉴性，评价信息系统对经济业务发展和行业、地区信息化发展的贡献度。

## 第六章 信息系统审计方法

第五十四条 系统调查方法。依据审计实施方案确定的审计目标和审计事项，调查被审计单位的相关业务活动及其所依赖的信息系统，调查信息系统的立项审批、系统建设、运行管理、运维服务、项目投资等情况，以及相关责任机构和管理制度等。

第五十五条 资料审查方法。为了确定信息系统的重要控制环节和重要控制点，审查信息系统的立项审批、系统设计、招标采购、项目实施、项目验收、系统运行、运维服务、项目投资，以及各类第三方测试或者评估等相关文档资料。重点审查应用控制、一般控制和项目管理中的重要事项资料。

第五十六条 系统检查方法。为了核定信息系统的重要控制环节和重要控制点，需要对应用控制的数据输入、处理、输出及其信息共享与业务协同的相关控制进行检查，对一般控制环境、区域边界和网络通信，以及信息系统的物理环境、网络、主机、应用、数据和安全等各类系统控制进行实地检查。

第五十七条 数据测试方法。为验证数据输入、处理和输出控制的有效性，采用模拟数据对运行系统或者备份系统进行符合性测试；对重要的计量、计费、核算、分析等计算功能及其控制进行设计文档审查、系统设置检查和数据实质性测试的审查。必要时审查应用系统的源程序等。

第五十八条 数据验证方法：

数据采集验证。利用直连式、旁路式、代理式等合适的数据采集方法和工具，采集系统监测日志或者相关业务数据，进行数据符合性验证。

数据转换验证。利用数据库数据转换、文本转换、网页信息转换等方法和工具，对异构数据库之间的数据转换、结构化数据和非结构化数据的转换、不同数据类型和格式之间数据转换的一致性和准确性进行检查验证。

数据处理验证。通过对数据库SQL语句进行转换解析，实现对各类经济业务活动的计量、计费、核算、汇总等计算的符合性与准确性进行验证。

第五十九条 工具检测方法：

安全工具检测。利用入侵检测、漏洞扫描等工具的监测结果进行分析评价。

审计工具检测。利用网络审计、主机审计、数据库审计等工具的日志记录结果进行分析评价。

测评工具检测。利用网络分析检测、系统配置检测、日志分析检测等工具,通过采集信息系统之间的通信数据包并进行逆向分析,还原系统间通信内容,检测主机操作系统、数据库、网络设备等重要系统是否满足配置标准和规范要求,采集操作系统、网络设备、安全设备、应用系统等生成的日志信息进行检测分析。

系统运行监测。利用网络流量、应用进程、CPU利用率、内存利用率等系统运行监测结果进行分析评价。

系统监控检测。利用对应用、数据、主机、网络、机房环境设备设施等方面的系统运行监控记录进行分析评价。

第六十条　风险评估方法:

信息系统内外部风险评估。在对信息系统总体风险的评估中,要充分考虑被审计单位信息系统及其经济业务活动所面临的国内外经济环境、政策影响、市场影响、技术影响、文化影响和组织架构影响等因素,以便做出客观的评价。

信息系统控制缺失风险评估。对检查测评发现的系统各类控制缺失应当进行风险程度评估,区分可接受的风险和不可接受的风险,尤其要重视潜在风险的评估。

控制缺失导致业务数据风险的评估。对检查测评发现的控制缺失不可接受的风险,要对是否导致经济业务活动相关数据的风险进行评估,指出具有风险的数据库和数据表,评估数据风险的程度。

信息系统风险责任界定评估。按照固有风险、控制风险和检查风险的审计风险理论,对信息系统的设计与建设、运行与维护、检查与监督等各环节的风险进行评估,对各部门的责任进行界定。

第六十一条　专家评审方法。组织信息系统等相关方面的专家或者委托有资质的专业机构,对信息系统审计中的相关专业领域、关键技术等进行必要的评审。

## 第七章　附　则

第六十二条　本指南适用于国家审计机关组织开展的各类信息系统审计活动。

第六十三条　本指南的审计内容和审计指标,均依照国家关于信息系统建设和管理的相关规定,参照国内外信息系统审计的研究成果,在总结我国审计机关信息系统审计实践的基础上提出。

第六十四条　本指南的审计事项、审计指标和审计方法,需要在审计实践中不断完善、调整和扩充,逐步建立适合我国国家审计机关的信息系统审计指标体系和审计方法体系。

第六十五条　本指南由中国审计学会计算机审计分会、审计署信息化建设办公室、审计署计算机技术中心、审计署科研所、审计署外资审计中心、审计署京津冀特派员办事处、上海特派员办事处、南京特派员办事处、武汉特派员办事处、长沙特派员办事处、浙江省审计厅、南京审计学院、北京大学数字中国研究院等单位起草。

第六十六条　本指南的解释权属审计署计算机技术中心。

第六十七条　本指南自发布之日起生效。

# 附录 B  信息系统中容易产生数据风险的审计内容

1. 第二十条信息系统业务流程控制审计事项的(一)至(三)测评指标。

2. 第二十三条至第二十五条的数据输入、处理和输出审计事项的(四)至(十七)测评指标。

3. 第二十七条信息共享与业务协同控制审计事项的(十八)、(二十)至(二十二)测评指标。

4. 第二十九条共享外部数据审计事项的(二十七)测评指标,第三十条供给外部数据审计事项的(二十九)测评指标。

5. 第三十四条信息安全技术控制审计事项的(三十七)、(三十八)至(四十)测评指标。

# 推荐阅读资料

[1] 安德森. 信息安全工程[M]. 孙彦妍,译. 北京:机械工业出版社,2003.
[2] 毕秀玲. 持续审计基本问题研究[J]. 审计研究,2008(4):16-20.
[3] 财政部会计司. 关于全面推进我国会计信息化工作的指导意见[R]. 财会〔2009〕6号,2009.
[4] 曹洪泽,刘强. 联网审计及其关键技术研究[J]. 北京理工大学学报,2006(7):614-617.
[5] 陈峰,董永强. 联网审计模式初探[J]. 中国审计,2003(5):63-64.
[6] 陈耿,景波,陈圣磊,等. 计算机审计[M]. 大连:东北财经大学出版社,2012.
[7] 陈耿,倪巍伟,朱玉全. 审计知识工程[M]. 北京:清华大学出版社,2006.
[8] 陈耿,王万军. 信息系统审计[M]. 北京:清华大学出版社,2009.
[9] 陈耿. 网络环境下的信息系统审计职能与类型[J]. 南京审计学院学报,2012(1):45-50.
[10] Kang-tsung Chang. 地理信息系统导论[M]. 陈健飞,张筱林,译. 北京:科学出版社,2010.
[11] 陈龙,麦永浩,黄传河. 计算机取证技术[M]. 武汉:武汉大学出版社,2007.
[12] 陈娜. 审计证据特征解读[J]. 财会通讯,2010(5):96-97.
[13] 陈伟,Qiu Robin. 面向大型数据库的审计数据采集方法[J]. 计算机应用,2008(28):2144-2147.
[14] 陈伟,张金城. 计算机辅助审计原理及应用[M]. 北京:清华大学出版社,2008.
[15] 郭宁. 审计分析模型算法[J]. 审计研究,2006(增刊):62-66.
[16] 郭宗文,张红卫,胡仁昱. 计算机审计[M]. 北京:清华大学出版社,2005.
[17] 国家税务总局. 核定征收企业所得税暂行办法[R]. 国税发〔2000〕38号,2000.
[18] 国务院办公厅. 关于利用计算机信息系统开展审计工作有关问题的通知[R]. 国办发〔2001〕88号,2001.
[19] 何家弘. 电子证据法研究[M]. 北京:法律出版社,2002.
[20] 姜玉泉,黄昌胤. 如何进行计算机数据审计模型分析[J]. 中国审计,2003(21):69-71.
[21] 蒋平,杨莉莉. 电子证据[M]. 北京:清华大学出版社,中国人民公安大学出版社,2007.
[22] 景波,刘莹,陈耿. 基于电子取证技术的持续审计模型研究[J]. 南京审计学院学报,2010(4):58-62.
[23] 阚京华. 信息技术环境下连续审计技术实现模型分析比较[J]. 科技管理研究,2009(10):285-287.
[24] 李玲,刘汝焯. 计算机数据审计[M]. 北京:清华大学出版社,2010.
[25] 李学军. 电子数据与证据[C]//证据学论坛(第二卷). 北京:中国检察出版社,2001:444-445.
[26] 刘东辉. 计算机动态取证技术的研究[J]. 计算机系统应用,2005(9):45-47.
[27] 刘凤翔,蒋开颜,王国清. 多维分析技术在地税联网审计中的应用[J]. 审计月刊,2009(8):32-33.
[28] 刘汝焯. 计算机审计技术和方法[M]. 北京:清华大学出版社,2004.
[29] 刘汝焯. 审计分析模型算法[M]. 北京:清华大学出版社,2006.
[30] 路巧玲. 联网审计的数据采集和处理[J]. 中国内部审计,2008(6):79.
[31] 牛磊,姜增琛,刘晓,等. 3S技术在土地管理中的应用[J]. 测绘通报,2012(增刊):728-730.
[32] 潘烁. 联网审计适用范围探析[J]. 审计月刊,2010(11):20-21.
[33] 全国人民代表大会. 中华人民共和国刑事诉讼法[R]. 主席令8届第64号,1996.
[34] 审计署. 信息系统审计指南:计算机审计实务公告第34号[R]. 审计发〔2012〕11号,2012.

[35] 审计署计算机审计实务公告第8号：计算机审计审前调查指南(审计发〔2007〕78号)[R]. 2007.
[36] 石爱中,孙俭. 初释数据式审计模式[J]. 审计研究,2005(4):3-6.
[37] 石爱中. 加强审计理论研究[J]. 审计研究,2008(4):10-16.
[38] 史德仁,李琳. 审计工作底稿与审计证据的关系与区别[J]. 山东审计,2001(3):10-11.
[39] 思科 Catalyst 2950 交换机维护手册[R]. 2006.
[40] 苏运法,袁小勇,王海洪. 计算机审计[M]. 北京:首都经济贸易大学出版社,2005.
[41] 王刚. 关于联网审计的几个基本问题[J]. 审计月刊,2005(5):49-50.
[42] 王国清,闵志刚,贺亚明. 信息系统环境下审计证据的特点及其获取[J]. 审计研究,2007(1):22-23.
[43] 王玲,钱华林. 计算机取证技术及其发展趋势[J]. 软件学报,2003(14):1635-1644.
[44] 王琦峰,王建峰,孙琪. 面向电子政务环境的联网审计模式与支撑平台研究[J]. 计算机系统应用,2009,18(8):1-4.
[45] 王松艳,徐晓蓉. 联网审计状态下的审计管理[J]. 审计月刊,2010(10):34-35.
[46] 尉水青,刘培德. 数字取证技术研究[J]. 信息安全,2005(4):85-86.
[47] 魏士稟. 电子合同法理论与实务[M]. 北京:北京邮电大学出版社,2001.
[48] 谢盛纹. 审计证据理论研究[M]. 成都:西南财经大学出版社,2007.
[49] 谢希仁. 计算机网络[M]. 北京:电子工业出版社,2003.
[50] 徐宇华. 审计机关联网审计[J]. 中国内部审计,2008(7):84-85.
[51] 杨永和. 审计证据成立必须具备的两个条件(一)[N]. 中国审计报,2008-01-09(7).
[52] 杨永和. 审计证据成立必须具备的两个条件(二)[N]. 中国审计报,2008-01-23(7).
[53] 叶明,王牧. 试论 XBRL 对我国会计师事务所的影响[J]. 商业会计,2009(6):58-59.
[54] 易仁萍,陈耿,杨明,等. 数据挖掘技术及其在审计风险管理中的应用[J]. 审计与经济研究,2003,1(18):3-6.
[55] 易仁萍,王昊,朱玉全. 基于数据挖掘的审计模型框架[J]. 审计研究,2003(3):55-57.
[56] 虞安军,邹龙赣,石锦红. 联网审计系统数据安全性关键技术研究[J]. 交通标准化,2011(21):165.
[57] 张红英. 内部审计[M]. 杭州:浙江人民出版社,2008.
[58] 张天西. XBRL 在注册会计师行业应用前景的研究:中注协《行业发展研究资料(No.2005-9)》[EB/OL]. [2013-09-10]. http://www.cicpa.org.cn/knowledge/hyfzyjzl/200805/t20080530_12798.html.
[59] 张西安. 论计算机证据的几个问题[N]. 人民法院报,2000-11-7(3).
[60] 中共中央办公厅,国务院办公厅. 国家信息化领导小组关于我国电子政务建设指导意见[R]. 中办发〔2002〕17号,2002.
[61] 中国注册会计师协会. 中国注册会计师审计准则[R]. 2006.
[62] 朱文明,陈希晖,王昊,等. 联网审计的利弊分析[J]. 中国管理信息化(综合版),2005(11):48-49.
[63] 朱文明,王昊,陈伟. 基于 Benford 法则的舞弊检测方法研究[J]. 数理统计与管理,2007,26(1):41-46.
[64] 庄明来,吴沁红,李俊. 信息系统审计内容与方法[M]. 北京:中国时代经济出版社,2008.
[65] 庄明来. 计算机审计与信息系统审计之比较[J]. 税务与审计,2010(5):82-85.
[66] 邹香. 审计结论始于审计证据[J]. 东北财经大学学报,2000(9):24-26.